PRÜFUNGSTRAINER

MEDIENKAUFMANN/-FRAU DIGITAL UND PRINT

mediadidact: EDITION HORIZONT

2. Auflage 2015

Herausgeber:
Deutscher Fachverlag GmbH
Mediadidact
Mainzer Landstraße 251
60326 Frankfurt am Main
Tel.:   +49 69 7595-2212
Fax: +49 69 7595-2210
info@mediadidact.de
www.mediadidact.de

Ein Produkt der dfv Mediengruppe

Verlagsleitung: Oliver Peik
Grafische Gestaltung: Deutscher Fachverlag, Edith Graßmann
Titelgestaltung: CUCARACHAS Werbeagentur GmbH & Co. KG, Frankfurt
Titelbild: iStockphoto / Chris Lemmens
Illustrationen: Edith Graßmann (Seiten 32-41, 58-81, 114, 132-138, 170, 230-316);
     Sinus (Seite 117); Team Medienproduktion + Logisitk (Seiten 191-221)
Druck und Bindung: betz-druck GmbH, Darmstadt

Als wir mit der ersten Auflage dieses Fachbuch fertig wurden, waren wir sehr gespannt, wie der Markt dieses Experiment aufnehmen würde. Es war unseres Wissens nach das erste Fachbuch, das sich konsequent an der Wertschöpfungskette von Medienhäusern orientierte. In der folgenden Zeit gab es Hinweise und Anregungen, welche uns ermutigt haben, dieses Projekt weiterzuführen und den sich weiter verändernden Märkten anzupassen.

Wie der Leser schnell feststellen wird, sind die Unterschiede zu anderen Branchenfachbüchern gravierend. Wir haben erstmalig nach den Spielen den App-Bereich mit in unser Konzept aufgenommen und damit weiteren Impuls umgesetzt, der aus dem *Berufsbild Medienkaufmann/-frau für Digital und Print* gekommen ist. Bewusst bleibt der Leitgedanke im Mittelpunkt unseres Autorenteams, dass bei unserer Zielgruppe eine schnelle Orientierung im Vordergrund steht und damit im Zweifel Breite vor Tiefe geht.

Wir wollen Einsteigern, Quereinsteigern, Auszubildenden, Studierenden und sich Weiterbildenden im Medienbereich weiterhin eine kompakte Orientierung in der Zeit des digitalen Umbruches geben.

Frankfurt, im Sommer 2015
Dr. Kurt Tohermes

sowie das Autorenteam Anne Kempf, Holger Knapp,
Dr. Michael Rath-Glawatz und Rouven Schellenberger

INHALT

INHALT

KAPITEL 3
PRODUKTPOLITIK BEI PRINT- UND DIGITALMEDIEN 55

INHALT

KAPITEL 6
HERSTELLUNGS- UND PRODUKTIONSPROZESSE
VON DIGITAL- UND PRINTMEDIEN 187

INHALT

INHALT

KAPITEL 8
BEISPIELE AUS DER PRAXIS 306

INHALT

KAPITEL 1

STRUKTUR UND AUFGABEN VON MEDIENHÄUSERN

WAS IST EIN MEDIENHAUS?

Wir haben uns daran gewöhnt, in einer Informationsgesellschaft zu leben.

In der wissenschaftlichen Diskussion gibt es zahlreiche Definitionen, was eine Information überhaupt ist. Sie reichen von der Festlegung in der Informatik als duale Unterscheidung von Ja/Nein oder Null/Eins bis zu semantisch komplexen Modellen, z. B. „Beseitigung von Unbestimmtheit". Der Zusammenhang von mehreren Informationen bildet eine Botschaft. Wie immer auch Botschaft definiert ist: Ein Medium ist nach den gängigen Kommunikationsmodellen etwas, das eine Botschaft von A nach B transportiert.

Kommunikationsmodell

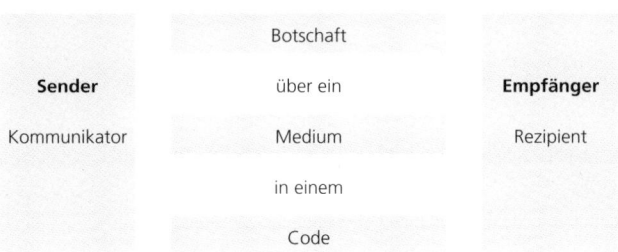

	Botschaft	
Sender	über ein	**Empfänger**
Kommunikator	Medium	Rezipient
	in einem	
	Code	

Genauer wird eine Botschaft transportiert von einem Sender zu einem Empfänger über eine räumliche oder zeitliche Distanz. Um transportfähig zu werden, muss die Botschaft codiert werden. Dazu steht eine ganze Reihe von Möglichkeiten zur Verfügung. Optische, akustische, haptische, olfaktorische, elektrische, analoge, digitale Codes samt ihren Kombinationen können benutzt werden, um eine Botschaft transport- oder speicherfähig zu machen.

Bei Medienhäusern wie Verlagen geht es um sogenannte „Massenkommunikation", im Gegensatz zur personalen Kommunikation zwischen wenigen Menschen. Lasswell definierte 1948 in seiner Formel Massenkommunikation als Frage: Wer sagt Was über Welchen Kanal zu Wem mit Welchem Effekt? (Who says What in Which Channel to Whom with What Effect?)

Mit der Ergänzung der papierbezogenen Medien durch elektronische und digitale Medien wandelte sich die „Gutenberg-Galaxie" zum „Globalen Dorf". Damit veränderte sich nicht nur die Produktpalette der Verlage um weitere Medien, sondern viel mehr noch ihre Einordnung im Bewusstsein und in der Wahrnehmung der Menschen. Alle Medien besitzen eigene, unterschiedlich wirkende Spezifika. Der kanadische Philosoph Marshall McLuhan entwickelte die zentrale These der modernen Massenkommunikation: „Das Medium ist die Botschaft!"

Jedes Unternehmen stellt sich eine Aufgabe, zu dessen Erfüllung es gegründet wird. Nach dem Grundgesetz (Art. 5) besteht diese sehr eng gefasst in der Berichterstattung oder Meinungsäußerung. Das Betriebsverfassungsgesetz fasst Medienunternehmen weiter als Betriebe mit unmittelbar und überwiegend ideeller Zielsetzung. Dies können hiernach politische, koalitionspolitische, konfessionelle, karitative, erzieherische, wissenschaftliche oder künstlerische Aufgaben sein.

Vom Wort her kommt „Verlag" von „vorlegen", im Sinne von „vorstrecken". Das Unternehmen gibt Autoren, Journalisten oder Spiele-Entwicklern Geld, um damit ein Werk zu schaffen, welches der Verlag später auf den Markt bringen möchte. Jeder Verlag sollte dabei klar formulieren, welches Unternehmensziel er eigentlich verfolgt. Die meisten in Privateigentum befindlichen Medienunternehmen sind am Gewinn- oder Rentabilitätsstreben ausgerichtet. Die Ziele der zahlreichen Non-Profit-Verlage oder Medien der öffentlichen Betriebe und Verwaltungen liegen auf anderen Ebenen wie Aufklärung, Versorgung mit Information, Selbsterhaltung. Aus dem Bereich Corporate Publishing wären die Mitgliedszeitschriften von Vereinen, Verbänden, Parteien, Gewerkschaften, Kammern oder Glaubensgemeinschaften zu nennen.

Verlagsunternehmen entwickeln aus ihrem unternehmerischen Selbstverständnis ein Leitbild aus Missionen, Visionen und Werten. In einer Corporate Identity wird die Unternehmenscharakteristik zur praktischen Umsetzung schriftlich niedergelegt.

Aus welchen Teilen eine solche Unternehmensidentität zusammengesetzt wird, hängt von Größe und Komplexität des Unternehmens ab.

Corporate Culture / Corporate Behaviour

Beide eng verbundenen Begriffe beschreiben das gelebte langfristige Betriebsklima, ausgehend von der Betriebskultur (Führungsstil, Verhalten der Mitarbeiter, Kollegen und Vorgesetzten gegenüber internen und externen Öffentlichkeiten, Wertvorstellungen und Motivation). Es soll den Verlag in eine „Gesamtkultur der Gesellschaft" einbetten und dabei die Gegebenheiten der gewordenen und gelebten Betriebskultur im Unternehmen berücksichtigen.

Corporate Design (CD)

CD ist das geplante visuelle Erscheinungsbild des Unternehmens in allen Formen. Zum optischen Erscheinungsbild eines Unternehmens gehören die visuellen Elemente wie Hausfarbe, Bild- und Wortzeichen (Piktogramme, Logi), Schriftarten, Formate, graphische und typographische Ordnungen, Strukturen und Normen, die von meinungsbestimmendem Wert und ein marktbeeinflussendes Element sein können.

Corporate Wording

Viele Buchhandlungen und Verlage nutzen das Instrument des Corporate Designs im Rahmen der Umsetzung ihres CI-Konzeptes. Da in Medienhäusern die Sprache der Hauptbestandteil der Ware ist und gleichzeitig auch Mittel zu deren Vermarktung, ist es nur logisch, dass auch die Sprache eines Verlages stets den gleichen Stil haben sollte. Deshalb wurde die CI um den Aspekt des Corporate Wording erweitert. Ziel ist es, dass das Unternehmen hierdurch glaubwürdig und klar erkennbar ist. Deshalb werden Formulierungen, Wortschatz, Schreibstil und textliche Gestaltung vereinheitlicht. Ob Einladung zur Buchmesse, Reklamation, Angebot oder Werbebrief, alle Texte werden nach diesem Konzept im gleichen Ton und Stil verfasst.

Corporate Communications

Durch Kommunikation als operativem Kommunikationsprozess werden die CI-Bestandteile zu einem Führungs- und Managementinstrument bei der Gestaltung des Unternehmensimages. Es werden Richtlinien erlassen, wer mit wem kommunizieren darf (z.B. Polizeisprecher, nicht der ermittelnde Beamte bei einem Mordfall) und welche Begriffe dazu benutzt werden sollen (Corporate Wording).

Corporate Image

Dies beschreibt das tatsächliche Unternehmensimage (positiv wie negativ), welches sich Teilöffentlichkeiten (intern wie extern) von den Erscheinungsmerkmalen des Unternehmens machen.

Corporate Social Responsibility (CSR)

Die CSR hat sich aus der Corporate Behaviour zur unternehmerischen Gesellschafts- und Sozialverantwortung entwickelt. Sie ist ein freiwilliger Beitrag der Medienunternehmen, um damit Verantwortlichkeit sowohl im Marketing, aber auch bei Umweltaspekten, Beziehungen mit Mitarbeitern (Arbeitsplatz) oder mit Bürgerinitiativen zu dokumentieren.

Corporate Governance

Auch dieser Bereich hat sich aus der Corporate Behaviour entwickelt. Unter diesem Begriff werden in großen Verlagen Grundsätze verantwortungsvoller Unternehmensleitung und -überwachung festgelegt. Denn je größer ein Medienunternehmen ist, desto größer sind die Distanzen über die Hierarchiestufen. Die Wettbewerbsfähigkeit und Nachhaltigkeit soll durch die interne Überwachung des Unternehmens auf Gesetzestreue, Korruption oder weiteres unethisches Verhalten gesichert werden.

WIRTSCHAFTLICHE ORGANISATION VON MEDIENUNTERNEHMEN

Um die Finanzierung eines Verlages auf die Beine zu stellen, gibt es eine Reihe von Möglichkeiten.

Einzelunternehmung

Zum Beispiel ein Verlag, dessen Eigenkapital von einer natürlichen Person aufgebracht wird, die auch Kaufmann oder Kleingewerbetreibender genannt wird. Der Verleger leitet das Unternehmen verantwortlich und trägt das Risiko alleine. Er haftet unbeschränkt für alle Verbindlichkeiten. Seine Firma muss den Zusatz „eingetragener Kaufmann" bzw. „eingetragene Kauffrau" oder die Abkürzungen „e. K." bzw. „e. Kfr." enthalten. Diese Unternehmensform ist schnell und kostengünstig installiert.

Mini-Portrait: Smile & fun Verlag und Ideenbörse

Inhaber: Waldemar Böhmer, eingetragener Kaufmann. Die Produktpalette dieses Leipziger Unternehmens reicht von Astrologiebüchern über Kinderbücher bis hin zu Geschenkartikeln.

Personengesellschaften

Eine Personengesellschaft ist ein Zusammenschluss mehrerer Personen, die auf einer dauerhaften Mitgliedschaft beruht. Die Personengesellschaft ist im Gegensatz zur Kapitalgesellschaft keine juristische Person. Die Gesellschafter haben die Aufgabe, für die Gesellschaft tätig zu werden und deren Geschäfte zu führen. Diese Gesellschafter sind somit stärker an die Gesellschaft gebunden als die einer Kapitalgesellschaft. Ihnen obliegen daher z.B. besondere Treuepflichten. Das Vermögen einer Personengesellschaft ist ein sogenanntes „Gesamthandsvermögen", das heißt, dass die Gesellschafter nur gemeinsam verfügen können. Außer mit dem Gesellschaftsvermögen haften die Gesellschafter dazu auch persönlich unbeschränkt (mit Ausnahme der Kommanditisten einer KG) mit ihrem Privatvermögen für die Schulden der Gesellschaft.

Gesellschaft bürgerlichen Rechts

Die „GbR" oder auch BGB-Gesellschaft ist die Grundform der Personengesellschaften. Diese Form einer Gesellschaft ist die einfachste und formell am wenigsten präzisierte und wird deshalb gerne für kleine Verlagsgründungen genutzt. Die GbR ist eine Vereinigung von mindestens zwei Gesellschaftern, die sich im Gesellschaftsvertrag verpflichten, den Unternehmenszweck zu fördern und dafür die vereinbarten Leistungen zu erbringen. Die GbR ist keine eigenständige juristische Person, sondern eine vertragliche Personenvereinigung. Als eigentlich nichtkaufmännische Gesellschaft führt sie auch keine Firma im rechtlichen Sinne: Sie kann die Namen aller Gesellschafter mit einem die GbR andeutenden Zusatz führen. Zulässig ist aber auch die Führung einer firmenähnlichen Bezeichnung

Mini-Portrait: Bernstein-Verlag GbR

Der Bernstein-Verlag wurde 2002 als Gesellschaft bürgerlichen Rechts (GbR) von den Zwillingsbrüdern Andreas Remmel und Paul Remmel in Bonn gegründet. Der namensgebende Bernstein wird dem im nördlichen Himmel residierenden Sternzeichen ‚Zwilling' zugeordnet. Da im Mai in diesem Tierkreiszeichen geboren, handelt es sich gleichsam um ‚doppelte Zwillinge': genetisch und astrologisch.

Offene Handelsgesellschaft

Die OHG ist eine Weiterentwicklung der GbR und ist wie sie eine Personenhandelsgesellschaft. OHG steht als Abkürzung für offene Handelsgesellschaft, wobei der Schwerpunkt in den Eigenschaften der OHG auf der Gesellschaft liegt. Alle Gesellschafter sind gleichberechtigt und vertreten den Verlag nach außen hin gemeinsam. Alle Absprachen gehören in den Gesellschaftsvertrag, dessen wichtigste Bestandteile Stimmrecht der Gesellschafter, Einlagen, Regelungen für Auszahlungen und Vorgehen bei Tod eines Gesellschafters sind. Die Gesellschafter haften persönlich unbeschränkt mit ihrem Privatvermögen für die Schulden des Verlages.

Mini-Portrait: C. H. Beck oHG

Der Fachverlag wurde schon 1763 gegründet und hat seinen Sitz in München. Wegen sehr enger Beziehungen zur den NS-Machthabern durfte unter dem Namen Beck erst ab 1949 wieder publiziert werden. Der Verlag befindet sich in sechster Generation im Besitz der Familie Beck. Inhaltliche Schwerpunke sind Rechts-, Geistes- und Kulturwissenschaften sowie Datenbanken.

Kommanditgesellschaft

Eine Verlags KG ist eine Personengesellschaft, deren Zweck auf den Betrieb eines Medienunternehmens unter einer gemeinschaftlichen Firma gerichtet ist. Sie besteht aus zwei Arten von Gesellschaftern. Die Komplementäre haften persönlich, die Kommanditisten dagegen nur mit ihrer Einlage. Die Haftungssumme des Kommanditisten ist deshalb ins Handelsregister einzutragen.

Mini-Portrait: Heinrich Bauer Verlag KG

Die Verlegerfamilie Bauer führt das Unternehmen seit seiner Gründung vor 136 Jahren. Die Bauer Media Group gehört zu Europas größten Medienunternehmen. Sie agiert in vielen Arten von Print-, Funk- und Onlinemedien. Mit über 360 Zeitschriften und über 40 Radioprogrammen in 15 Ländern ist die Bauer Media Group einer der führenden Verlage der Welt.

Kapitalgesellschaften

Wenn die persönliche Mitarbeit des Gesellschafters nicht im Vordergrund steht, sondern die Kapitalbeteiligung, die veräußer- und vererbbar sein soll, muss der Verlag als eine Kapitalgesellschaft gegründet werden. Dies sind Gesellschaften, bei denen die Mitglieder nicht automatisch an der Geschäftsführung und Vertretung beteiligt sind. Tod oder Ausscheiden eines Gesellschafters berührt auch nicht den Bestand der Gesellschaft. Kein Gesellschafter haftet persönlich, da die Kapitalgesellschaft eine juristische Person ist und eine eigene Rechtsfähigkeit besitzt. Für Geschäftsführung sind besondere Organe erforderlich.

Aktiengesellschaft

Eine Aktiengesellschaft (AG) ist eine Kapitalgesellschaft, deren Gesellschafter über den Kauf von Aktien am Grundkapital von mindestens 50.000 Euro beteiligt sind. Damit ist diese Form eher für größere Medienunternehmen interessant, da auch der Gründungsaufwand hoch ist. Eine Aktiengesellschaft entsteht erst mit der Handelsregistereintragung, diese hat somit konstitutiven Charakter. Hierbei ist der Nachweis über die Einzahlung des Mindestkapitals vorzulegen. Die Aktiengesellschaft wird damit zu einer juristischen Person. Die Aktiengesellschaft handelt durch ihre drei Organe, den Vorstand, den Aufsichtsrat und die Hauptversammlung.

Für die Verbindlichkeiten des Unternehmens haften die Aktionäre nur bis zur Höhe ihrer Einlagen. Ein Aktionär hat ein Stimmrecht auf der Hauptversammlung und hat somit die Möglichkeit, Einfluss auf Unternehmensentscheidungen auszuüben. Die Aktionäre erhalten Gewinnanteile in Form der Dividende. Die europarechtliche Variante der Aktiengesellschaft wird Societas_Europaea (SE) genannt.

---

axel springer ■

Mini-Portrait: Axel Springer SE

Axel Springer gründete 1946 den gleichnamigen Verlag. Seitdem ist er durch seinen Erfolg eng mit der Geschichte der Bundesrepublik Deutschland verbunden. Die Bild-Zeitung bildete den ökonomischen und Die Welt den publizistischen Grundpfeiler des Unternehmens. Die Springer Aktie wird seit 1985 an der Börse gehandelt und wurde 2007 in den Börsen-Index für kleinere Unternehmen (SDAX) aufgenommen. 2010 stieg die Aktie in den Börsen-Index für mittelgroße Unternehmen (MDAX) auf. Auch international ist der Konzern heute in vielen Ländern auf dem Markt. Die Axel Springer SE gehört in Europa zu den größten Medienunternehmen mit einer Vielzahl an gedruckten und digitalen Angeboten.

Gesellschaft mit beschränkter Haftung

Eine Medien GmbH ist eine Handelsgesellschaft mit einer eigenen Rechtspersönlichkeit, die von einem oder mehreren Gesellschaftern gegründet werden kann. Das Stammkapital muss mindestens 25.000 Euro betragen. Für die Schulden einer GmbH haftet nur das Gesellschaftsvermögen. Sie besteht mindestens aus den zwei Organen, der Geschäftsführung und der Gesellschafterversammlung. Bei einer mitbestimmten GmbH mit mehr als 500 Arbeitnehmern wird auch noch ein Aufsichtsrat bestellt.

Cornelsen

Mini-Portrait: Cornelsen Verlag GmbH

Der Berliner Verlag ist in über 60 Jahren vom Schulbuchverlag zum umfassenden Anbieter von Bildungsmedien und Schulungsangeboten geworden. Zielgruppen sind neben Bildungs- und Betreuungseinrichtungen mehr und mehr Privatpersonen, die sich beruflich qualifizieren wollen. Mit vier Schwerpunkten soll dieser Markt bearbeitet werden: Bildungsportale, Service, Cornelsen Schulverlage, Online-Angebote.

Sehr häufig wird auch die Mischform der GmbH und Co. KG für Verlage genutzt. Auch juristische Personen können Kommanditist oder Komplementär sein.

COPPENRATH

Mini-Portrait: Coppenrath Verlag GmbH & Co KG

Der Verlag wurde 1768 in Münster von Josef Heinrich Coppenrath gegründet. Das Unternehmen war über 200 Jahre im Besitz der Familie, bis es 1977 von Wolfgang Hölker übernommen wurde. Ein Schwerpunkt des Verlagsprogramms sind besonders Kinder- und Geschenkbücher. Besondere Erfolge waren der Hase Felix und Lillifee. (www.coppenrath.de/kinder/marken-und-helden)

Unternehmergesellschaft

Die UG ist die jüngste Unternehmensform. Es handelt sich um eine Mini-GmbH und eignet sich zur Unternehmensgründung, weil man hier die Möglichkeit hat, nur ein geringes Stammkapital ab einem Euro einzuzahlen. Außerdem wird die Gründung durch eine schnelle Eintragung ins Handelsregister vereinfacht. Die UG ist außerdem eine eigenständige juristische Person und kann verklagt werden. Bei der Haftung ist das Privatvermögen der Gründer ausgeschlossen. Von 25% der Gewinne der UG muss das Unternehmen jährlich solange eine Rücklage bilden bis 25.000 Euro als

Stammkapital erreicht sind, die man für die Gründung einer GmbH benötigt. Danach wird die Umwandlung in eine GmbH vorgenommen.

Mini-Portrait:

TargetWorks – Medienverlag UG (haftungsbeschränkt)

Der Verlag in Grebenau versteht sich als Dienstleister für Kommunikations- und Marketingstrategien. Dies sowohl im Bereich von Druck- und Onlinemedien für öffentliche Einrichtungen als auch für die Privatwirtschaft. Inhalt, Gestaltung und Finanzierung bei Broschüren und Internetauftritten bilden die drei wirtschaftlichen Schwerpunkte, die komplett oder einzeln gekauft werden können.

Kommanditgesellschaft auf Aktien

Die KG a.A. stellt eine Sonderform der KG dar. Es ist eine Mischform zwischen einer Personengesellschaft und einer Kapitalgesellschaft, wobei eine eigene Rechtspersönlichkeit oder juristische Person erhalten bleibt. Der wesentliche Unterschied zur KG ist, dass die Kommanditisten ihre Kapitaleinlage hauptsächlich in Form von Aktien einbringen und nicht in Geld.

Die Unternehmensformen sind allerdings nie als statisch zu sehen, sondern sie müssen steuerlich, haftungsrechtlich oder finanziell angepasst werden.

BERUFSSTÄNDISCHE ORGANISATION

Börsenverein des Deutschen Buchhandels e. V.

Börsenverein des Deutschen Buchhandels

Der Börsenverein kann auf die längste Tradition der Berufsverbände zurückblicken. Die Organisation wurde 1825 gegründet. Im Jahre 1948 ging aus ihr der Börsenverein deutscher Verleger- und Buchhändlerverbände hervor. Frankfurt wurde im gleichen Jahr wieder Messestadt, nachdem jahrzehntelang Leipzig Hauptangelpunkt des Buchhandels war. 1955 entstand der heutige Börsenverein. Er besteht als Gesamtverein aus 5.400 Unternehmen, darunter Verlage, Sortiments- und Antiquariatsbuchhandlungen und Firmen des Zwischenbuchhandels. Seit einer Strukturreform sind Wirtschaft und Politik getrennte Bereiche.

Für die medienpolitische Arbeit ist der Verband verantwortlich, die wirtschaftlichen Aktivitäten übernehmen die Wirtschaftstöchter:
- Ausstellungs- und Messe GmbH (Frankfurter Buchmesse)
- MVB Marketing- und Verlagsservice des Buchhandels GmbH.

Bundesverband Deutscher Zeitungsverleger e. V.

Die Spitzenorganisation der Zeitungsverlage in Deutschland ist der BDZV, in dem rund 290 Tageszeitungen organisiert sind. Dieser Verband gründete sich 1954 und vertritt die wirtschaftlichen und rechtlichen Interessen der Zeitungsverlage nach außen.

Folgende Ausschüsse beschäftigen sich mit den wichtigen Fragen des Tagesgeschäfts:
- Anzeigenausschuss
- Schlichtungs- und Einigungsausschuss
- Sozialpolitischer Ausschuss
- Vertriebsausschuss

Dazu wurden Arbeitsgruppen zu folgenden Themen gebildet:

- Berufliche Bildung
- Finanzen
- Medienpolitik
- Öffentlichkeitsarbeit
- Papier
- Recht
- Recycling
- Steuern
- Wirtschaft
- Elektronisches Publizieren / Multimedia

Dazu kommt verbandübergreifend zusammen mit VDZ und Börsenverein die *Arbeitsgruppe Medienkaufmännische Aus- und Weiterbildung.* Die Arbeitsgruppe befasst sich mit Fragen der Aus- und Weiterbildung der Mitarbeiter in den Verlagen und ist auch für die Fortbildung der Fachkundelehrer an den Berufsschulen verantwortlich.

Verband Deutscher Zeitschriftenverleger

Der VDZ in Berlin ist die Dachorganisation der Zeitschriftenverlage in Deutschland. Über seine sechs Landesverbände gehören ihm knapp 400 Verlage an, die über 5.800 Zeitschriftentitel herausgeben und, gemessen am Umsatz, über 80 Prozent des deutschen Zeitschriftenmarktes repräsentieren.

1892 schlossen sich die Fachzeitschriften zum Reichsverband Deutscher Fachzeitschriftenverleger zusammen. 1907 konstituierte sich der Verband der Publikumszeitschriftenverleger. 1929 fusionierten beide Verbände zum Reichsverband der Zeitschriftenverleger. 1946 entstanden die ersten Zeitschriftenvereine auf Länderebene, die später den heutigen Verband gründeten. Im Verband wirken die drei Fachverbände

- Publikumszeitschriften,
- Fachzeitschriften (zum Teil zusammen mit dem Börsenverein in der Deutschen Fachpresse),
- Konfessionelle Zeitschriften.

Ein großer Teil der Verbandsarbeit wird von den Kommissionen und Ausschüssen bewältigt, die sich mit den Themen

- Recht,
- Sozialpolitik,
- Steuern,
- Aus- und Fortbildung,
- Post,
- Europa und Medienpolitik sowie
- Umwelt

befassen.

Bundesverband Digitale Wirtschaft

Wir sind das Netz

Der Bundesverband Digitale Wirtschaft (BVDW) e.V. ist die Interessenvertretung für Unternehmen im Bereich interaktives Marketing, digitale Inhalte und interaktive Wertschöpfung. Der BVDW ist interdisziplinär verankert und hat damit einen ganzheitlichen Blick auf die Themen der Digitalen Wirtschaft.

Um eine zielfokussierte, thematische und branchenübergreifende Arbeit zu ermöglichen, agiert der BVDW in einer offenen Struktur. Dabei werden die Mitgliedsunternehmen einem Segment zugeordnet, das zur Abbildung in der gesamten digitalen Wertschöpfungskette dient.

Die Verbandsarbeit erfolgt in segmentübergreifenden Themengruppen: Die Fokusgruppen dienen dem Austausch der Mitglieder in einem relevanten Themengebiet, die Fachkreise innerhalb eines Segments. Daneben werden Initiativen vom BVDW unterstützt, durch die Zukunftsthemen schnell besetzt werden. Die Ressorts stellen die Hauptthemen/-aufgaben des Verbandes dar.

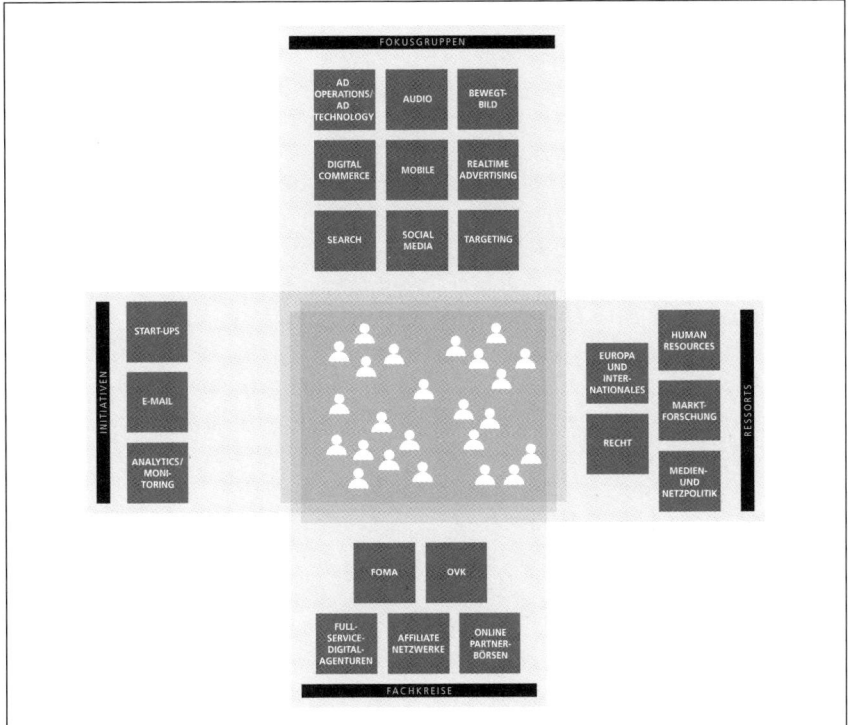

Alle BVDW-Mitglieder können in verschiedenen Themengruppen mitarbeiten, unabhängig ihres zugeordneten Segments.

ver.di

Die Beschäftigten der deutschen Medienunternehmen sind gewerkschaftlich in der Vereinten Dienstleistungsgewerkschaft (ver.di) organisiert. Mit etwa 2 Millionen Mitgliedern in rund 1.000 Berufen ist sie eine der größten freien Einzelgewerkschaften der Welt. Inhaltlich ist die Organisation in Fachbereiche gegliedert, wovon drei direkt mit Medienunternehmen in Sozialpartnerschaft stehen.

Fachbereich 8	Fachbereich 9	Fachbereich 10
Medien, Kunst und Kultur, Druck und Papier, industrielle Dienste und Produktion	Telekommunikation, Informationstechnologie, Datenverarbeitung	Postdienste, Speditionen und Logistik

Die Gewerkschaft arbeitet an allen sozial relevanten Regelungen im Medienbereich mit, wie Tarifverträgen, Ausbildungsregelungen oder Arbeitssicherheit.

AUFBAUORGANISATION VON MEDIENUNTERNEHMEN

Durch die dargestellte Vielfalt von Unternehmen, die an der medialen Wertschöpfung beteiligt sind, ist es nicht möglich, eine einheitliche Struktur der Aufbauorganisation vorzugeben. Die Aufbauorganisation bildet das hierarchische Gerüst eines Unternehmens. Sie soll Außenstehenden und Mitarbeitern drei Dinge verdeutlichen „Wer ist Chef/in?", „Wer hat wem was zu sagen?" „Wer ist verantwortlich für was/wen?" Die Ablauforganisation wird in den Kapiteln über die einzelnen Medien dargestellt. Aus den drei verschieden Modellen haben sich pragmatische Mischformen entwickelt.

Linienorganisationen

Das **Einliniensystem** stellt die einfachste Organisationsstruktur dar. Hier hat jeder Mitarbeiter nur einen direkten Vorgesetzten, von dem er Anweisungen und Arbeitsaufträge erhält. Grundsatz: „Prinzip der Einheit der Auftragserteilung".

Beim **Funktionssystem (Mehrliniensystem)** untersteht jeder Mitarbeiter mehreren Vorgesetzten, von denen er seine Aufträge erhalten kann. Grundsatz: „Prinzip des kürzesten Weges".

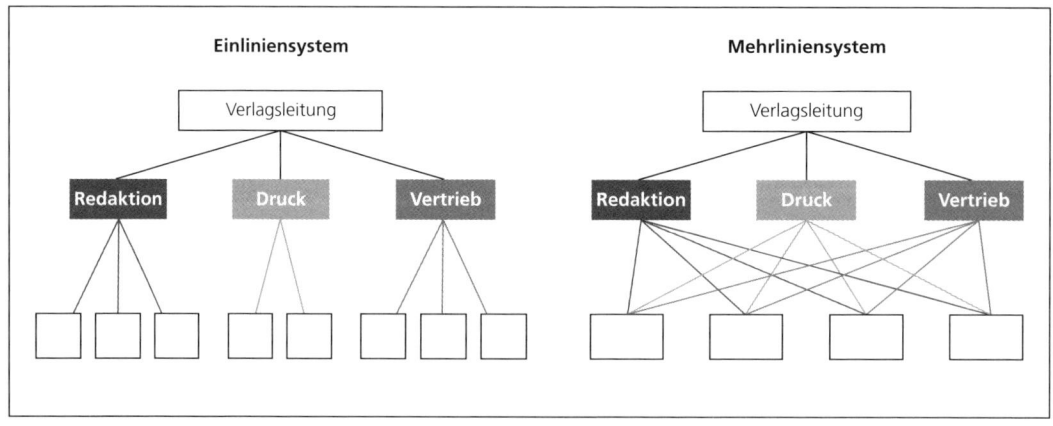

Stabliniensystem

Beim Stabliniensystem wurde das Liniensystem weiterentwickelt, indem man einzelnen Stellen der Linie sogenannte Stäbe zuordnet. Sie haben beratende Funktion, aber keine Weisungsbefugnis und sind für grundlegende Probleme zuständig. Weiterhin sollen sie die Instanz entlasten, indem sie die anstehenden Entscheidungen vorbereiten.

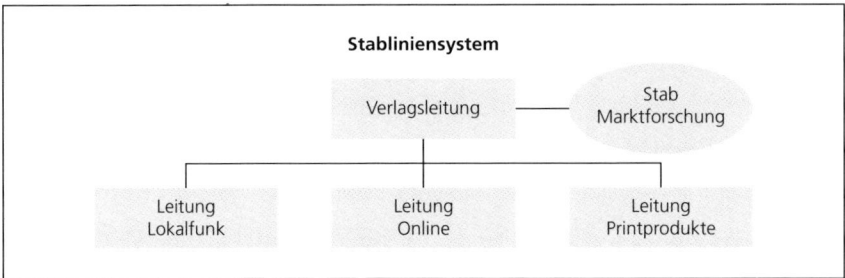

Matrixorganisation

Die Matrixorganisation wendet zwei Gliederungsvariablen an. Dies ist nur ratsam bei großen Medienunternehmen mit breiter Produktpalette. Ein Mitarbeiter steht hierbei in zwei Weisungsbeziehungen. So ist er der Leitung der verrichtungsbezogenen Abteilungen (Planung, Logistik, usw.) unterstellt, aber auch einem Produktmanager (Zeitungen, Portale usw. zugeordnet.

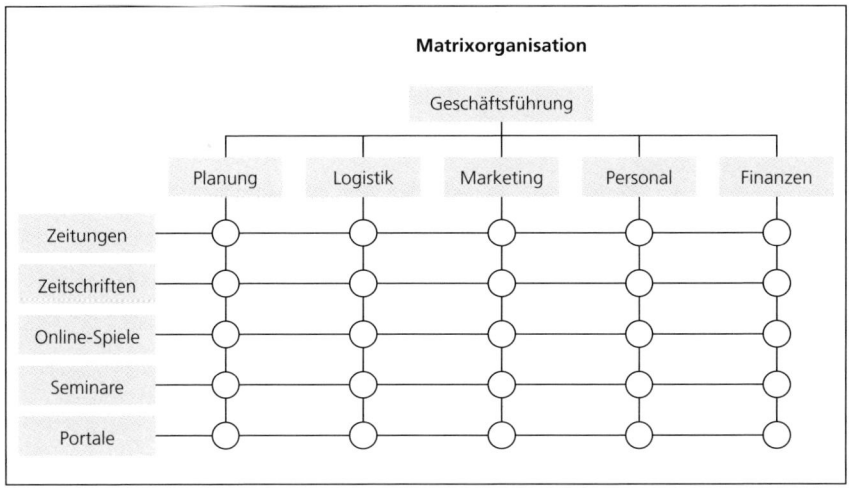

Divisionale Organisation

Bei dieser Organisationsform, auch Spartenorganisation genannt, wird eine Einteilung des Betriebes in Sparten vorgenommen. Auch diese Art der Aufbauorganisation ist nur für große Medienkonzerne sinnvoll. Die Sparten / Divisionen können Produktgruppen (Zeitschriften, Bücher, Browser-Games) oder Kundengruppen (Geschäftskunde, Privatkunde, Staat) sein, aber auch regionale Absatzgebiete (Westeuropa, Osteuropa, Mittelamerika).

KAPITEL 2

MARKETING FÜR MEDIENPRODUKTE

MARKETINGMODELLE IM MEDIENBEREICH

Marketing heißt, ein Unternehmen vom Markt her führen. Um im heutigen Medienmarkt erfolgreich bestehen zu können, haben sich die Medienhäuser vom traditionellen Marketing, das von einem fertigen, möglichst oft zu verkaufenden Produkt ausgeht, verabschiedet. Damit verbunden ist der Abschied von idealistischen, dogmatischen oder ideologischen Zielsetzungen. Im Marketing sind alle Unternehmensaktivitäten zielgerichtet an den Konsumentenbedürfnissen orientiert. Schon die Stufe der Produktentwicklung richtet sich nach den Märkten. Deshalb hat im Marketingprozess die Marktforschung eine zentrale Rolle bei allen Entscheidungen.

Marketing-Mix von Medienherstellern

Produkt- politik	Kontrahierungs- politik	Distributions- politik	Kommunikations- politik
Product	**P**rice	**P**lacement	**P**romotion

Klassische Medienunternehmen sind dadurch gekennzeichnet, dass sie mit einem Produkt auf den Markt treten. Marketing dient pragmatisch dazu, die Marketingziele zu erfüllen. Marketingziele müssen in operationalisierter Form, das heißt, in überprüfbarer Form angegeben werden. Ein Marketingziel könnte deshalb lauten: Der Umsatz soll um 2,3 % erhöht werden. Aber nicht einfach: Den Umsatz soll erhöht werden. Nur so kann das Ziel eine Hilfe sein für die Arbeit in den vier Sub-Mix-Bereichen, die auch als die vier klassischen Ps bezeichnet werden. Jeder Bereich des Marketings wird je nach Bedarf weiter verästelt und ergänzt, um genauer auf die Zielerfüllung hinzuarbeiten.

Ziel-Hierarchien

Markenarchitektur

Wenn ein Verlagshaus über eine Marketingstrategie mit mehreren Marken nachdenkt, muss die Entscheidung getroffen werden, wie die Marken strukturiert und benannt werden sollen. Hierbei gibt es drei Hauptarten der systematischen Markenarchitektur. Zunächst die monolithische Struktur, bei der alle Verlagsprodukte unter demselben Markennamen angeboten werden, auch wenn sie noch so unterschiedlich sind (z.B. Bücher und Spielzeug). Als Alternative bietet sich die Markenfamilie an, bei der die Untermarken optisch oder verbal verbunden sind (branded house). Eine dritte Möglichkeit ist es, jedes Produkt unter einem anderen Namen (Einzelmarken) anzubieten, um genauer auf die Bedingungen der Teilmärkte eingehen zu können. Der Leser nimmt hier gar keinen Zusammenhang wahr, der Buchhandel den Verlag bestenfalls als eine Holding, die andere Unternehmen gekauft hat (house of brands).

Die Entscheidung darüber, welche Architektur der Verlag verwirklichen soll, hängt davon ab, wie bekannt die Ausgangsmarke ist und ob sie beim Buchhandel und beim Leser ein gutes Image hat.

Dachmarke

Die zahlreichen Fusionen und Übernahmen im Buchhandel- und Verlagsbereich, aber auch Neueinführungen haben dazu geführt, dass viele Medienunternehmen mehrere Marken unter einem Dach führen. Jede Einzelmarke bringt aber eine Zusammenstellung von Charakteristiken, wie Kultiviertheit, Kompetenz oder Spannung mit, die zusammen die Markenpersönlichkeit bilden. Damit ergibt sich das Problem, dass die untergeordneten Marken zusammen kein homogenes Bild in den Köpfen der Buchkäufer abgeben. Dazu kommt, dass die Einzelmarken meist nicht den Bekanntheitsgrad der Dachmarke haben.

Beim Medienverkauf ist die Dachmarkenstrategie nur dann ein Vorteil, wenn die Dachmarke erstens positiv wahrgenommen wird und zweitens sehr bekannt ist. Dann führt die Gruppenzugehörigkeit dazu, dass der potenzielle Buchkäufer aus dem Gedächtnis schnell und automatisch die Attribute der dominanten Dachmarke (Gut, weil von …) auf die Einzelmarke überträgt. Werden die Markenpersönlichkeiten von Sub-Marke und Dachmarke unterschiedlich wahrgenommen, sind keine positiven Effekte zu erwarten.

Autorenmarke

Ein Verlag hat die kommunikative Aufgabe, seine Marke, seine eventuellen Zweitmarken und seine Buchreihen als unverwechselbar in den Köpfen der Leser und des Buchhandels zu verankern. Aber ähnliches gilt für Autoren. Bevor sich ein Autor mit seiner unverkennbaren Handschrift auf dem Lesermarkt etabliert, müssen sich die Marktteilnehmer ein Bild von ihm machen. Für einen Verlag, der einen Autor längerfristig mit mehreren Büchern betreut, entsteht die Aufgabe, diesen Autor zu einer Marke zu machen. Dies bedeutet, einen Wiedererkennungswert für Werke und Autor zu schaffen. In der Praxis könnte dies durch sprachlich stets konstant aufgebaute Buchtitel geschehen oder durch eine über alle Veröffentlichungen gleiche visuelle Ausstattung. Auch sind Buchvorstellungen oder Lesereisen in einem gleichen Rahmen zu organisieren, um an ein Vorwissen der Zielgruppe anzuknüpfen. Ziel ist es, mit Titel, Optik und Erleben feste Assoziationen zu verankern, wodurch dann die Neuerscheinungen bei den Buchkäufern Erwartungen und Neugier wecken. So werden sich langfristig die höheren Kommunikationskosten amortisieren.

Handelsmarke

Natürlich kann ein Medienunternehmen sich auch gegen den Aufbau einer Markenpolitik entscheiden. Seit zwei Jahrzehnten etablieren sich Handelsketten auch im Buch- und Spielebereich mit einem eigenen Produktportfolio. Ursprünglich wurden Generics oder Me-too Bücher von Verlagen mit Waren- oder Firmenzeichen von Handelsbetrieben versehen und zu Niedrigpreisen angeboten. Inzwischen ist das Know-how auf Seiten der großen Handelsketten so gewachsen, dass sich Handelsmarken (Store Brands) der sogenannten „vierten" Generation nur noch durch das Kriterium der mangelnden Ubiquität von „normalen" Medienmarken unterscheiden. Denn die Handelsmarke ist per Definition nur beim jeweiligen Handelsunternehmen zu kaufen. Vorteile haben Handelsmarken durch den Wegfall der Kostenpunkte wie Außendienst, Messebeteiligung und Werbekosten. Der Rückgang der Verlagstreue, besonders im Buchbereich, hat den verkaufspsychologischen Vorteil der klassischen Buchverlage schwinden lassen. Doch besonders die permanente Trend- und Marktforschung lässt diese Unternehmen früh Entwicklungen erkennen, die zu eigener Medienproduktion genutzt werden. Besonders im Bereich Cross-Selling mit Non-Books können diese besser genutzt werden als im Distributionsweg vom Verlag zum Buchhandel.

Markendehnung

Medienunternehmen und viele Distributoren sind Marken, die über eine gewisse Tradition und ein gutes Image verfügen. Allerdings haben die letzten Jahre deutlich die Begrenztheit des Marktes besonders für Printmedien gezeigt. Um den Bestand des Unternehmens zu sichern, konnten gut geführte Unternehmen diese beiden positiven Eigenschaften auf neue Produktkategorien (Spiele, DVD, Online-Content) übertragen. Die Nutzung des aufgebauten Markenwertes für die neuen Produkte bedeutet im Klartext eine Reduzierung der Risiken des Markteintritts durch Bekanntheit und Vertrautheit der Marke. Auch eine Einsparung von Kosten für Aufbau von Bekanntheitsgrad und Image sind handfeste Vorteile der Markendehnung. Studien zeigen, dass es im Medienbereich keine negativen Rückwirkungen auf die Stamm-Marken gibt – etwa dadurch, dass ein klares Markenbild verloren geht. Im Gegenteil führt eine Markendehnung (Brand Stretching) sowohl zu einer kurzfristigen Gewinnverbesserung als auch einer Verjüngung des Unternehmensimages.

Internal Branding

In vielen Verlagen herrscht noch die Vorstellung, dass Marken ausschließlich für den Handel und vielleicht noch für die Nutzer entwickelt und gepflegt werden. Der Ansatz der internen Markenführung (Internal Branding) geht einen Schritt weiter. Er besagt, dass allen Mitwirkenden am Prozess der Wertschöpfung (vom Autor bis zum Außendienst) die Markenpersönlichkeit vertraut sein sollte. Um dies zu erreichen, muss jedem Mitwirkenden die Verlagsphilosophie und die Unternehmenskultur (siehe Kapitel 1, Corporate Identity) vermittelt werden. Doch nur die theoretische Ebene allein bringt wenig Erfolg. Damit die Markenführung für die Mitarbeiter glaubwürdig wird, muss diese auch praktisch erlebbar sein. Besonders Mitarbeiter ohne Kundenkontakt haben hier in der Regel Defizite. Deshalb sollten auch sie von Zeit zu Zeit bei Treffen mit Autoren, Grosso, Zwischenbuchhandel oder dem Buchhandel hinzugezogen werden, auch dann, wenn dies vordergründig nicht notwendig erscheint. Nur so können sie sich selbst von der Wichtigkeit ihrer Arbeit überzeugen.

Produktlebenszyklus

Kein Computerspiel, kein Buch, keine Zeitschrift oder Zeitung ist „für die Ewigkeit" gemacht, sondern haben wie andere Produkte eine gewisse Lebensdauer. Allerdings bestehen im Medienbereich erhebliche Unterschiede in der Länge der Lebenszyklen. Diese können von einigen Monaten, z.B. bei Büchern, Partworks oder Fanzines bis zu über einhundert Jahren bei Tageszeitungen betragen. Deshalb wird dieses Analysetool von einigen Fachleuten als veraltet angesehen.

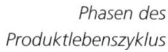

Phasen des Produktlebenszyklus

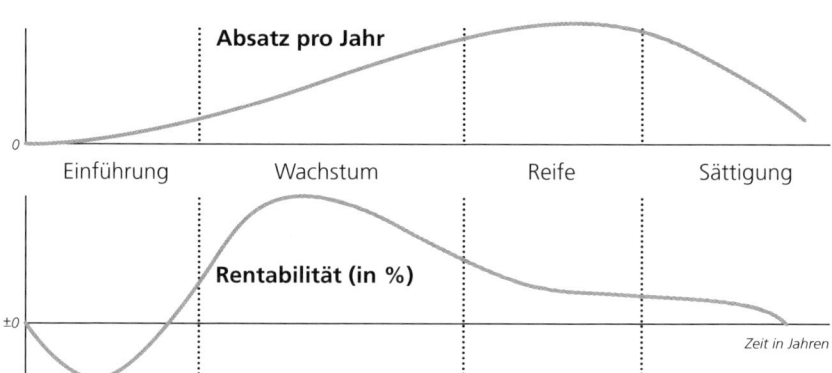

Phase	Einführungs-phase	Wachstums-phase	Reife-phase	Sättigungs-phase
Art der Entwicklung	Schaffung des Marktes	Marktdurchdringung	Geplante Alterung	Diversifikation
Kapitalbedarf	hoch	hoch bis mittel	niedrig	De-Investition
Rentabilität	negativ	negativ-positiv	positiv	abnehmend
Umsatz	gering	stark steigend	steigend	abnehmend
Käufer	Innovatoren Frühadopter	frühe Mehrheit	späte Mehrheit	Zauderer

Portfolioanalyse

Jedes Medienunternehmen muss im Rahmen seines Marketings überprüfen, welche Produkte welche Zukunftserwartungen haben. Eine
Methode, dies zu analysieren, ist die Marktanteil-Marktwachstums-Matrix
(Boston-Matrix), die ursprünglich von der Unternehmensberatung Boston-
Consulting-Group entwickelt wurde. Sie kann nicht nur intern angewendet
werden, sondern auch als externes Instrument, den Wert eines Verlages
festzustellen. Hat ein Verlag beispielsweise viele „Milchkühe" (siehe nach-
folgende Graphik) in seinem Angebot, so werden sein Gewinn und sein
Marktanteil momentan gut sein. Mit dem zunehmenden Alter der Produk-
te im Lebenszyklus wird aber eine immer negativere Zukunftsprognose zu
stellen sein. So sollte ein Verlag auch immer Questionsmarks und Rising
Stars in seiner Produktpalette haben. Von „armen Hunden" sollte sich ein
Unternehmen entweder trennen oder einen komplett neuen Marketing-Mix
(Relaunch) für sie entwerfen.

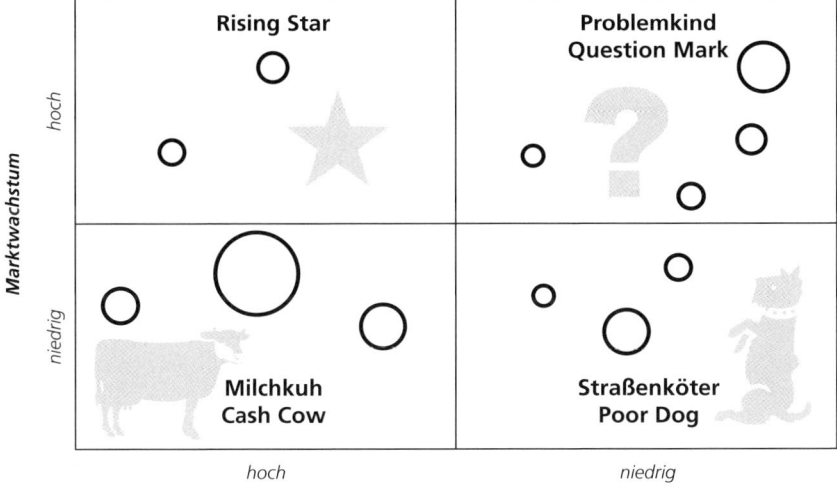

*Unternehmensportfolio
anhand einer
BCG-Matrix*

Preisstrategien

Wenn ein Verlag den Preis eines Produktes festgelegt, wird er sich auf eine bestimmte Strategie bei der Preisgestaltung festlegen müssen. Er kann seinen Preis hoch ansetzen (**Premiumstrategie**) oder ihn schrittweise über verschiedene Ausgaben (Hardcover / Taschenbuch) senken (**Skimming**). Besteht die Überlegung darin, das Medium zu verkaufen, indem man es unter den Preis der vergleichbaren Konkurrenzprodukte legt, spricht man von einer **Promotion-Preisstrategie**.

Diese Marketingoption hat allerdings nicht jedes Verlagshaus zur Verfügung. Zum einen muss das Buch eine hohe Auflage haben, um es überhaupt preisgünstig herstellen lassen zu können. Zum anderen muss eine hohe Preiselastizität vorhanden sein. Dies bedeutet, der Leser muss überzeugt sein, dass ein günstiges Buch auch ein gutes Buch sein kann. Er darf nicht den Preis eines Buches für einen Indikator der Qualität des Produktes halten. Da die Preisstrategien im Buchbereich und im Vertrieb von Medialeistungen besonders ausdifferenziert sind, werden sie dort produktspezifisch dargestellt. Um glaubwürdig zu bleiben, muss die Preisstrategie durch den gesamten Kontrahierungs-Mix durchgehalten werden.

Preispolitik	Rabattpolitik	Sonstiges	Konditionenpolitik
Premiumstrategie	• Abschluss	• Skonto	• à.c.
n	• Bonus	• Valutierung	• Fest
g	• Grundrabatt	• Zahlungsziele	• RR
• Sonder-Effekte: Snob, Indikator, Bandwaggon, Veblen	• Mengenrabatt		• UR
	• Partiebezug		
	• Zeitlich differenzierte Rabatte		

Rabattpolitik

Der Kontrahierungs-Mix enthält als ein Element die Rabattpolitik, mit der versucht werden soll, sowohl große als auch kleinere Kunden an einen Verlag zu binden. Da bei Printmedien die Preisbindung weitgehend intakt ist, gibt es im Medienbereich eine ausgefeilte Rabattpolitik eher für den Bereich Business-to-Business. Prinzipiell stehen den Verlagen zwei Steuerungsebenen zur Verfügung.

Zum einen sind dies **Volumenrabatte**, die eine häufige oder große Abnahme der Kunden bewirken sollen. Beispiele hierfür sind Rabatte nach einer Mal- oder Mengenstaffel, Konzernrabatte, Poolrabatte oder ein Bonussystem.

Die zweite Ebene bilden die **Funktionsrabatte**. Sie sollen unabhängig von der Größe ein bestimmtes Verhalten des Kunden honorieren. So gibt es z.B. den Online-Rabatt für Internet-Bestellungen, weil damit der Verlag niedrigere Kosten pro Auftrag hat. Andere Beispiele wären Verbindlichkeitsrabatte, die den Kunden dafür belohnen, dass er auf sein Umtausch-, Remissions- oder Stornierungsrecht verzichtet oder die traditionelle Standing-Order, die für die Präsenz der Novitäten in der Buchhandlung den Sortimenter finanziell belohnt.

Distributionsstrategien

Zunächst muss sich jedes Medienunternehmen die Grundsatzfrage stellen, wie die Produkte vertrieben werden sollen. Möglich wäre ein **Direktvertrieb** an den Kunden, wie es beispielsweise Tageszeitungen mit ihren Abonnements machen. Eine Alternative stellt der **einstufige indirekte Vertrieb** dar. Zum Beispiel, wenn ein Spielehersteller seine DVDs an ein Kaufhaus verkauft, die es wiederum dem Endkunden veräußern. Eine dritte Möglichkeit ist der **zweistufige indirekte Vertrieb,** der im Pressegrosso angewendet wird. Der Verlag verkauft seine Zeitschrift dem Grossisten, der verkauft sie an den Einzelhändler, der seinerseits an den Leser.

Die meisten Buchverlage haben aufgrund der vielfältigen Bestellmöglichkeiten des Buchhandels Probleme, sich folgende Frage zu beantworten: „Wie hoch sind die Prozentzahlen der Sparten des verbreitenden Buchhandels, die in der Berichtsperiode ein Buch unseres Hauses mindestens einmal verkauft haben?" Mathematisch errechnet sich die numerische Distribution für Verlag X, indem man die Anzahl der Geschäfte, in denen ein X-Buch einmal verkauft wurde, durch die Gesamtanzahl der Verkaufsstellen dividiert und mit 100 multipliziert. Diese Zahl ist aussagekräftig, wenn sie mit Daten anderer Verlage verglichen werden kann. Zur internen Analyse sollte noch die gewichtete Distribution hinzugezogen werden. Hierbei wird dann der erzielte Umsatz als Basis genommen.

Beispiel:
Ein X-Buch wurde in 4 von 10 Kleinbuchhandlungen verkauft, also hat X hier eine numerische Distribution von 40 %.

Für viele Branchen ist diese Frage leicht zu beantworten, aber Bücher bilden hier eine Ausnahme. Zum einen kann durch die Distribution über Barsortiment oder Verlagskommissionär nicht festgestellt werden, in welcher Buchhandlung welches Buch nun konkret verkauft wurde (örtliches Problem). Zum anderen lassen bestimmte Bezugsbedingungen wie à.c. nicht den Verkaufszeitpunkt bestimmen, weshalb ein zeitliches Zuordnungsproblem entstehen kann. Nur eine genaue Kenntnis dieser Kennziffern ermöglicht aber eine präzise Planung der Distributionsmaßnahmen.

Ähnliches gilt für DVD-gebundene Computerspiele. Zeitungen und Zeitschriften haben es hier einfacher, eine gezielte Distributionsstrategie zu entwickeln. Sie erhalten von den Grossisten genaue Zahlen, welcher Titel in welcher Stückzahl an welchem Kiosk verkauft wurde. Wird nun ein neuer Titel auf dem Markt eingeführt, kann der Verlag den Grossisten vorschlagen, zum Beispiel den Verteiler eines Konkurrenzproduktes als Distributionsgrundlage zu nehmen.

MARKTFORSCHUNG ALS BASIS DES MEDIENMARKETINGS

Bevor ein Unternehmen vom Markt her geführt werden kann, muss dieser Markt untersucht werden. Da die Beobachtung des Marktes und der darauf agieren Menschen sehr aufwendig und damit teuer ist, führen sehr viele Unternehmen nicht selber Markforschungsprojekte durch (Primärforschung), sondern nutzen Studien verschiedener Anbieter. Die wichtigsten Studien, mit denen dann die Unternehmen Sekundärforschung betreiben, werden im Kapitel 4 kurz vorgestellt.

Marktanalyse und Marktbeobachtung

Die Analyse der Marketing-Sachverhalte stellt eine wichtige Basis der Entscheidungsfindung dar. Ein Problem ist es, kostengünstig an diese Informationen zu kommen. Nur große Verlage und Buchhandelsketten können Primarforschung finanzieren. Hier bietet sich die **Sekundärforschung** als Lösungsansatz an. **Desktop Research** ist die Sammlung, Analyse und Interpretation von Informationen direkt vom Arbeitsplatz (Schreibtisch = Desktop) aus. Inhaltlich geht es dabei um Daten, die bereits existieren und nicht eigens erhoben werden. Genauer werden zwischen

● innerbetrieblichen und
● außerbetrieblichen

Daten unterschieden, die im Rahmen der Sekundärforschung zusammengetragen werden.

Innerbetriebliche Daten können Statistiken über Umsätze und Absatzzahlen, Deckungsbeitragsrechnungen, Berichte von Außendienstmitarbeitern oder Statistiken z. B. über Reklamationen, Kundendaten, Lagerkapazitäten sein. **Außerbetriebliche Daten** stellen amtliche Statistiken, Zahlen vom Börsenverein, Informationen der IHK oder Wirtschaftsinstituten dar. Nachteile der Sekundärforschung sind jedoch, dass die Daten oft veraltet, nicht exklusiv oder zu wenig spezifisch sind.

Wer verantwortbare Entscheidungen im Bereich Marketing treffen will, sollte dies aufgrund einer gesicherten Datenlage tun, die methodisch auf unterschiedliche Arten gewonnen werden kann. Eine einzelne Befragung gibt hier Hinweise zu Einstellungen, Vorstellungen oder Befindlichkeiten der Leser. Allerdings kann daraus nur der momentane Stand abgelesen werden. Trends oder Veränderungen bei der Zielgruppe können nur sicher konstatiert werden, wenn immer wieder dieselben Fragen denselben Personen gestellt werden. Dies geschieht durch eine **Panelerhebung,** bei der mehrere Messungen zu unterschiedlichen Zeitpunkten bei der gleichen Untersuchungseinheit durchgeführt werden. So erhält man sichere Daten über Verhaltensänderungen bei der Zielgruppe. Allerdings ist es in der Praxis schwierig, denselben Personenstamm über eine längere Zeit zu befragen. Umzug, Krankheit, Unwillen oder Tod führen zu einer sogenannten Panelsterblichkeit. Somit kann es zu Verzerrungen bei der Interpretation der Ergebnisse kommen, wenn dieser Effekt nicht durch die Wahl einer größeren Befragungsgruppe von Beginn an mit eingerechnet wird.

Zur Marktforschung im weiteren Sinne gehören nicht nur die Marktanalyse und die Marktbeobachtung, die sich auf die Vergangenheit beziehen, sondern auch die Marktprognose für die Zukunft.

Marktprognose

Am Anfang eines jeden Jahres müssen sich Verlage und Buchhandlungen darüber Gedanken machen, wie das neue Geschäftsjahr wohl verlaufen wird. Diese Prognose wird für die Personal-, Einkaufs- und Werbeplanung notwendigerweise benötigt. Grundsätzlich werden zwei Arten von Verfahren unterschieden: Zum einen die intuitiven, das heißt, die nicht mathematischen Verfahren, zum anderen die systematischen Verfahren. Wer nicht auf einen strukturierten Datenbestand zurückgreifen kann, muss sich weitgehend mit den persönlichen Intuitionen von Kunden, Mitarbeitern, Experten oder Außendienstlern zufrieden geben. Wem sichere Vergangenheitswerte zu Verfügung stehen, kann eine der zahlreichen mathematischen Methoden der Prognose benutzen. Hier stehen beispielsweise Regressionsanalyse, Simulation, Trendberechnung oder exponentielle Glättung zur Auswahl. Die Erfahrungen der letzten Jahre zeigten, dass in vielen Unternehmen die intuitiven Verfahren die gleiche Zuverlässigkeit haben wie systematische Verfahren.

CROSSMEDIALES WERBEMITTELMARKETING

Die meisten Medien finanzieren sich zu einem hohen Maße als Werbeträger, der zum Beispiel bei Anzeigenblättern bei 100 % liegt. Für den Verlag hat das Werbemittelgeschäft (Anzeigen, Beilagen) eine so starke wirtschaftliche Bedeutung, dass es der Denkweise ihrer Kunden Rechnung trägt. Denn neben den Vertriebserlösen sorgen besonders die Erlöse hieraus für die Unabhängigkeit eines Verlages von äußeren Einflüssen und tragen damit zur Erfüllung seiner publizistischen Aufgaben bei. Da viele Werbeagenturen und große Direktkunden heute ihre Kampagnen crossmedial planen, haben die Medienunternehmen bessere Marktchancen, die ein Paket von Medien anbieten können.

Um das volle Potenzial von Crossmedia auszuschöpfen, müssen Unternehmen „kampagnenfähig" sein, um ihren Kunden nahtlos miteinander verzahnte Kommunikationsmaßnahmen verkaufen zu können. Nach dem Grundsatz: Eine Beratung, ein Auftrag, eine Rechnung. So können große Publikumsverlage ein Bündel von Zeitschriften oder anderer Medien in einer Kombination zusammenfassen.

„AKTIV Frauen 2 PLUS" der Mediengruppe Klambt

Enthaltene Titel	DIE NEUE FRAU	WOCHE der FRAU	Lea
Anzeigenpreis 1/1; sw oder 4c[1]	17.460,00 EUR		
Verkaufte Auflage[2]	414.550 Exemplare (IVW II/14)		
Reichweite	Gesamt: 1,19 Mio.; Frauen: 1,10 Mio. (MA 14'II)		
TKP 1/1	14,11 EUR		
Mitgliedschaften	IVW, ma, AWA, VA, TDWI		
Erscheinungsweise	wöchentlich	wöchentlich	wöchentlich
Erscheinungstag	Mittwoch	Mittwoch	Mittwoch
Copypreis	0,80 EUR	0,80 EUR	1,10 EUR

Kleinere oder unabhängige Verlage können sich zur besseren Vermarktung zum Beispiel in Anzeigenringen zusammenschließen, die eine eigene Handelsgesellschaft sind.

ACN Anzeigen-Cooperation Nordrhein OHG – ACN Online/Crossmedia

Eine Buchung – **10 News-Portale:**	www.az-web.de • www.an-online.de • www.ga-bonn.de • www.ksta.de • www.rundschau-online.de • www.rp-online.de • www.rga-online.de • www.solinger-tageblatt.de • www.wz-newsline.de • www.express.de
Auftragsvolumen – **Abschlussrabatte:**	> 15.000: 5 % > 25.000: 10 % > 50.000: 15 % > 100.000: 20 % Bei bereits bestehenden Printabschlüssen (Mengenstaffel) wird der Rabatt aus Print gewährt, insofern dieser höher ist als in der o. g. Rabattstaffel.

Leistungen:	• Contentintegration, d. h. redaktionelle Erstellung und Einbindung auf
	  ACN Online nach Ihren Wünschen
	• Anpassung des Layouts an den Rahmen des jeweiligen ACN-Portals
	• Permanenter Link/Teaser-Icon auf allen Startseiten
	• Routing-Leistung zur Generierung von Traffic auf Ihrer Themenseite über
	  Teaser oder Standardwerbeformen (1,5 Mio. PI/Monat garantiert)

CHRISTLICHE MEDIEN

Ein anders Modell von Crossmedia ist ein Anzeigenring auf **genossenschaftlicher Basis**, wie ihn die christlichen Medien in *KONPRESS-Medien eG* anbieten. Um den Werbeagenturen die Schaltung in den zahlreichen regionalen Titeln zu erleichtern und bundesweite Kampagnen zu planen, haben sich die meisten der IVW geprüften konfessionellen Titel in der Konpress (ca. 1 Mio. Gesamtauflage) zusammengeschlossen:

- Bistumszeitung
- Fachzeitschrift
- Frauenzeitschrift
- Kinder- und Jugendzeitschrift
- Kultur- und Fachzeitschrift
- Landeskirchenzeitung
- Magazin
- Missions- und Ordenszeitschrift
- Seniorenzeitschriften
- Tageszeitung
- Verbandszeitschrift
- Wochenzeitschrift

Die unterschiedlichen Gattungen können einen umfangreichen Cross-Media-Service anbieten und bleiben doch betriebswirtschaftlich unabhängig.

INTEGRIERTES VERTRIEBSMARKETING

Der Vertrieb der Medien geschieht in der Regel über sehr unterschiedliche, eigenständige Unternehmen wie Buchhandlungen, Kioske oder Kaufhäuser, die eigenes Marketing betreiben sollten. Da der Handel nichts herstellt, kann er sein Marketing (Handelsmarketing) über drei weitere Submixbereiche erweitern, um seine Marketingziele zu erreichen. Um eine optimale Nutzung des Marktpotenzials zu gewährleisten, müssen die Unternehmen der Distributionskanäle in das der Verlage integriert werden. Dies wird hier am Beispiel des Bahnhofsbuchhandels dargestellt.

Produktpolitik	Product
Kontrahierung	Price
Distribution	Placement
Kommunikation	Promotion
Personal	People
Prozess	Process
Erfahrbarkeit	Physical evidence

Extented Marketing-Mix

Personal

Das Personal ist in der kundenorientierten Führung von Buchhandlungen und Verlagen ein wesentlicher Faktor. Dazu gehören Auswahl und Weiterbildung des Personals zur perfekten Serviceerbringung. Ein solches Personal stellt einen wesentlichen Wettbewerbsvorteil dar. Die Konsumenten ziehen ihre Erfahrungen mit dem Personal in die Kaufentscheidung ein. Genauer sind dies die drei Variablen Fähigkeiten, Einstellung und Kenntnisse des Personals. Werden bei der Personalentwicklung bestimmte zertifizierbare Standards eingehalten, lassen diese sich natürlich auch mit dem Kommunikationsmix an die potenziellen Käufer transportieren.

Prozessoptimierung

Eine zweite Variable, die in einem erweiterten Marketingmodell berücksichtigt wird, ist die Prozessoptimierung (Process). Darin werden zwei Aspekte zusammengefasst. Zum einen die Optimierung des Herstellungsprozesses der Medien. Zum Beispiel, dass beim Sortimenter jeder dafür geeignete Titel innerhalb von 5 Minuten per Print-on-Demand gedruckt wird oder innerhalb von 30 Sekunden auf jedes Lesegerät geladen werden kann. Der zweite Aspekt ist in vielen Verlagen schon eingeführt und meint die automatische Distribution (z. B. standing order), beispielsweise von Neuauflagen, nicht nur an die Buchhandlungen, sondern auch an Leser. Beide Faktoren zusammen erhöhen die Kundenbindung und Markentreue beträchtlich, was zu einer besseren Marktausschöpfung führt. Weiterhin wird das Vertrauen in das Unternehmen verbessert, was die positiven Effekte verstärkt. Ein anderes Beispiel ist die Integration des Buchkäufers in den Bestellprozess des Bahnhofsbuchhandels.

Erfahrbarkeit

Die dritte Variable ist die Physical Evidence, im Deutschen sinngemäß als physikalische Erfahrbarkeit zu übersetzen. Anders als Verlage, die etwas herstellen, haben Serviceunternehmen wie Buchhandlungen das Problem, sich sinnlich wahrnehmbar zu machen. Die Kunden können die Einstellung zu ihrer Buchhandlung nur anhand der erfahrbaren Signale und Umgebungsvariablen bilden. Deshalb hängen Sortimenter sehr stark von dieser Erfahrbarkeit ab. Da die Medien ja prinzipiell in allen Buchhandlungen zu erwerben sind, bildet sich die Einstellung der Kunden und damit der geschäftliche Erfolg über die Kombination der folgenden Faktoren:

- Der Verkaufsraum muss eine angenehme Atmosphäre haben,
- die Mitarbeiter zeitgemäße Kleidung tragen,
- der Parkplatz sollte in der Nähe liegen,
- das Gebäude Ästhetik ausstrahlen,
- die Rechnung ein wiedererkennbares Logo beinhalten,
- der Internetauftritt braucht eine leichte Navigierbarkeit,
- die Ladeneinrichtung eine sichtbare Leitfunktion und
- das Verpackungsmaterial eine gute Haptik.

Rein praktisch bedeutet das schnelle Zusammenwachsen der Medien auch die Integration in Produktauswahl und Bestelldistribution.

So stellt beispielsweise der Barsortimenter *Koch, Neff & Volckmar* über *www.buchkatalog.de* sein Sortiment dem Bahnhofsbuchhandel zur Verfügung. Der Kunde kann so von daheim bestellen und das Buch am Bahnhof abholen.

PRODUKTE UND DIENSTLEISTUNGEN IN DER MEDIENWIRTSCHAFT

Seminare, Events und Kongresse

Das Veranstaltungsgeschäft hat für Medienunternehmen seit vielen Jahren eine wachsende Bedeutung. Im Dreiklang Print, Digital und Kongresse finden sich die wichtigen Kanäle für die Ansprache von Lesern wieder. Dabei spielt die persönliche Kommunikation zwischen den Lesern und einem Medium eine wichtige Rolle. Die Face-to-Face Kommunikation trägt maßgeblich zur Leserblattbindung bei. Die Leser können so die Vertreter eines Mediums persönlich erleben und andere Leser kennen lernen.

Darüber hinaus bietet das Kongress-Geschäft vielfältige Chancen für weitere Geschäftsmodelle. So können Umsätze durch den Ticketverkauf an die Teilnehmer generiert werden und die Vermarktungschancen für Sponsoren und Aussteller bieten ebenfalls zusätzliches Umsatzpotenzial. Entscheidend dabei sind die inhaltliche Qualität der Veranstaltungen und natürlich ein am Teilnahmebeitrag orientierter organisatorischer Rahmen. Dazu zählen die Auswahl des Veranstaltungsortes, die Verpflegung und das Ambiente.

Das inhaltliche Konzept ist abhängig vom jeweiligen Medium, seinen Lesern und den Zielen, die mit einer Veranstaltung erreicht werden sollen. Ziele können das Erschließen neuer Lesergruppen oder die Aufmerksamkeit in einem bestimmten Marktsegment sein. So organisiert die Wochenzeitung *DIE ZEIT* beispielsweise Veranstaltungen zu Wirtschafts- oder Gesellschaftsthemen und achtet dabei auf eine Top-Besetzung bei den Rednern. Damit haben die Teilnehmer einen echten Mehrwert, weil sie herausragende Persönlichkeiten live auf der Bühne erleben. Und das Medium zeigt Bedeutung, weil es diese Redner fur seine Veranstaltungen gewinnen konnte.

Wirtschaftszeitungen wie das *Handelsblatt* bearbeiten bestimmte Wirtschaftsgebiete wie Energie, Gesundheit oder Versicherungen und erreichen so Aufmerksamkeit und Kompetenz in diesen Märkten.

Auf internationaler Ebene veranstaltet die *International Herald Tribune* jedes Jahr einen Luxury-Summit. Damit besetzen sie das Luxus-Segment als Global Player.

Fachverlage sprechen Zielgruppen mit fachspezifischen Themen an und kombinieren dies häufig auch mit Fachmessen im Umfeld der Veranstaltung. Die Organisation und Durchführung von Fachmessen für besondere Segmente gehört mittlerweile zum Kerngeschäft von Fachverlagen. Gelingt es, die relevanten Aussteller an einem Ort zu versammeln, dann ist dies ein echter Nutzen für die Besucher der Veranstaltung, weil diese in kurzer Zeit und zu vertretbaren Kosten einen Marktüberblick erhalten.

Seminare

Das Seminarkonzept bietet die Möglichkeit, spezielle Expertenthemen in kleinen Gruppen vorzustellen und durch Interaktion mit den Teilnehmern einen gemeinsamen Wissensgewinn oder -vermittlung zu erreichen. Inhaltlich bedeutet dies hohe Fachkompetenz bei der Themenfindung, der Referentenansprache und der Moderation eines Seminars. Aus Sicht des Veranstalters sind Seminare im Verhältnis von Aufwand und Ertrag häufig nicht wirtschaftlich attraktiv.

Ein wachsendes Marktsegment sind dabei die Webinare (Online-Seminare), die den Teilnehmer eine interaktive Teilnahme ermöglichen, aber Reisekosten ersparen.

Kunden-Events

Hierunter werden Veranstaltungen verstanden, die hauptsächlich der unmittelbaren Kundenbindung dienen. Das können jährliche Kundenveranstaltungen sein, zu welchen ausgewählte Kunden eingeladen werden. Der Eintritt ist kostenlos. Meistens gibt es ein Begleitprogramm, das sich an der jeweiligen Gäste-Zielgruppe orientiert. Manchmal gehört auch eine Preisverleihung oder andere Auszeichnung zum Programm dazu. Ein Kunden-Event hat kein eigenständiges Geschäftsmodell.

Kongresse

Dieses Konzept bietet eine Vielzahl an Möglichkeiten für Medienunternehmen. Ist ein Kongress beispielsweise als Jahrestreffen einer Branche oder Zielgruppe etabliert, dann steigert dies die Bedeutung der Veranstaltung erheblich. Häufig werden Kongresse von branchennahen Dienstleistern gesponsert und von einer Fachausstellung oder Fachmesse begleitet. Entscheidend ist das inhaltliche Konzept, das durch ein gutes Programm mit kompetenten Rednern den Teilnehmern einen konkreten Nutzen verspricht und diesen auch einlöst.

Organisation

Die inhaltliche Planung wird entweder in den Redaktionen eines Medienunternehmens oder durch besondere Produktmanager konzipiert. Dazu
gehört die Themenauswahl, der passende Titel für die Veranstaltung, die
Referentenauswahl und -ansprache sowie das Referentenbriefing, damit
Referatstitel, Inhalt und Darbietung zur Zielgruppe passen.

Die Organisation von Veranstaltungen erfordert besonderes Fachwissen in
Hinsicht auf das Kongressgeschäft und die damit verbundenen Kosten-
und Erlösarten. Die frühzeitige, präzise und ständig abgestimmte Planung
in jedem Schritt ist notwendige Voraussetzung für den Erfolg von Veranstaltungen.

Ein weiterer wichtiger und umfangreicher Aufgabenbereich ist die Teil-
nehmergewinnung und das -management.

Die Veranstaltungsabteilungen arbeiten mit zahlreichen externen Dienstleistern wie Hotel, Technik-Dienstleister, Catering-Lieferanten etc. zusammen und müssen diese koordinieren.

Vermarktung

Die mediale Bedeutung und Erfahrung von Medienunternehmen spielt bei
der Vermarktung von Veranstaltungen eine wichtige Rolle. In der Regel
können die potenziellen Teilnehmer mit den eigenen Medien (Anzeigen in
Print-Ausgaben und auf Websites) angesprochen werden. Deshalb ist eine
frühzeitige, präzise geplante und konsequent mehrkanalige Ansprache der
Leserschaft erforderlich.

Insbesondere für die Teilnehmerakquise ist ein hoher Werbedruck notwendig. Dabei ist es wichtig, rechtzeitig den Kongress mit Termin und
Veranstaltungsort bekannt zu machen. Der volle Terminkalender der potenziellen Teilnehmer ist der natürliche Gegner von Veranstaltungen.
Dann müssen Themen und Referenten auf vielfältige Art und Weise kommuniziert werden. Dies geschieht am besten auf allen verfügbaren Kanälen
(Print und Online), um die Chancen für eine Anmeldung zu erhöhen. Als
Anmeldekanal bieten sich Fax und Internet an. Schließlich müssen die Teil-
nehmerdaten übermittelt und die AGB akzeptiert werden.

Geschäftsmodelle

Im Veranstaltungsgeschäft wird zwischen Vermarktungsumsätzen für Sponsoring und Vermietung an Aussteller sowie Ticketerlösen unterschieden. Hierbei gibt es alle Spielarten und Kombinationsmöglichkeiten.

Der Verkauf von Sponsoring und Ausstellungsflächen unterscheidet sich kaum vom klassischen Anzeigenverkauf. Hierbei geht es im Kern um die Vermarktung des Zugangs zu einer attraktiven Zielgruppe.

Das Ticketgeschäft hat Ähnlichkeit mit dem Einzelverkauf. Denn jeder einzelne Teilnehmer muss von der Nützlichkeit der Teilnahme überzeugt werden. Es gibt auch Konzepte, bei denen die Teilnahmekosten von den Ausstellern übernommen werden.

KAPITEL 3

PRODUKTPOLITIK BEI PRINT- UND DIGITALMEDIEN

PERIODISCHE PRINTPRODUKTE

Das Angebot eines Medienunternehmens kann aus den unterschiedlichsten Produkten bestehen. Die Informationsgemeinschaft zur Feststellung der Verbreitung von Werbeträgern e.V. (IVW) gruppiert periodische Printmedien wie folgt ein:

- Tageszeitungen
- Wochenzeitungen
- Supplements
- Publikumszeitschriften
- Kundenzeitschriften
- Fachzeitschriften
- Kalender
- Offertenblätter
- Handbücher
- Telekommunikationsverzeichnisse

Zeitungen

Tageszeitungen

Die verschiedenen Gattungen von Zeitungen haben auf dem deutschen Medienmarkt eine schwierige Position. Dies gilt für Print- und Onlineausgaben gleichermaßen. Pro Erscheinungstag erreichen sie rund 20 Millionen Menschen. Eine feste Definition, was eigentlich eine Tageszeitung (TZ) ausmacht, kann nicht gegeben werden. Emil Dovifat hat rund 100 Begriffsbestimmungen untersucht und dabei vier grundlegende Variablen gefunden, die heute weitgehend anerkannt sind:

Aktualität	Neuigkeitswert und Gegenwartsbezug.
Publizität	Zugänglichkeit für jedermann.
Universalität	Offenheit für alle Lebensbereiche.
Periodizität	Regelmäßiges Erscheinen, viermal pro Jahr.

Unser Versuch einer Definition lautet daher:
Die Zeitung ist ein grundsätzlich jedermann zugängliches Medium, welches in kurzer, regelmäßiger Folge erscheint und aktuelle Informationen

aus vielen Lebensbereichen publiziert. „In kurzer Folge" heißt in der Praxis, dass Tageszeitungen mindestens zweimal wöchentlich erscheinen müssen, wenn sie hier gelistet werden wollen. Ein Teil der Tageszeitungen ist durch inhaltliche Gestaltung und entsprechende Anzeigen mit Unterausgaben auf ein bestimmtes Vertriebsgebiet konzipiert, andere haben eher eine landesweite oder sogar länderübergreifende, sprachenorientierte Grundkonzeption.

Zeitungen verstehen sich als Medien einer gesellschaftlichen Kommunikation, die mehrere wichtige Aufgaben erfüllt. So erbringen sie verschiedene Nutzungsfunktionen wie Information, Unterhaltung und ganz besonders die Meinungsbildung ihrer Nutzer. Sie unterstützen das Individuum, im komplexen Umfeld heutiger dynamischer Gesellschaften eine persönliche Verhaltenssicherheit zu entwickeln. Bei einigen Wochenzeitungen hat zusätzlich eine Bildungsfunktion einen hohen Stellenwert. Der Grundgedanke ist dabei, dass ohne Sachwissen und Wissen um Normen nicht zu einer Jugend- und Erwachsenenbildung beigetragen werden kann. Alle Verlage verstehen sich deshalb als „Tendenzbetriebe" (so das Betriebsverfassungsgesetz), die sich auch durch wertende Kommentierung in das Zeitgeschehen einmischen.

Die deutschen Tageszeitungen können auf Printbasis keine befriedigende Bilanz mehr vorweisen. Sie erreichen zwar Tag für Tag über die Hälfte der Deutschen, aber die Zahlen der gedruckten Exemplare gehen seit Jahren zurück.

Die meisten Leser wenden für ihre Lektüre mehr als eine halbe Stunde pro Tag auf. Die Nutzungszeit, die der Leser täglich aufwendet, nimmt der gewachsenen Freizeit zum Trotz ab. Dabei ist der Rückgang in der Altersgruppe der 14- bis 40-Jährigen sowie bei den Senioren besonders hoch. Die notwendige Lesefähigkeit sowie Konzentrationswille und -vermögen als Grundlage des genussvollen Zeitungsgebrauchs nehmen ab, die Zahl der sogenannten funktionalen Analphabeten dagegen zu. Diese Tendenz hat sich trotz formal steigender Bildungsabschlüsse manifestiert. Die Zeitung entwickelt sich zum Teil zu einem elitären Medium.

Viele Verlage nutzen deshalb die Glaubwürdigkeit und Qualität ihrer redaktionellen Arbeit, um sie auf digitale Angebote zu übertragen, da sie nach Umfragen unter Benutzern die Berichterstattung anderer Medien übertrifft. Entsprechend sinkt auch der Anteil an den Werbeeinnahmen.

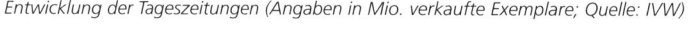
Entwicklung der Tageszeitungen (Angaben in Mio. verkaufte Exemplare; Quelle: IVW)

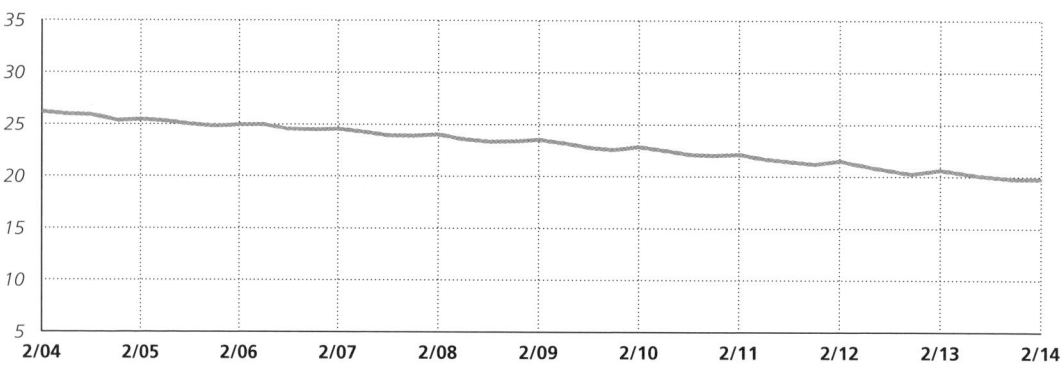

Diese Zahlen veranschaulichen die negative Entwicklung des Zeitungsverkaufs: 1996 wurde noch eine verkaufte Auflage von 32,5 Mio. Exemplaren erzielt, davon 27,6 Mio. in den alten Bundesländern und 4,9 Mio. in den neuen Ländern. Von den deutschen Tageszeitungen wurden einschließlich der Sonntagsausgaben und aktuellen Sonntagszeitungen im 2. Quartal 2014 durchschnittlich pro Erscheinungstag 19,78 Mio. Exemplare verkauft. Die Tagespresse verliert damit gegenüber 2010 rund 5%. Der Rückgang der Gesamtverkäufe geht hauptsächlich zulasten der Kioskverkäufe der Tagespresse.

Prinzipiell ist festzustellen:
Zahlreiche Zeitungen haben als Marke noch eine gute Position in den Köpfen der Menschen. Doch wird man in vielen Verlagen das Marketing weiterentwickeln müssen, um folgende Punkte in Angriff zu nehmen:
- Entwicklung ganzheitlicher Marketingkonzepte mit Online-Angeboten und mobilen Medien
- Weitere Professionalisierung des Managements
- Auflösung des Spannungsfeldes von Redaktion und Mediaverkauf
- Der rückläufige Anteil an den Werbeeinnahmen führt zu einer sich öffnenden Schere zwischen steigenden Ausgaben sowie sinkenden Einnahmen aus Vertrieb und Werbung
- Gewinnung vernachlässigter Zielgruppen (Frauen, Jugendliche, Niedrigverdiener)
- Gewinnung bildungsfeindlicher Gesellschaftsschichten sowie „unpolitischer" Personen und Migranten
- Neue Angebote an Werbekunden (Kampagnenfähigkeit, multimedial, übersichtliche Abrechnungsverfahren)

- Höhere Investitionen in den Markt durch Leseförderung, Lobbyarbeit bei Bildungspolitikern oder Elternschulung als Konsequenz aus der abnehmenden Lesefähigkeit.

Ein Drama aus dem Marketinglehrbuch

Ein Stück Warfare-Marketing spielte sich vor einigen Jahren im „Kölner Zeitungskrieg" ab. Hier erscheinen eine Zeitlang gleich drei Gratiszeitungen. Ein neuer Titel eines ausländischen Investors ohne Verwurzelung im lokalen Anzeigenverkauf erschien kostenlos. International werden Gratiszeitungen schon seit vielen Jahren als ein normaler Teil des Zeitungssortiments behandelt. Mit zwei ebenfalls kostenlosen sogenannten Spoiler-Blättern (eng. spoil = verderben) wurde der ersten Gratiszeitung ein Gewinn verhindert, da sie keine auskömmliche Zahl von Anzeigenkunden hatte. Als diese aufgab, verschwanden die beiden anderen Blätter sofort. Überall, wo die Verlagskonzentration monopolistische oder duopolistische Märkte entstehen lässt, sind diese eine Einladung an Investoren mit gefüllter „Kriegskasse". Der lokale Medienmarkt bot sich wegen seiner Dominanz eines Verlages für einen solchen Versuch an. Als weiterer Faktor kommt die inzwischen hohe Akzeptanz der kostenlosen Objekte hinzu, der durch Anzeigenblätter und die Umsonst-Erfahrung Internet entstand.

Regionale Tageszeitungen strukturieren sich in „publizistische Einheiten", das heißt, sie verwenden entweder den „Mantel" (überregionaler Teil) eines anderen Objektes oder arbeiten redaktionell und wirtschaftlich gemeinsam mit anderen Titeln. Es existieren in Deutschland rund 150 solcher publizistischer Einheiten, die ca. 1.500 Ausgaben herausbringen. Die höchste Auflagenzahl erreichen dabei die *Bild-Zeitung* aus Hamburg mit rund 2,5 Mio. Exemplaren im Bereich Straßenverkaufszeitung und die *Funke-Gruppe* (bisher *WAZ-Gruppe*) mit über 0,8 Mio. Exemplaren im Marktsegment Abonnentenzeitungen.

Fremdsprachige Zeitungen

In Deutschland finden sich an den Kiosken zahlreiche Zeitungen in türkischer, russischer, kroatischer oder griechischer Sprache. Dies sind vielfach nicht importierte Produkte aus dem Ausland, sondern eigenständige Objekte für Migranten. Sie werden produziert, weil oft die Regierungen in den Herkunftsländern keine freie Presse erlauben oder weil die Zeitungen aus den Zuzugsländern die Lebenssituation in Westeuropa nicht wiedergeben.

Diese Medien spielen Digital wie Print auf dem deutschsprachigen Markt eine große Rolle. Da die migrationsverwurzelten Gruppen in ganz Deutschland verteilt wohnen, sind diese Titel in der Regel überregional. *Milliyet, Russkaja Germanija* sind hierfür Beispiele. Der Inhalt setzt sich meist wie folgt zusammen:

- Landsmannschaftliche Berichte
- Politisches Geschehen im Auswanderungsland
- Sport
- TV- und Hörfunkprogramme in der Herkunftssprache
- Wirtschaftsnachrichten

Auch diese Objekte werden im EV und im Abo verkauft und haben einen hohen Leser-pro-Exemplar-Wert (LpE), da sie von der ganzen Familie gelesen werden. Fremdsprachige TZ genießen einen hohen Grad an Glaubwürdigkeit bei ihren Nutzern. Dies ist durch die unterschiedlichen nationalen und religiösen Werte zu erklären, die sich in deutschen Titeln nicht widerspiegeln. Gerade deshalb sind die fremdsprachigen Zeitungen auch im Anzeigenbereich interessant.

Agenturen und Werbende haben diese Gruppen noch nicht ausreichend erschlossen. Dies hat natürlich mit Vorurteilen und Angst vor den religiösen Besonderheiten zu tun, denn Werbung in islamischen Medien erfordert Grundkenntnisse über islamische Werte und Traditionen. Einige Werbekampagnen (z. B. für Hundefutter) werden in bestimmten Kulturkreisen schlicht als sündig bewertet. Aber die teilweise De-Integration einiger islamischer oder osteuropäischer Minderheiten bietet Märkte für Medien. Der fremdsprachige Markt teilt sich in Zukunft weiter auf. So entstehen fremdsprachige Wochen- und Lokalzeitungen sowie ausschließlich religiös ausgerichtete Zeitungen.

Wochen- und Sonntagszeitungen

Wochenzeitungen koppeln sich etwas von der Tagesaktualität ab und berichten schwerpunktmäßig über politische und kulturelle Ereignisse. Sie haben meist ein nationales Verbreitungsgebiet.

Wochenzeitungen haben in Deutschland eine Orientierungsfunktion für ihre Leser. Das schnelllebige politische Klein-Klein überlassen sie der TZ. In ihnen werden tiefere Zusammenhänge thematisiert. Es wird über dauerhafte Themen wie Gerechtigkeit, Krieg oder Terrorismus in Vergangenheit und Zukunft publiziert. Zum Konzept gehört es, dass widersprüchliche Meinungen zu Wort kommen. Die Produktpolitik der Wochenzeitungen unterscheidet sich auch durch andere journalistische Formen. Es kommen vermehrt interpretierende und meinungsbildende Elemente wie Kommentar, analytische Reportage, Glosse und Rezension zum Einsatz. Marktführer ist die seit 1946 erscheinende *Die Zeit*.

Entwicklung der Wochenzeitungen (Angaben in Mio. verkaufte Exemplare; Quelle: IVW)

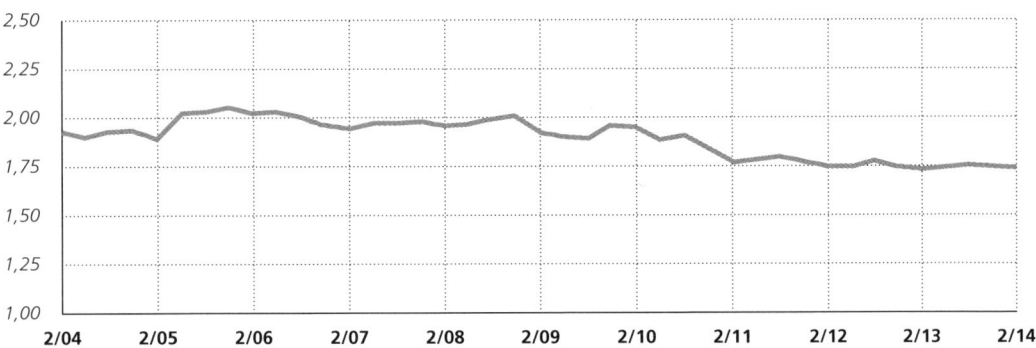

Die *IVW* misst bei dieser Mediagattung über viele Jahre eine konstante Leserschaft. Die Wochenzeitungen fürchten die Entwicklungen im Medienbereich nicht. Online, Radio und Fernsehen sind von ihrem Charakter her flüchtige Medien, die mit ihren Informationen oft zur Orientierungslosigkeit beitragen. Dagegen setzen insbesondere die Wochenzeitungen tiefere Erörterungen, die nur das gedruckte Wort leisten kann. Die wöchentlich erscheinenden Zeitungen mussten trotzdem 2011 gegenüber dem Vorjahr einen Rückgang ihrer Auflage um 6 % auf nunmehr 1,78 Mio. Exemplare hinnehmen.

Der wirtschaftliche Erfolg einer Wochenzeitung beruht auch auf dem Anzeigenteil. Obwohl Wochenzeitungen mit nur knapp 1 % an den Werbeausgaben beteiligt sind, liegt ihre Stärke in den Stellenanzeigen für „High Potentials" und den gehobenen Sinus-Milieus.

Echte **Sonntagszeitungen** sind nicht die siebte Ausgabe einer täglich erscheinenden Zeitung, sondern selbständige über- bzw. regional vertriebene Objekte. Im Gegensatz zu den politischen Wochenzeitungen ist der Inhalt der Sonntagszeitungen tagesaktuell, universell in seiner Themenzusammenstellung und für den Lesebedarf des breiten Publikums konzipiert. Damit erfüllt eine Sonntagszeitung folgende Funktionen:
● Aktuelle Sportberichterstattung mit Schwerpunkt Fußball

- Unterhaltung am Sonntag für die Familie mit Seiten für Frauen, Kinder und Jugendliche, Seiten mit populärwissenschaftlichem oder kriminalistischem Stoff, Klatsch über künstlerische und soziale Prominenz, die politische Klasse oder den Geldadel.

Wegen dieses redaktionellen Umfelds sehen Werbeagenturen die sehr kleine Angebotspalette der Sonntagszeitungen eher als Schaltungsalternative zu Illustrierten als zu Tageszeitungen.

Die MA hat auch strukturelle Probleme dieser Mediengattung festgestellt. In den neuen Bundesländern haben die Sonntagszeitungen seit 1994 über 40 % ihrer verkauften Auflage verloren.

Die Verlage, die Sonntagszeitungen im Portfolio haben, sind ebenfalls im BDZV organisiert.

Vertriebsart	Abonnement	Straßenverkauf
Beispiele	*Westdeutsche Allgemeine Zeitung*	*Bild-Zeitung*

Format	Tabloid	Berliner (6 Spalten)	Rheinisches (7 Spalten)	Nordisches (8 Spalten)
Beispiele	*Welt kompakt*	*Express*	*Rheinische Post*	*Frankfurter Allgemeine Zeitung*

Vertriebsgebiet	Lokal	Regional	National	International
Beispiele	*Die Glocke*	*Kölner Stadtanzeiger*	*Die Welt*	*Wall Street Journal*

Erscheinungs-weise	börsentäglich	Di-So	werktäglich	tagtäglich
Beispiele	*Handelsblatt*	*Lübecker Nachrichten*	*NRZ*	*Hürriyet*

Zeitungsmatrix

Offertenblätter

Offertenblätter werden manchmal Trödelmärkte auf Papier genannt, weil sie kostenlose Kleinanzeigen veröffentlichen. Diese meist regional verbreiteten Objekte erscheinen zwischen 2 mal wöchentlich und 1 mal monatlich und finanzieren sich durch Vertriebserlöse und kostenpflichtige gewerbliche Anzeigen. Von den Anzeigenblättern unterscheiden sie sich meist dadurch, dass sie **keinen redaktionellen Teil** besitzen.

Aber auch hier gilt: Keine Regel ohne Ausnahme. Wenn die Verleger sich bessere Marktchancen versprechen, sind auch kleinere redaktionelle Teile machbar. Die Veröffentlichung von **kostenlosen Privatanzeigen** ist das Kernmerkmal dieser Printgattung. Ein gutes Rubrikenmanagement hat dafür zu sorgen, dass die Leser schnell zum gesuchten Angebotsbereich geführt werden. Gewerbliche Anzeigen sind kostenpflichtig, auch rubriziert, aber als solche gekennzeichnet.

- **Klassische Offertenblätter,** die ein umfassendes Angebot von Rubriken veröffentlichen. Sie entstanden Anfang der 80er Jahre des vorigen Jahrhunderts.
- **Fach-Offertenblätter,** die einen einzelnen Interessensbereich wie Auto, Partnerschaftsvermittlung oder Computer anbieten. Sie bilden eine jüngere Entwicklung. First to Market war hier 1987 das Objekt *Auto Info*, welches seither einige Nachahmer fand. Rund 30 Titel, teilweise mit regionalen Unterausgaben, konnten bisher gegen die digitale Konkurrenz bestehen.

Ein **Offertenblatt** hat somit keine journalistischen Aufgaben, sondern ist ein reiner Werbeträger. Für Privatleute sind Anzeigen-Offertenblätter besonders interessant, weil sie kostenlos sind. Damit sind sie auch für sehr preisgünstige Artikel lohnend, deren Verkaufserlös nicht den Preis einer Tageszeitungsanzeige erbringen kann. Die Alternative wäre dann die Entsorgung. Leserzielgruppe sind diejenigen, die an gebrauchten Gegenständen oder privaten Kontakten interessiert sind. Auf Unternehmensseite ist dieses Medium für regionale Mittelständler interessant, die im Bereich Handel oder Dienstleistungen eine 100% kaufinteressierte Zielgruppe suchen.

Unfangreiche Mediauntersuchungen werden in diesem Marktsegment nicht vorgenommen, da die Inserenten wie beschrieben eher privat sind. Auflagenstärken sind daher wenig transparent und meist nicht neutral zertifiziert.

Anzeigenblätter

Das vertriebliche Spiegelbild von Offertenblättern stellen Anzeigenblätter dar. Die potenziellen Leser bekommen die Titel kostenfrei nach Hause geliefert, im Gegenzug sind alle – auch die privaten – Anzeigen kostenpflichtig. Dieses Konzept ist so erfolgreich, dass Anzeigenblätter heute einen festen Marktanteil besitzen. Sie haben sich weitgehend auf Kosten der Tageszeitung ihre Stellung unter den Printmedien erobert.

Die kleinen Belegungseinheiten zeigen sofort eine andere Marktarchitektur, was es erlaubt, Werbemittel absolut (mm-Preis) kostengünstiger anzubieten. Für lokale Werbekunden ist der relative Preis (TKP) teilweise nicht so relevant. Auch das Redaktionsmanagement ist anders gestaltet und stark kostenorientiert ausgerichtet. Marketingziel ist es, den lokalen und sublokalen Markt zu bearbeiten, den Zeitungen mit Qualitätsjournalismus nicht bearbeiten können. Das Redaktionsmarketing konzentriert sich auf kurze Artikel aus der lokalen Umwelt. Häufig wird das Vertriebsgebiet einer Abo-Ausgabe von zwei oder mehr Anzeigenblattausgaben abgedeckt. Dabei kann auch eine gute Leser-Blattbindung aufgebaut werden. Dass viele Leser ihr Blatt mögen, zeigt sich in den vielen Reklamationsanrufen, die bei Zustellungsproblemen in der Geschäftsstelle auflaufen. Wenn dies auch für die Mitarbeiter unangenehm ist, die Tatsache als solche ist aus Marketingsicht eine Auszeichnung.

Waren ursprünglich die Anzeigenblattverleger frei, das heißt ohne eine Konzernanbindung, gehören heute sehr viele Anzeigenblätter zu einer runden Angebotspalette eines Medienunternehmens. Der *Bundesverband Deutscher Anzeigenblätter (BVDA)* vertritt die Interessen dieser Gattung und die *ADA (Auflagenkontrolle der Anzeigenblätter)* kontrolliert unabhängig die Auflagen. Bundesweit werden 900 Wochenblätter mit einer Gesamtauflage von 64,2 Millionen Exemplaren zertifiziert. Dies entspricht einem Anteil von 70%, da sich nicht alle Anzeigenblätter der Kontrolle unterwerfen.

Zeitschriften

Niemand weiß genau, wie viele Zeitschriften es auf dem deutschen Medienmarkt gibt. Die Schätzungen schwanken zwischen acht- und dreizehntausend. Auch bei der Definition gibt es keine Einheitlichkeit. Augenfällig ist, dass Zeitschriften buchbinderisch verarbeitet sind, also geklammert oder geleimt in den Handel kommen. Die Papierqualität liegt meist über der von Zeitungen. Eine weitere Kennzeichnung ist die Erscheinungsfrequenz, die zwischen 4-mal im Jahr und zweimal in der Woche liegt.

Der Verlegerverband VDZ teilt Zeitschriften in Fachzeitschriften, konfessionelle Zeitschriften und Publikumszeitschriften ein. Das Statistische Bundesamt zählt dagegen Kundenzeitschriften, Amtsblätter sowie Anzeigenblätter auch noch dazu.

Publikumszeitschriften

Publikumszeitschriften, kurz PZ, sind für eine große Nutzerschaft konzipiert und beinhalten Themen, mit denen das Interesse eines Laien Rechnung getragen wird. Die IVW misst eine Gesamtauflage von rund 110 Mio. verkauften Exemplaren im Erscheinungsintervall.

Entwicklung Publikumszeitschriften nach Erscheinungsintervall (Angaben in Mio. verkaufte Exemplare; Quelle: IVW)

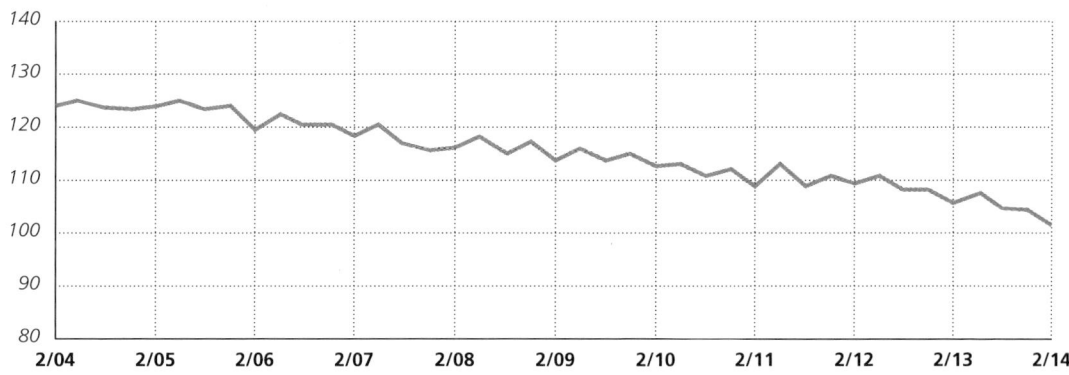

Beispiele für Untergattungen:
- Aktuelle Zeitschriften und Magazine
- DV-Zeitschriften
- Erotik-Zeitschriften
- Ess-Zeitschriften
- Familienzeitschriften
- Frauenzeitschriften (wöchentliche, vierzehntägliche, monatliche)
- Gesundheits-Zeitschriften
- Jugendzeitschriften
- Kino-/Video-/Audio-Zeitschriften
- Lifestyle-Zeitschriften
- Luft- und Raumfahrt
- Motorpresse

- Natur-Zeitschriften
- Online-Magazine
- Programmzeitschriften
- Reise-Zeitschriften
- Seniorenzeitschriften
- Sportzeitschriften
- Wirtschaftspresse
- Wissensmagazine
- Wohnen und Leben

PZ mit regionaler Ausrichtung können zusätzlich in Stadt- und Veranstaltungsmagazine und Zeitschriften religiöser Gemeinschaften unterteilt werden.

Alle großen PZ haben im letzten Jahrzehnt ihre Grundausrichtung und ihre journalistischen Stilmittel ändern müssen. Wurden ursprünglich Titel dieser Gattung eher als **General Interest** Objekte konzipiert, so sind sie momentan eher am Idealbild eines **General Specialized** Objektes ausgerichtet. Dies kann sich inhaltlich auf sehr unterschiedliche Bereiche beziehen. Von Mode, Sport, Lifestyle, Reisen bis zu Handy oder Internet reicht die Palette.

Innerhalb der Gattungen sind sehr unterschiedliche Gewichtungen der Vertriebskanäle festzustellen. Fachzeitschriften werden zu rund 85 % im Abo verkauft, PZ dagegen werden etwa zu 30 % im Abonnement und zu 70 % im Einzelverkauf vertrieben. Fünf große Medienkonzerne vereinigen mehr als die Hälfte der verkauften Auflagen in Deutschland auf sich:

- Axel Springer SE
- Bertelsmann SE & Co. KGaA, Gruner und Jahr
- Burda-Gruppe
- Heinrich Bauer Verlag KG
- FUNKE MEDIENGRUPPE GmbH & Co. KGaA

Die Publikumszeitschriften erfüllen meist eine Unterhaltungs- oder Informationsfunktion. Es gibt zurzeit ca. 1.500 Titel. Die größten Reichweiten besitzen folgende Untergattungen:

a. Programmzeitschrift:
Rund 25 Titel zählt die IVW in dieser Mediengattung. Da sind zum einen die klassischen Wochentitel wie *Hörzu* (Springer) und die vierzehntägigen Titel *TV Spielfilm*. Daneben haben sich mittlerweile

monatliche Titel wie *TV-Schlau* etabliert. Durch internetgebundene TV-Angebote und Handy-TV-Apps sind auf diesem Markt ständig Neuerscheinungen wie elektronische Programmführer (EPG = Electronic Program Guide) festzustellen. Die neuen Produkte verringern die Leserschaft besonders der klassischen Titel.

Ein weiterer Typ Programmzeitschrift versucht sich zu etablieren. Es sind Spartenprogrammführer wie *TV GENIE* oder *TV Piccolino*, die eine inhaltliche Zielgruppenausrichtung besitzen.

b. Supplement:
Supplements sind Medien, die nicht einzeln zu kaufen sind, sondern mit einem sogenannten Trägerobjekt erworben werden. Das erste Medium dieser Art erschien 1896 in den USA. Heute erreichen die Supplements in Deutschland eine Auflage von ca. 30 Millionen Exemplaren. Die Inhalte und Nutzungsfunktionen sind sehr unterschiedlich. Programmsupplements bieten Fernseh- und Hörfunkprogramme und Unterhaltung. Für die Verleger bieten sie einen Werbeträger, der häufig eine bessere Druckqualität hat als die Zeitung als Trägerobjekt.

Ein besonders wichtiges Argument gerade für Premiumprodukte, die Wert auf hochwertige Farbwiedergabe legen müssen. Damit können Markenartikler wieder als Anzeigenkunden zurückgewonnen werden, da Supplements auch Milieus der Gebildeten erreichen können. Sie befriedigen aber auch unterschiedliche Informationsbedürfnisse von verschiedenen Lesergruppen, die über eigenständige Medien nicht zu erreichen sind. Der Versuch eines meinungsbildenden Supplements ist „chrismon" für Menschen mit christlicher Lebenseinstellung. Die inhaltlichen und werblichen Aspekte zusammen sollen das Supplement als Instrument Leser-Blatt-Bindung an das Trägerobjekt nutzen.

Titel	Verbreitete Auflage
RTV (gesamt)	8.394.677
Prisma (gesamt)	4.016.098
Chrismon	1.490.500

Quelle: IVW, Q2/2014

Frauenzeitschriften

Wie der Name verdeutlicht, sind diese Titel „genderbezogen" konzipiert. Sie sind an Frauen gerichtete Zeitschriften, die sich inhaltlich auf die Themen Partnerschaft, Mode, Sexualität, Kosmetik, Beruf, Erziehungsfragen, Gesundheit und Ernährung aus Sicht der Frau spezialisiert haben.

Seit Luise Otto-Peters Mitte des 19. Jahrhunderts die „Frauenzeitung" herausbrachte, stellte diese Gattung verstärkt ein publizistisches Arbeitsfeld für Frauen da. Die ersten Frauenzeitschriften wurden von Männern konzipiert, doch danach wandelte sich dieser Teil des Zeitschriftenmarktes.

Frauen stellen die wichtigste Werbezielgruppe dar, da bis zu 80% des verfügbaren Einkommens von ihnen ausgegeben wird. Sie sind häufig Verwenderin, Entscheidungsträgerin und Einkäuferin in einer Person und entscheiden als Single oder in einer Partnerschaft wie, wo, wann und wofür Geld ausgegeben wird.

Die Verbraucheranalyse unterscheidet vier Untergattungen, die sich in Erscheinungsfrequenz, Themenwahl, Layout, Papierqualität und Preis unterscheiden.

Die **unterhaltenden wöchentlichen** Titel haben als Zielgruppe eher Frauen in der zweiten Lebenshälfte, die ihren Lebensmittelpunkt mehr im häuslichen Bereich sehen. Die rund 15 Titel der wöchentlich erscheinenden Frauenzeitschriften mit ca. 10 Millionen verkauften Exemplaren werden auch als Regenbogenpresse bezeichnet. Die Bezeichnung *Yellow Press* ist aber eigentlich falsch. Die Gelbe Presse umfasste ursprünglich zwei New Yorker Sonntagszeitungen (Sensationsblätter). Eine benutzte ab 1895 zur Kundenbindung einen Comic, dessen Titelfigur *Yellow Kid*, ein gelb gekleideter Junge war.

Unterhaltende wöchentliche Titel	Verbreitete Auflage[1]	Reichweite[2] in Mio.
Freizeit Revue	799.370	2,95
Neue Post	623.228	2,22
Die Aktuelle	372.536	1,80
Frau im Spiegel	257.710	1,62
Das goldene Blatt	212.017	1,69

1) IVW, Q2/2014   2) MA12-I

Die **aktuellen wöchentlichen Titel** dagegen widmen sich auf der Inhaltsebene auch der Lebenswelt jüngerer Frauen, die im Berufsleben stehen. Bei den wöchentlichen Frauenzeitschriften steht die Unterhaltung der Leserinnen im Vordergrund. Der Leserschaft soll es Spaß machen, sich über aktuelle Themen oder Klatsch & Tratsch zu informieren. Jeder Titel konzentriert sich auf spezielle Faktoren, so dass sie eine große Auswahlmöglichkeit ganz nach ihren Wünschen hat. Wie z. B. *Tina*, sie ist „die kluge Freundin", eine Ratgeberin mit anspruchsvollen Lesestücken, sie bietet Service für Familie & Haushalt und eine hohe Gesundheitskompetenz. Während die Zeitschrift *Bild der Frau* „die vielseitig Engagierte" ist. Sie ist aktuell, teilweise mit Nachrichtencharakter, sie berichtet über Prominente und hat realitätsbezogene Reportagen.

Aktuelle wöchentliche Titel	Verbreitete Auflage[1]	Reichweite[2] in Mio.
Bild der Frau	822.928	6,32
Tina	420.095	2,86
Lisa	264.886	1,84
Laura	163.208	1,06
Bella	102.094	0,93

1) IVW, Q2/2014   2) MA12-I

Im letzten Jahrzehnt haben auch die etablierten Medien dramatisch an Auflage verloren. Die Verlage, die mehrere Titel in diesem Segment auf dem Markt haben, mussten zum Teil mit Umstrukturierungen und Zusammenlegen von Einzelredaktionen zu Zentralredaktionen reagieren. Ein Vergleich mit den Zahlen von 2005 macht die Notwendigkeit dieser kostensparenden Maßnahme notwendig.

Wöchentliche Titel	Verbreitete Auflage Q4/2005	Verbreitete Auflage Q2/2014
Bild der Frau	1.089.291	822.928
Neue Post	945.017	623.228
Das Neue Blatt	678.209	450.496

Quelle: IVW

Der nächste logische Schritt auf einem schrumpfenden Markt ist dann eine weitere Konzentration der Titel. Sei es als sogenannte strategische Allianzen oder durch Verkäufe von Titeln.

Die Objekte mit einer **Erscheinungsweise ab 14 Tagen** aufwärts unterscheiden sich inhaltlich deutlich von den wöchentlichen Titeln. Auffällig ist der Anteil von Werbung und Promotion, der zwischen 25 % und 69 % liegt. Hier werden besonders die Anzeigen aus dem Bereich Fashion und Beauty als Lesestoff zur Trendorientierung wahrgenommen. Im redaktionellen Umfeld ist zudem eine stärker emanzipatorische Grundhaltung von Leserinnen und Redaktion festzustellen.

14-tägige Titel	Verbreitete Auflage[1]	Reichweite[2] in Mio.
Brigitte	560.225	3,02
Freundin	361.475	2,23
Für Sie	343.357	1,90

1) IVW, Q2 / 2014   2) MA12-I

Die monatlichen und 14-tägigen Titel leiden zum einen unter der veränderten Bevölkerungsstrukur. Die Verlage versuchen beispielsweise mit Titeln wie *Donna* (Schwesterzeitschrift der Freundin), sich an Frauen ab 45 zu richten. Zum anderen nutzen gerade die berufstätigen Leserinnen dieser Titel auch gern Online-Angebote, ePaper und verstärkt Apps auf ihren Smartphones, was zu Lasten der Printangebote geht.

Monatliche Titel	Verbreitete Auflage[1]	Reichweite[2] in Mio.
InStyle	410.951	1,38
Cosmopolitan	300.632	1,40
Petra	192.005	1,03

1) IVW, Q2 / 2014   2) MA12-I

Motorpresse

Unter dem Begriff Motorpresse werden sehr unterschiedliche Objekte zusammengefasst. Da sind zum einen die Mitgliederzeitschriften wie die *ADAC Motorwelt,* die mit fast 14 Mio. Exemplaren Deutschlands auflagenstärkstes Printobjekt ist. Diese Titel sind entgegen landläufiger Meinung nicht kostenlos, sondern ihr Preis ist im Mitgliederbeitrag enthalten. Das Medium *Motorpresse* beschreibt Presse rund um Auto, Motorrad und Co. Es hat die Funktion, dem Leser Informationen über Test- und Fahrberichte, Neuvorstellungen, Reportagen, Technik, Gebrauchtwagen, Verkehr, Umwelt und Wirtschaft zu geben.

Medien / Werbeträger	Verbreitete Auflage[1]	Reichweite[2] in Mio.
ADAC Motorwelt	13.889.628	17,15
Auto Bild	478.775	2,81
Auto Motor und Sport	352.296	2,38
ACE-Lenkrad	571.891	1,15
Auto Zeitung	198.392	0,70
Auto Test	198.371	0,58
Auto Bild Sportscars	61.507	0,32
Auto Bild Allrad	48.732	0,28

1) IVW, Q2/2014   2) MA12-I

Auch sie haben mittlerweile eine Marktsegmentierung erfahren. Deshalb ist die Zahl der IVW-gemeldeten Titel gestiegen. Branchenführer ist die klassische Auto-Motor-Sport, doch auch hier erscheinen z. B. mit *ATV & Quad Magazin* oder *Flash OPEL SCENE* alternative Konzepte auf dem Markt. Pro Erscheinungsintervall werden über 18 Millionen Exemplare verbreitet.

Jugendzeitschriften

Die *Bravo* ist das Flaggschiff dieser Mediagattung und gehört seit rund fünfzig Jahren zum Erwachsenwerden eines Jugendlichen, in die aber auch die Eltern gerne schauen, wie die MA belegt. Allerdings hat gerade diese Gattung unter der Digitalisierung gelitten, da elektronische Spiele beim „Share of pocket" bei der Altersgruppe der 14 bis 19-Jährigen den ersten Platz belegen. Mit den „Digital Natives" ist eine smartphone-orientierte Nutzerschaft herangewachsen, die Printmedien nur noch bedingt nutzen. Rund 790.000 Reichweite hat dieser Titel zurzeit.

Der Bauer Verlag zeigte mit der Marke *Bravo* ein Beispiel für eine Line-Extention oder Bildung einer Markenfamilie. Spinn-offs wie *Bravo Girl* (14-täglich), *BRAVO Foto Love Story* (14-täglich), *Bravo HipHop* (zweimonatlich) tragen hier dem Trend zur Marktsegmentierung Rechnung, um den spezifischen Wünschen der psychographisch unterschiedlichen Leserinnen und Leser gerecht zu werden.

Mit *Yeah* (monatlich) nimmt der Verlag dabei nun wieder etwas Abstand zum Markenkern, der in einigen Untersuchungen als „leicht angestaubt" bewertet wurde.

Aktuelle Illustrierte

Als die „Klassischen Vier" im Illustriertenbereich wurden lange Jahre die Titel *Stern, Quick, Bunte* und *Neue Revue* bezeichnet. Heute sind dieses die reichweitenstärksten Titel, die sich selbst als Illustrierte verstehen.

Illustrierte	Verbreitete Auflage[1]	Reichweite[2] in Mio.
Bunte	534.938	4,15
Super Illu	319.377	3,37
Gala	332.190	2,34
InTouch	245.614	0,93
View	114.841	0,72

1) IVW, Q2/2014   2) MA12-I

Der *Stern* hat sich umpositioniert und tritt nun als „Magazin zum Zeitgeschehen" mit rund 7,1 Millionen Lesern gegen *Focus, Spiegel* oder *Cicero* an.

Special Interest

Unter den sogenannten SI werden Titel zusammengefasst, die sich an interessierte Laien wenden. Sie haben praktisch einen populärwissenschaftlichen Ansatz um ein Freizeitthema herum. Auch die Anzeigen in einem Special Interest sind auf dieses Hobby ausgerichtet und können so mit einer hohen Übereinstimmung mit dem redaktionellen Umfeld und einem hohen Affinitätsindex bei den Agenturen punkten. Da die Freizeittrends teilweise recht schnelllebig sind, finden sich im SI Produkte, die einen kurzen Lebenszyklus haben können. Weniger als 50 % der Novitäten sind nach einem Jahr noch auf dem Markt. SI Verlage sollten deshalb gute Trendscouts haben oder umfangreiche Marktforschung betreiben. Großverlage setzen ihre Nationalvertriebe als ein solches Instrument ein, um erfolgreiche Innovationen gleich komplett kaufen zu können oder mit Me-Too-Produkten vom Markt zu verdrängen. Nicht alle SI-Verlage sind VDZ-Mitglieder. Dies ist ein Grund, warum die genaue Zahl der SI nicht bekannt ist. Bei SI ist auch häufig ein Doppeltcharakter anzutreffen, da einige Titel de facto auch CP-Titel sind, weil sie von Verbänden (z. B. Triathlon) herausgegeben werden. Sie stellen damit inoffizielle „Pflichtblätter" für einige Freizeitbereiche da.

Jeder Verlag auf dem SI-Markt braucht deshalb ein Portfolio mit einem hohen Anteil an Fragezeichen, wenn er dauerhaft kommerziellen Erfolg haben möchte. Monomarken-Verlage gehen ein hohes Risiko ein, auf Dauer nicht zu bestehen. Zudem können Synergien im Anzeigenvertrieb auch besser genutzt werden, wenn bei Agenturen nicht nur ein Titel präsentiert werden kann, sondern ein moderner Produkt-Mix. Nur so entsteht eine betriebswirtschaftlich gesunde Struktur, die auch die Arbeitsplätze unabhängig von Trendwechseln absichert. Wie in Kapitel 2 beschrieben, bietet das Portfolio-Model, auch unter dem Namen Boston-Matrix bekannt, den Verlagen ein bewährtes Instrument der Programmentwicklung. Die vier Felder beschreiben die verschiedenen Lebensphasen eines SI-Titels. Wenn ein neuer Trend-Titel auf den Markt kommt, steht hinter seiner Dauerhaftigkeit ein Fragezeichen (Question Mark). Die Kosten für Produktentwicklung, Kommunikation und Vertrieb sind hoch, Umsatz und Marktanteil noch gering. Setzt sich ein Trend durch, wird der Titel ein Star. Der Marktanteil auf dem SI-Markt steigt und kleine Gewinne können anfallen. Etabliert sich das Hobby in der Bevölkerung halbwegs dauerhaft, so kann die „Kuh" „Milch" geben. Der Marktanteil ist nun hoch, die Kosten sinken und damit steigt der Gewinn. Ist ein Hype ausgelaufen, wird der Titel zum „Straßenköter". Da die Auflage und das Anzeigenaufkommen stark zurückgehen, können keine Gewinne mehr generiert werden und der Titel sollte eliminiert werden. Eine dauerhaft erfolgversprechende SI-Programmstruktur besteht aus jeweils 40% der Titel in den Feldern Question Mark und Star sowie 55% im Bereich Cash Cow. „Hunde" sollten nicht lange im Produkt-Mix bleiben. Dieser Zyklus ist idealtypisch und es gelingt nicht jedem Titel, alle Felder zu durchlaufen. Ein hoher Anteil wird vom „Fragezeichen" sehr schnell zum „Straßenköter".

Zyklus innerhalb der Boston Matrix

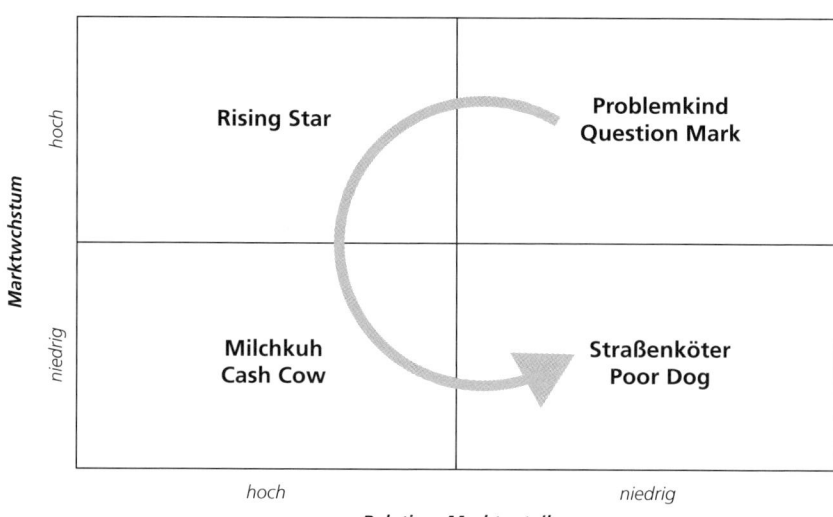

Der SI-Markt eignet sich durch seine Lebendigkeit besonders, die Phasen des Modells zu beobachten.

Eigentlich vereinigen Special-Interest-Zeitschriften damit Elemente von PZ und FZ, weshalb auch beide Verlagsgruppen SI anbieten. Der Spezialcharakter entsteht eben durch die Konzentration auf ein Freizeitgebiet mit begrenzten redaktionellen Inhalten, die aber trotzdem nicht routinemäßig abgespult werden dürfen, sonst würden sie schnell an Attraktivität verlieren. Der Vorteil für Anzeigenkunden besteht genau in dieser engen Zielgruppenorientierung, die zwar wenig absolute Reichweite bringt, aber für Teilmärkte Streuverluste minimiert. Diese Tendenz verstärkt sich bei den **Very-Special-Interest-Titeln.** Sie entstehen, wenn sich innerhalb eines Hobbies (Radfahren) eine Differenzierung (Montain-Bike) ergibt. Wenn es um Allerwelts-Produkte geht, sind diese Titel im Umkehrschluss meist nicht erste Wahl. Die Erscheinungsweise der SI kann von zweimal pro Woche bis zu vierteljährlich variieren.

Rätsel, Comics, Romane (RCR)

Nicht alle Presseobjekte haben aktuelle Inhalte und müssen zeitgleich an den Verkaufstellen liegen. Die RCR Titel sind Beispiele hierfür. Sie werden teilweise im Phasenvertrieb verteilt. Hierbei wird eine Ausgabe beispielsweise in Nielsen III zuerst ausgeliefert. Die anfallende Remissionsware (Ganzkörperremission) wird in der zweiten Phase anschließend nach Nielsen IV gebracht. Die Abfolge von Auslieferung und Remission kann flexibel nach den Verkaufserwartungen in den Nielsengebieten gesteuert werden. Nachteile sind eine Verzögerung bei der Erfassung der Verkaufszahlen durch die IVW und die Logistikkosten, da sich die Verkaufphase einer Ausgabe über lange Zeit erstrecken kann. Obwohl RCR viele Millionen Nutzer hat, kommen sie dadurch als Werbeträger nur für wenige Kunden in Frage. Vorteil ist im Gegenzug ein geringes Risiko. So bilden Rätselhefte, Romanreihen und periodische Comics einen festen Bestandteil des Angebots des Pressegrossos.

Nielsen Gebiete	Nielsen Standard-Regionen	Ballungsräume
Gebiet 1: Hamburg, Bremen, Schleswig-Holstein, Niedersachsen	**Nord:** Schleswig-Holstein, Hamburg **Süd:** Niedersachsen, Bremen	(1) Hamburg (2) Bremen (3) Hannover
Gebiet 2: Nordrhein-Westfalen	**Ost:** Westfalen **West:** Nordrhein	(4) Ruhrgebiet
Gebiet 3a: Hessen, Rheinland-Pfalz, Saarland	**Ost:** Hessen **West:** Rheinland-Pfalz, Saarland	(5) Rheinmain
Gebiet 3b: Baden-Württemberg	**Nord:** Reg.Bez. Stuttgart, Karlsruhe **Süd:** Reg.Bez. Freiburg, Tübingen	(6) Rheinneckar (7) Stuttgart
Gebiet 4: Bayern	**Nord:** Ober-, Mittel-, Unterfranken, Oberpfalz **Süd:** Ober-, Niederbayern, Schwaben	(8) Nürnberg (9) München
Gebiet 5: Berlin		(10) Berlin
Gebiet 6: Mecklenburg-Vorpommern, Brandenburg, Sachsen-Anhalt		
Gebiet 7: Thüringen, Sachsen	**West:** Thüringen **Ost:** Sachsen	(11) Halle/Leipzig (12) Chemnitz/Zwickau (13) Dresden

Wer mit seinen Titeln auch im Ausland vertreten ist, kann einen internationalen Phasenvertrieb aufbauen. Deutschsprachige RCR könnten Phasen in der Reihenfolge Deutschland, Österreich, Schweiz über Spanien (Mallorca) bis hin zu Namibia aufbauen.

Rätsel haben als Funktion geistiges Vergnügen und Zeitvertreib. Zwei Unterarten können hier unterschieden werden. Eine Reihe von Titeln schreibt Gewinne aus, die andere Art ist „selbstbelohnend" durch den Spaß am Lösen interessanter Rätsel.

Comics dieser Gattung sind zu unterscheiden von einem nicht-periodischen Album, das im Marketing eher einem Buch oder Spiel ähnelt. Je nach Titel richten sie sich an Kinder, wie der Marktführer *Micky Maus,* oder an Erwachsene, wie *Schwermetall.*

Romane: Periodische Romane werden zur reinen Unterhaltung produziert. Die Leser schätzen diese Gattung wegen ihrer Verlässlichkeit, Identifizierungsmöglichkeit oder einer kurzen Realitätsflucht (Eskapismus). Ein Autorenpool schreibt nach Verlagsvorgaben die Inhalte, um die Erscheinungsintervalle einhalten zu können.

Die Nutzerschaften sind sehr vielfältig, was natürlich an der großen Themenauswahl der verschiedenen Genres liegt, von denen hier nur eine grobe Auswahl gelistet wird:
- Arztroman
- Frauenroman
- Fürstenroman
- Gruselroman
- Kriegsroman
- Heimatroman
- Liebesroman
- Mutterroman
- Schicksalsroman
- Westernroman
- Zukunftsroman

Die Verlage leben nicht nur von ihren Evergreens wie *Jerry Cotton,* die schon mehrere Auflagen hatten, sondern auch vom Rechteverkauf entlang der Wertschöpfungskette von Verfilmung, Hörspielproduktion oder Buchproduktion. Auch verkaufen Verlage wie der *Kelter-Verlag* in andere Sprachräume Lizenzausgaben.

Konfessionelle Presse
Streng genommen könnte diese Mediengattung auch zum corporate publishing gezählt werden, da die konfessionelle Presse auf ein Religionsbekenntnis ausgerichtet ist und meist von einer kirchlichen Organisation

herausgeben wird. Die in vielen Gemeinden erscheinenden lokalen Gemeindebriefe fallen streng genommen nicht in diese Gattung, sondern ausschließlich Zeitungen und Zeitschriften.

Die Funktionen für den Nutzer leiten sich aus dem Selbstverständnis der kirchlichen Presse ab: Interessenvertretung, religiöse Lebensbegleitung und mediale Gemeinschaft mit Ratgeberfunktion. Konfessionelle Presse hat die Aufgabe, Antworten zu geben, die auf einer Glaubensüberzeugung basieren. Sie versteht sich und den Leser als Interessengemeinschaft, die versucht, an die Fragen der Zeit heranzugehen. Die Funktionen hängen sehr eng mit der Zielgruppe zusammen. In der Regel können vier verschiedene Kernfunktionen festgestellt werden:

Information	Wissensvermittelung im religiösen Bereich
Lebenshilfe	Bewältigung von persönlichen Krisensituationen
Orientierung	Verantwortungsvolles Handeln im Alltag
Unterhaltung	Erlebnisberichte, Kurzgeschichten, Lyrik, Rätsel

Exakte Zahlen der Objekte sind aufgrund von Vertriebsstrukturen, die teilweise außerhalb des Pressegrossos liegen, nur grob anzugeben. Es existieren von evangelischer Seite rund 400 und von katholischer rund 250 Objekte mit einer abnehmenden Tendenz. Bei anderen Bekenntnissen, besonders im muslimischen Bereich wachsen die Titelzahlen. Rund 70 Objekte mit Druckauflagen von ca. 600 Exemplaren bis ca. 50.000 wenden sich an Moslems, Juden, Buddhisten, Zeugen Jehovas oder Scientologen.

Im Weiteren werden weitgehend evangelisch und katholisch geprägte Publikationen behandelt. Die Struktur der Untergattungen der Konfessionellen Presse wird in Kapitel 2 dargelegt.

Eine große Starke der Konfessionellen Presse ist die starke Leser-Blatt-Bindung und die geringe Leserfluktuation. Diese Aspekte werden auch von Media-Agenturen geschätzt. Die Konfessionelle Presse hat aber seit Jahrzehnten mit Austritten zu kämpfen und viel an Reichweite verloren. Besonders die jüngeren Zielgruppen können nicht mehr erreicht werden. Berücksichtigt man diese Aspekte, so wird deutlich, dass Anzeigen für altersorientierte POS-Heilmittel oft dominieren. Im Mediabereich sind ca. 35 % der Anzeigen aus dem Marktsegment Pharmaerzeugnisse. Die anderen 65 % kommen aus diesen Märkten:

- Finanzdienstleistungen
- Sammelprodukte (Münzen/Briefmarken)
- Haus und Garten
- Missionen/Orden
- Touristik
- Medien

Die wenigen Titel für eine jüngere Leserschaft (Publik Forum) werden von Agenturen kaum wahrgenommen. Sie ist auch im religiösen Bereich eher über Online-Medien zu erreichen. Neben einer generellen gesellschaftlichen Tendenz weg von organisierter Religionsausübung hat das Neben- und Gegeneinander zahlreicher Verbände und Organisationen diese Mediagattung geschwächt. Beispiele:

- Katholischer Medienverband
- Evangelische Medienakademie
- Fachverband Konfessioneller Zeitschriften im VDZ
- Gemeinschaftswerk der Evangelischen Publizistik e. V.
- Gesellschaft Katholischer Publizisten Deutschlands e. V.
- Katholische Nachrichtenagentur
- Publizistischer Beraterkreis des Rates der Ev. Kirche in Deutschland
- Weltunion der Katholischen Presse
- Zentralstelle Medien der Deutschen Bischofskonferenz

Die Nutzungssituationen sind aufgrund der Gattungsvielfalt sehr verschieden. Als Konstante ist lediglich zu beobachten, dass die Titel in der Regel in einer ruhigen Atmosphäre gelesen werden. Darüber hinaus orientiert sich die Nutzung an Variablen, die auch für andere Medien gelten, welche die besser gebildeten Zielgruppen erreichen.

- Art der Zeitung/Zeitschrift
- Nutzungsart
- Nutzung von Teilen oder Gesamtkonsum
- Zielgruppe
- Distribution (Auslage oder Abo-Vertrieb)
- Weltanschauliche Ausrichtung

In Kapitel 2 wird dargestellt, wie die konfessionelle Presse im Mediavertrieb (Konpress) arbeitet.

Partwork

Wer sich für ein Sammelgebiet interessiert, welches neben dem Besitz des Gegenstandes auch dessen Geschichte beinhaltet, ist ein potenzieller Partwork-Kunde. Es ist ein Medium mit Elementen von Special Interest und Buch. Ein Thema wird in eine begrenzte Anzahl von Ausgaben zerlegt, welche zusammen nachher entweder einen kompletten Gegenstand (Saurier) oder eine Sammlung aus vielen kleinen „Gimmicks" ergeben. Diese Serien gibt es als Hefte oder Ordner für Loseblatt-Sammlungen. Der produktpolitischen Phantasie sind keine Grenzen gesetzt: Panzermodelle, Parfums, Uhren, Federhalter, Filmautomobile oder DVDs zu bestimmten Themen haben Erfolge gefeiert. Historische Zeitungen können selbst Gegenstand eines Partworks sein, wie „Zeitungszeugen" gezeigt hat. Die Erscheinungsweise reicht von wöchentlich bis zweimonatlich. Themen und Preise (5-20 Euro) sind an die jeweils anvisierte Käuferschicht angepasst.

Euro-Marketing- oder gar Global-Marketing-Konzepte lassen sich bei diesen Medien besonders gut durchsetzen. Die Sammelteile können in riesigen Stückzahlen sehr günstig bezogen werden, da sie sprachraumunabhängig sind. Dazu fällt die aufwendige Druckvorstufe in den Bereichen Bildbearbeitung und Layout nur einmal an. Nur die Texte müssen übersetzt werden. Dazu kommen die Möglichkeiten des internationalen wie nationalen Phasenvertriebes. So haben nur wenige Unternehmen die Finanzkraft und das Know-how, diese Medien international zu managen. Den Vertrieb der Partworks können internationale Medienhäuser (*Marshall Cavendish*, *Fabbri*) bei deutschen Nationalvertrieben als Dienstleistung einkaufen.

Corporate Publishing/Kundenzeitschriften

Eine abgeschaffte Rechtsnorm definierte Kundenzeitschriften als Titel mit „belehrenden und unterhaltenden Inhalts, die nach ihrer Aufmachung und Ausgestaltung der Werbung von Kunden und den Interessen des Verteilers dienen und in ihren Herstellungskosten geringwertig sind". Diese Definition trifft nur noch für einen immer kleiner werdenden Teil des Marktes zu. Das klassische Modell der Kundenzeitschrift wird markenübergreifend an unterschiedliche Einzelhändler verkauft, die sie dann kostenlos als eine Art Zugabe an ihre Kunden weitergeben (indirekter Vertrieb). Marketingziel ist eine Bindung des Kunden an einen bestimmten Einzelhändler, der seine Exemplare oft mit seinem Logo bedrucken kann.

Eine zweite Art Kundenzeitschriften stellen **direkte Herstellerzeitschriften** dar. Hier werden markengebundene Titel in Auftrag gegeben und ein Verlag verkauft als Dienstleister Bausteine wie Redaktion, Anzeigenverkauf, Druck und Logistik. Ziel dieser Medien sind eine emotionale Bindung an eine Marke und die Unterstützung eines Zusammengehörigkeitsgefühls der Kunden. Diese lassen sich im Rahmen einer Markenwelt durchaus zu einer Erlösquelle ausbauen, wie die Beispiele *Red Bulletin* (Red Bull), *Coulors* (Benetton) oder *Christopherus* (Porsche) zeigen, die den Weg in den Einzelverkauf gefunden haben.

Eine Untergattung sind sogenannte **Inflight Magazines.** Fluggäste erhalten sie kostenlos, wobei einige Gesellschaften für die Business- und die Economy-Klasse unterschiedliche Magazine konzipiert haben, da sie sich gravierend in frei verfügbaren Einkommen und Flugfrequenz unterscheiden. In beiden Versionen gelingt ihnen ein hoher Grad an Refinanzierung durch Anzeigenkunden. Die besondere Nutzungssituation aus eingeschränkter Mobilität im Flugzeug und langer Nutzungsdauer erzeugt eine hohe Werbewirkung (Impact).

Im 2. Quartal 2014 wurde der Gesamtverkauf der IVW-geprüften Kundenzeitschriften mit über 39 Mio. Zeitschriftenexemplaren angegeben.

Entwicklung Kundenzeitschriften (Angaben in Mio.verkaufte Exemplare; Quelle: IVW)

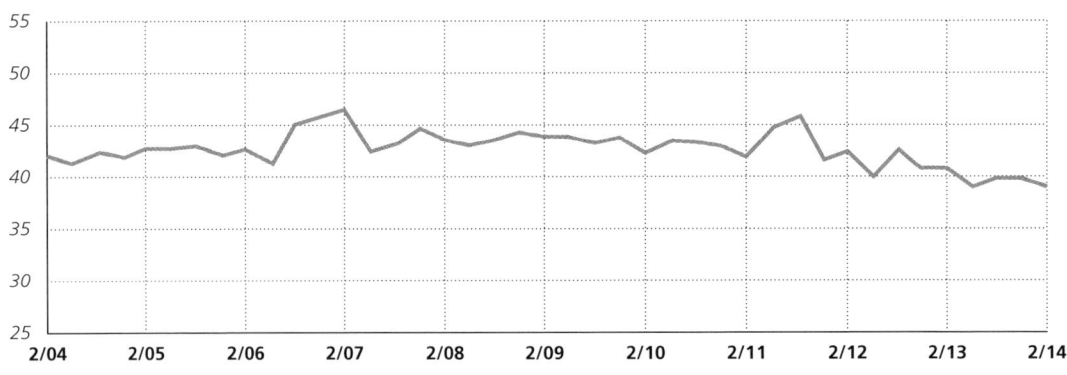

Fachzeitschriften

Fachzeitschriften dienen der Business-to-Business Kommunikation innerhalb einer Branche. Sie offerieren Inhalte, die in einem bestimmten Fach zur Vertiefung und Erweiterung des Bildungsstandes beitragen. Sie sind inhaltlich und sprachlich in der Regel anspruchsvoller als Special Interests. Andererseits sind sie meist gefälliger gestaltet als wissenschaftliche Zeitschriften. Über 12 Mio. Exemplare von Fachzeitschriften werden nach Aussagen der IVW in jedem Erscheinungsintervall verkauft. Die tatsächliche Zahl ist allerdings noch höher, da viele Titel ihre Auflagenmeldungen nicht einreichen. Vereinfacht werden im Folgenden die Wesenszüge der Fachzeitschrift im Vergleich zur Zeitung dargestellt:

Entwicklung Fachzeitschriften (Angaben in Mio. verkaufte Exemplare; Quelle: IVW)

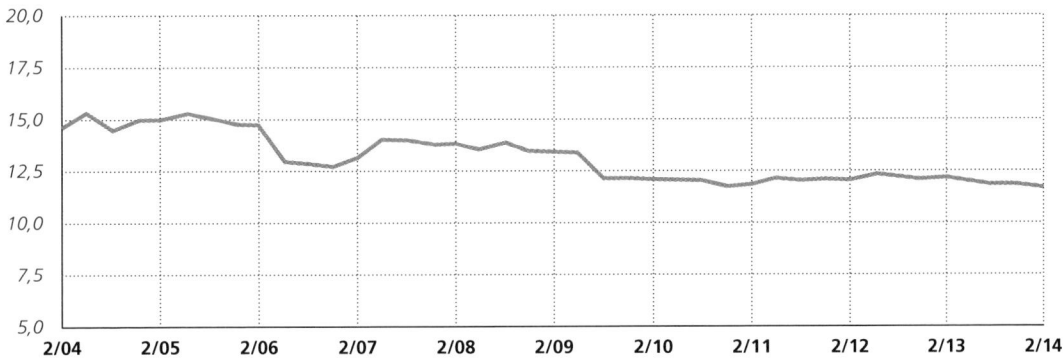

	Fachzeitschrift	Tageszeitung
Aktualität	Fachbezogen (z. B. neuester Stand der Rechtsprechung)	Tagesaktualität
Medium	Monothematisches Fachwissen	Breite Themenvielfalt
Nutzerschaft	Homogen	Heterogen
Auflage	Gering je Durchschnittsobjekt	Hochauflagig
Periodizität	Wöchentlich bis vierteljährlich	5- bis 6-wöchentlich
Reichweite	Absolut gering, in ZG hoch	Absolut hoch
Titel	Hohe Titelzahl	Geringe Titelzahl
Vertriebskanäle	Meist Abo, selten Grosso, BaBu	Abo, Grosso, BaBu

Der *Zentralverband der Werbewirtschaft (ZAW)* verdeutlicht die Hauptvariablen der FZ:

„Fachzeitschriften sind periodisch erscheinende Publikationen über wissenschaftliche, wirtschaftliche, technische und andere Spezialgebiete, die der beruflichen Information und Fortbildung eindeutig definierbarer Lesergruppen dienen. Von den Massenmedien unterscheiden sich die Fachzeitschriften dadurch, dass sie sich von vornherein an bestimmte Gruppen von Personen oder Wirtschaftseinheiten/ Unternehmen oder ähnliche Institutionen richten. Diese Gruppenorientierung geht im Allgemeinen schon aus dem Titel, zumindest aber aus den Themen des redaktionellen Angebots hervor."

Auch in dieser Gattung kann die genaue Anzahl nicht bestimmt werden, aber sie sind definitiv die zahlenmäßig größte Gruppe unter den Zeitschriften. Je nach Zählweise und Definition liegt ihre Zahl zwischen 1.800 und 3.000. Teilweise werden Special Interest oder Wirtschaftstitel mit zu FZ gezählt. Zählt man Standes-, Berufs- und Verbandszeitschriften nicht als CP, sondern als FZ-Untergattung, sind es sogar über 4.800 Objekte.

Drei grundlegende Nutzungsfunktionen muss eine erfolgreiche FZ erfüllen: Erstens die Kommunikation zwischen Fachleuten fördern. Zweitens Fachwissen an die Zielgruppe weitertragen und drittens, damit eng verbunden, als ein Instrument der beruflichen Weiterbildung arbeiten.

Im Bereich Wirtschaft, Industrie und Handwerk erscheinen nach wie vor die meisten Titel, gefolgt vom Gesundheitswesen sowie dem Bereich Handel und Dienstleistungen.

Die große Anzahl an Objekten mit ihren zum Teil kleinen und sehr kleinen Auflagen machen Produktion und Distribution in dieser Gattung schwierig. So kann es praktisch nicht zu Spontankäufen kommen, da diese Titel nur in sehr wenigen und großen Einzelverkaustellen und Bahnhofsbuchhandlungen zu erwerben sind. Der Vertrieb durch Grossisten bedeutete höhere numerische Distribution, die aber nicht wirtschaftlich erfolgreich umgesetzt werden kann. So ist die FZ zu 90 % eine Abo-Zeitschrift. Besonders größere Fachverlage
- dfv Mediengruppe
- Springer Science+Business Media
- Vogel Business Media

setzen deshalb auf den Direktvertrieb und richten sich somit auch direkt mit Abo-Werbung an ihr Zielgruppe. Produktpolitisch bieten sie ihren Berufsgruppen zu einem großen Fachzeitschriftenportfolio oft Fachbücher im selben Berufsbereich an.

Aber gerade in diesem Marktsegment kann sich noch eine hohe Zahl kleiner Verlage behaupten. Doch auch hier findet ein Umbruch statt, der besonders im Anzeigenbereich deutlich wird. Erfolgreiche FZ-Verlage haben mit Novitäten und Relaunches in einem zeitgemäßen Layout und Grafikservice für ihre Anzeigenkunden das optische Erscheinungsbild durch eine wertige Anmutung verbessert.

Die Deutsche Fachpresse tritt als Interessenvertretung der FZ-Verleger auf. In ihrer Struktur zeigen sich die zwei Wurzeln dieser Mediagattung. Zum einen sind hier Verlage aus dem Zeitschriftenbereich, die über den VDZ Fachverband Fachpresse vertreten sind. Zum anderen finden sich hier Verlage aus dem Fachbuchbereich, die über den Börsenverein des Deutschen Buchhandels e.V. Mitglied sind.

COMPUTERSPIELE

Konsolenspiele

Spiele, die auf einem Spielgerät (Konsole), einem Rechner oder einem Handy laufen, gehören zu den Wachstumsmärkten der Medienunternehmen. In Deutschland spielen ca. 25-30 Millionen Menschen gelegentlich oder regelmäßig digitale Spiele. Die deutschen Computerspiel-Anbieter generieren jährliche Umsätze in Höhe von ca. 2 Milliarden Euro bei jährlichen Wachstumsraten zwischen 2 und 10%. Pro Jahr erscheinen auf dem deutschen Markt zurzeit rund 1.500 neue Titel, von denen um die 25 Millionen Exemplare installiert werden. Deutschland ist nach Großbritannien der zweitgrößte Spiele-Markt in Europa.

Doch nicht nur der Verkauf des Spiels bildet eine Einnahmequelle für die Unternehmen, sondern Bereiche wie Verkauf von *Produkt-Placement*, *In-Game-Werbung, Corporate-Publishing* oder von Nutzerprofilen *(Targeting)* sind wichtige Umsatzträger.

Mobile Gaming

Die höchsten Steigerungsraten haben mobile Spiele. Spiele auf Handys, Pads, Tablets oder Smartphones werden durch bessere Displays, schnelle Prozessoren und einfache Installation durch Applikationen (Apps) über das mobile Internet immer attraktiver.

Cloud Gaming

Bei einer Cloud-Speicherung werden die Daten im Internet auf Servern gespeichert und gesichert. Am lokalen Rechner, auf dem das Spiel läuft, sind nur noch geringe Speicherressourcen nötig. Der Diebstahl, Verlust oder Zerstörung des Speichermediums stellt keine Unterbrechung der Spielfreude dar. Oft wird keine lokale Installation mehr benötigt, so dass die Spiele auf jedem internetfähigen Gerät gestartet werden können. Dies können auch kleinere Endgeräte sein, wie mit leistungsfähigen Prozessoren ausgestattete Tablet-PCs oder Smartphones, die auf eine gute Mobilfunktechnologie zurückgreifen können. Spielstände, Level, Charaktere können nicht mehr verloren gehen. Dies ist für eine mobile Zielgruppe interessant, die ihre Spiele auch im Zug oder im Park spielen möchten, ohne an eine feste Datenleitung gebunden zu sein.

Dieser Entwicklung trägt das Cloud-Gaming Rechnung. Die Unternehmen generieren ihre Erlöse wie im Printbereich aus zwei Quellen. Erstens durch das Spiel selbst, das gegen Gebühr zeitabhängig oder mit einer Flatrate freigeschaltet wird. Zweitens natürlich durch Werbeeinnahmen (In-Game-Ads), die durch Werbeflächenverkauf und Product Placement in den Spielen erzielt werden. Vorteil des Cloud Gamings ist, dass die Werbebotschaften stets aktualisiert sowie nach Zielgruppen gesteuert werden können.

Marktsegmentierung

Auch bei Spielen findet eine Aufteilung der Märkte statt. Bildeten anfangs eher jüngere Männer die Zielgruppe, wurden besonders durch Handyspiele Frauen als Zielgruppe erschlossen. Online Sport- und Denkspiele erreichen auch Menschen über 50 Jahre (Silver Server), die gerne Online-Angebote nutzen. Die Reichweite der Spiele steigt somit auf breiter Front und die Vermarktung von In-Game-Advertising wird zunehmend relevant.

Der Umsatz aus diesen Erlösen wird in den nächsten Jahren anziehen. Branchenexperten schätzen einen durchschnittlichen Erlöszuwachs von 10,1 % auf 97 Millionen Euro bis zum Geschäftsjahr 2015.

Der *Bundesverband Digitale Wirtschaft (BVDW) e. V.* hat es sich zur Aufgabe gemacht, die Effizienz und den Nutzen digitaler Medien zu kommunizieren. Eine Reihe von Spielevermarktern ist deshalb hier Mitglied. Weiterhin möchte er die Ausbildungen und Rahmenbedingungen in diesem Wirtschaftszweig mitgestalten. Allerdings ist auch verbandsmäßig eine verbindliche Zuordnung eines Spiels zu einem bestimmten Genre kaum möglich. Zum einen, weil bei einigen Spielen Elemente verschiedener Genres auftreten, zum andern, weil die Geräte über unterschiedliche technische Komponenten verfügen. Dazu kommt es drittens auf diesem dynamischen Markt zu einer ständigen Aufteilung in Sub-Genres. Somit gibt es keine dauerhafte Einteilung. Hier ein Überblick über die Marktsegmentierung:

Actionspiel

- Beat 'em up
- Breakout
- Ego-Shooter
- Geschicklichkeitsspiel
- Hack & Slay
- Jump'n'Run
- Maze
- Plattformspiel
- Shoot'em up
- Side-Scroller
- Singspiel
- Tanzspiel
- Third-Person-Shooter

Abenteuerspiele

- Action-Adventure
- Action-Rollenspiel
- Adventure
- Competitive Online Roleplaying Game (CORPG)
- Massive(ly) Multiplayer Online Role-Playing Game (MMORPG)
- Rollenspiel
- Survival-Horror

Browsergames

- Eingebunden Social-Media
- Kostenlos
- Kostenpflichtig
- Stand-alone
- Genres:
  - Action
  - Krieg
  - Mafia
  - Manager
  - Ritter
  - Rollenspiele
  - Simulationen
  - Strategie
  - Western

Cloud-Games
- Strategiespiele
  - Aufbaustrategie
  - Echtzeitstrategiespiel
  - Rundenbasiertes Strategiespiel
  - Wirtschaftssimulation
- Simulationen
  - Autosimulationen
  - Flugsimulation
  - Göttersimulation
  - Marinesimulationen
  - Weltraumsimulation
  - Wirtschaftssimulation
- Sportspiele
  - Ligenspiel
  - Rennsimulation
  - Rennspiel
  - Rennstallspiel
- Sonstige
  - Lernspiel
  - Mahjong
  - Puzzle
  - Retrospiel

Obwohl mit der jährlichen Kölner Messe *gamescom* in Deutschland die größte und bedeutendste Computer- und Videospielmesse der Welt stattfindet, kann dies nicht über ein grundlegendes Problem der deutschen Medienindustrie hinweg täuschen. In Deutschland finden sich wenige Entwicklungsagenturen. Die meisten Games werden nur für den deutschen Markt übersetzt, synchronisiert und auf das deutsche Umfeld angepasst („lokalisiert"). Hauptgrund für die Dominanz der US-amerikanischen und asiatischen Anbieter ist die Tatsache, dass es hier kaum Ausbildungsmöglichkeiten in der Game-Branche gibt. Lediglich einige private Ausbildungsstätten haben diese Marktlücke entdeckt, was aber für eine anerkannte Qualifizierung nicht ausreicht.

RUND UMS BUCH

„Books are different!" lautet ein alter juristischer Grundsatz, in dem zahlreiche Sonderregelungen für das Wirtschaftsgut Buch durchgesetzt wurden. Die Definition der *UNESCO* zeigt die grundlegenden Unterschiede mit all ihren Konsequenzen für das Marketing eindeutig. „Books are nonperiodical printed publications bound in hard or soft covers, or in looseleaf format, of at least forty-nine pages, exclusive of the cover pages, or a juvenile nonperiodical publication of any length bound in hard or soft covers." Die nichtperiodische Erscheinungsweise führt in der Praxis zu großen Unterschieden zu Zeitungen und Zeitschriften in Bezug auf Marktforschung, Produktentwicklung, Kalkulation, Herstellung, Vertrieb, Erlösstruktur oder Organisation.

Der *Börsenverein* kann auf eine Tradition zurückblicken, die noch länger ist als die des *VDZ*. Die Organisation wurde 1825 gegründet. Im Jahre 1948 ging aus ihr der *Börsenverein deutscher Verleger- und Buchhändlerverbände* hervor. Frankfurt wurde im gleichen Jahr wieder Messestadt, nachdem jahrzehntelang Leipzig Hauptangelpunkt des Buchhandels war. 1955 entstand der heutige *Börsenverein des Deutschen Buchhandels e. V.* Seit einigen Jahren arbeiten beide Gruppen in der Deutschen Fachpresse zusammen.

Der Markt für Bücher wächst nicht mehr. Um hier zu bestehen, arbeiten viele Buchverlage mit dem Marketingziel, einen möglichst hohen Marktanteil zu erreichen. Der Marktanteil kann als Prozent des Umsatzes oder des Absatzes gemessen werden. Ziel bei dieser Ausrichtung in einem schrumpfenden Markt ist es, anderen Verlagen Marktanteile abzunehmen. Dabei versuchen sie genauer, in ihrem speziellen Marktsegment einen großen Anteil zu erzielen, z.B. 10% auf dem Markt für Reiseliteratur.

Eine modernere Ausrichtung geht vom *Share of pocket* (Anteil der Ausgaben) vom frei verfügbaren Einkommen der Konsumenten aus. Danach kämpfen Verlage und Buchhandlungen auch noch gegen Konkurrenten auf anderen Märkten. So sind Textilien, Reisen, Spiele, Theater oder gar Süßwaren Mitbewerber bei den Konsumentenausgaben. Dies führt zu einem komplett anders strukturierten Marketing – angefangen von der Marktforschung bis hin zu einem völlig anderen Marketing-Mix aus Produkt, Distribution und Kommunikation.

Dies kann auch zu einer anderen Unternehmensstrategie führen. Ein Unternehmen des verbreitenden Buchhandels wird selbst Bücher produzieren lassen, wenn es eine Marktlücke entdeckt. So kann es zum Beispiel im Bereich Lokalgeschichte mit einem Autor ein einzelnes Buch verlegen. Dies stellt eine zeitlich begrenzte Rückwärtsintegration da. Für größere Markteilnehmer wie Buchkaufhäuser oder Buchketten würde es sogar sinnvoll sein, Verlage dauerhaft als Konzern zu integrieren, mit dem Ziel, den Distributionskanal mit eigener Ware zu füllen. Bei beiden Varianten wird durch die Eliminierung einer Handelsstufe der Gewinn theoretisch größer.

Umgekehrt könnten Verlage sich auch exklusive Distributionskanäle schaffen, um das gleiche Ziel mit einer Vorwärtsintegration zu erreichen. Bei beiden Varianten liegen die Risiken in der Marktforschung und im Know-how der Medienherstellung.

Manuskriptbeschaffung / Programmplanung

Traditionell ist die Buchproduktion eines Buchverlages in zwei Halbjahreszyklen aufgeteilt. Während die **Frühjahrsproduktion** um Ostern auf dem Markt sein muss, hat die **Herbstproduktion** ihre Deadline zur Frankfurter Buchmesse.

Der marketingorientierte Produktmanager löst immer mehr den klassischen Lektor ab. Dieser ist eher ein wissenschaftlich oder literarisch ausgerichteter Mitarbeiter als ein Kaufmann. Er sieht seine Hauptaufgaben in einer eingehenden Manuskriptprüfung und Lektorierung der Werke. Alle Lektoren haben die zwei Aufgaben, den menschlichen Kontakt mit den Autoren zu halten und an der Sortiments- sowie Programmgestaltung mitzuwirken. Unternehmen können aktiv oder passiv an ihre Buchrechte kommen. In der passiven Variante durchforstet der Lektor die Manuskripte, die Autoren oder literarische Agenturen fast täglich einsenden. Ist das richtige nicht dabei, muss der Lektor im Rahmen einer aktiven Manuskriptbeschaffung selber nach fertigen Manuskripten oder Autoren fahnden. Diese Recherchen kann er bei Literaturagenten, Hochschulen und Events (Poetry slams) durchführen. Große Konzerne haben dafür zusätzlich ein internationales Content Management System eingeführt.

Zur Produktpolitik gehört aber mehr als ein gutes Manuskript. Ein moderner Lektor wird das Buch nicht nur als kulturelles Produkt bewerten. Auch in der Gestaltung und Ausstattung gehört das **Packaging** als notwendiges Instrument der Produktpolitik zu seinen Aufgaben. Dieser Begriff hat sich im Bereich Buchverpackung zum Verkaufsförderungsinstrument entwickelt.

Es stehen bei Packaging-Projekten weder Transportzwecke oder Aufbewahrungszwecke im Vordergrund, sondern die optimale Kundenansprache. Praktisch soll, wie in Kapitel 6 beschrieben, durch Layout, Ästhetik, Anmutung und Verpackung ein visueller Mehrwert erzeugt werden. Darüber hinaus besteht die Möglichkeit, durch eine Kombination von sich ergänzenden (komplementären) Produkten ein neues Angebot zu schaffen. Dabei geht die Definition von komplementären Gütern über die der Volkswirtschaftlehre hinaus. Alles, was zu einer gemeinsamen Markenwelt oder einem einheitlichen Lifestyle zusammengehört, kann auch zusammen verkauft werden. Buch und Wein, Reiseführer und Spielfilm, Kreativbuch und Bastelmaterial. Auch Buchhändler können hier durch eigene Kreativität Packages entwickeln, da sie mit ihren Kenntnissen näher an den lokalen und saisonalen Faktoren sind als die Verlage.

Kalkulation

Die Kalkulation eines Buches geschieht mit Rücksicht auf die Stellung des Verlages im Produzierenden Gewerbe. Der **klassische Buchverlag** muss eigene Werke und Auftragsobjekte durchrechnen, die er gestaltet und herstellt, bevor sie in den Handel kommen. Dabei muss er zunächst eine Entscheidung über die Strategie bei der Preisgestaltung treffen. Entscheidet er sich für eine Premiumstrategie, muss er seinen Preis hoch ansetzen. Er kann ihn dann in der Wertschöpfungskette hoch halten oder ihn schrittweise über weitere Produkte (Sonderausgabe/Taschenbuch) senken (Skimming). Will man unter dem Preis vergleichbarer Konkurrenzprodukte bleiben, um das Buch gut zu verkaufen, wird dies Promotion-Preisstrategie genannt.

Nicht jedes Produkt hat allerdings alle Preisoptionen zur Verfügung. Mengenfaktoren wie hohe Auflagen spielen eine Rolle, um es günstig produzieren lassen zu können. Aber auch Marktfaktoren wie eine hohe Preiselastizität müssen untersucht werden, ob von einem günstigen Buch überhaupt mehr verkauft wird als von einem teuren. Denn hält der Leser den Preis für einen Qualitätsindikator, wird ein niedriger Preis eher kontraproduktiv sein.

So sind in der Kontrahierungspolitik außer den kalkulatorischen Notwendigkeiten auch strategische Aspekte zu berücksichtigen. Es darf nicht aus den Augen verloren werden, welches Ziel mit welchem Preis erreicht werden soll. Zielkonflikte sind dabei vorprogrammiert, da sich einige in der praktischen Umsetzung wie leicht ersichtlich widersprechen:

- Erlöserhöhung
- Konkurrenzverdrängung
- Marktberuhigung
- Marktführerschaft
- Produktdiversifikation
- Quersubventionierung anderer Titel

Die **Buchclubs** – oder richtiger die **Buchgemeinschaften** – müssen anders rechnen, da sie in der Regel keine Novitäten produzieren, sondern Buchgemeinschaftslizenzen von sehr verschiedenen Verlagen kaufen. Ihre Mitglieder verpflichten sich zu einer regelmäßigen monatlichen oder quartalsweisen Abnahme von Medien, die sie im Gegenzug zu Preisen weit unter dem ursprünglichen Verlagspreis erhalten. Buchgemeinschaftsausgaben erscheinen je nach Originalprodukt meist ein bis zwei Jahre nach der Verlagsausgabe.

Buchclubs leiden besonders unter den immer kürzeren Lebenszyklen von Büchern. Im Juni 2014 gab Bertelsmann bekannt, dass der Club mit einer aktuellen Mitgliederzahl von etwa 1 Million im Laufe des Jahre 2015 eingestellt wird.

Wieder anders muss ein **Mail-Order-Verlag** arbeiten. Er produziert seine Objekte selbst und besitzt einen Direktvertrieb. Zwar fallen so Handelsstufen weg, aber dafür sind bei ihm die Kommunikationsausgaben und Distributionskosten prozentual viel höher.

Anders als bei ZZ-Produkten ist ein neues Buch ein Produkt ohne stabile Datenbasis. Deshalb existiert auch kein einheitliches Kalkulationsmodell. Basis sollte bei allen Verlagen eine realistische Marktforschung sein, wieviele Exemplare zu welchem Preis verkauft werden könnten.

	Bruttoladenpreis
-	Mehrwertsteuer
=	**Nettoladenpreis**
-	Durchschnittsrabatt
=	**Nettoabgabepreis**
-	Kalkulierter Gewinn
=	**Selbstkosten**
-	Gemeinkosten
=	**Einstandskosten**
-	Honorar
-	Technische Herstellung

Erst, wenn sich nach dieser Rechnung ein Betrag größer Null ergibt, darf das Buch produziert werden.

Eine **Multiplikator-Kalkulation** können größere Unternehmen vornehmen, die Erfahrungswerte aus dem Controlling auswerten konnten. Der Multiplikator berücksichtigt auch die Gemeinkosten und Bedingung der Teilmärkte (Sachbuch, Lyrik).

Ladenpreis = Herstellkosten x Multiplikator

Wer wegen der dargestellten Probleme darauf verzichten möchte, kann auf die klassische **Drittelkalkulation** zurückgreifen. Hier werden einfach die Herstellkosten mal drei multipliziert, um den Ladenpreis festzulegen.

Ladenpreis = Herstellkosten x 3

Eine weitere Hilfe bei der Projektentscheidung ist die Errechnung der Auf-
lagengrenze, bei der sich das Projekt für das Unternehmen wirtschaftlich
lohnt. Hierzu dienen Modelle zur Berechnung der sogenannten Deckungs-
auflage.

a. Teilkostenrechnungen

$$DA\ 1 = \frac{Herstellungskosten}{Nettopreis}$$

$$DA\ 2 = \frac{Herstellungskosten}{Nettopreis - Stückhonorar}$$

$$DA\ 3 = \frac{Herstellungskosten + Pauschalhonorar}{Nettopreis}$$

b. Vollkostenrechnungen

$$DA\ 4 = \frac{Herstellungskosten}{Nettopreis - Stückhonorar - Stückgemeinkosten}$$

$$DA\ 5 = \frac{Herstellungskosten + Gemeinkosten der Auflage}{Nettopreis - Stückhonorar}$$

$$DA\ 6 = \frac{Herstellungskosten + Werbekosten}{Nettopreis - Stückhonorar - Provision - Auslieferung}$$

Da Menschen keine vollkommen rationalen Entscheider sind, müssen auch
psychologische Faktoren des Preises berücksichtigt werden. So wirken
19,95 € als Buchpreis völlig anders als 20,05 €, obwohl de facto der Unterschied minimal ist (**Preisschwellenforschung**).

Für ein Buchprojekt mit den Eckwerten Bruttoladenpreis 19,95 €, Gesamtauflage 20.000, Verkaufsauflage 15.000 würden sich diese kaufmännischen Werte ergeben:

Brutto Buchhandelsumsatz	299.250,00 €	
- 7 % Umsatzsteuer	19.577,10 €	
Nettobuchhandelsumsatz	279.672,90 €	
Durchschnittsrabatt	50 %	
Verlagsumsatz	139.836,45 €	100 %
Erlösschmälerungen	2.000,00 €	
Gesamterlöse	137.836,45 €	
Technische Herstellung pro Buch	3,00 €	
Technische Herstellung Gesamt	60.000,00 €	44 %
Honorar	10.000,00 €	7 %
Herstellkosten	70.000,00 €	51 %
Deckungsbeitrag I	67.836,45 €	49 %
(Gesamterlöse - Herstellkosten)		
Kommunikationskosten	7.000,00 €	16 %
Auslieferung/Logistik	4.000,00 €	9 %
Deckungsbeitrag II	56.836,45 €	41 %
(Deckungsbeitrag I - Werbung - Logistik)		
Gemeinkostenfaktor von Herstellkosten	60 %	
Gemeinkosten	36.000,00 €	26 %
Deckungsbeitrag III	20.836,45 €	15 %
(Deckungsbeitrag II - Gemeinkosten)		

Allerdings sollte das Buch nicht allein betrachtet werden. Wie dargestellt, kann die Wertschöpfungskette sehr lang sein:
- Buchgemeinschaftsausgabe
- Comic
- Corporate Publishing
- Computerspiel
- Dramatisierung
- E-book
- Hörbuch
- Hörspiel
- Merchandising

- Sonderausgabe
- Taschenbuch
- Verfilmung
- Vorabdruck in ZZ

Viele Bücher haben als Originalausgabe Verluste eingebracht, konnten dies aber in der Gesamtauswertung der Wertschöpfungskette korrigieren. Nach dem Prinzip Hoffnung ein Buch auf den Markt zu werfen, ist jedoch fahrlässig und gefährdet Arbeitsplätze.

Nicht erst durch *Hase Felix* oder *Prinzessin Lillifee* wurden Verlage und Buchhandlungen auf das ökonomische Potenzial von Merchandising für Artikel wie Bekleidungsstücke, Federmäppchen und Spielzeug gestoßen. Für alle Verlage sind die Erlöse aus dem Nebenrechtshandel zu einem Bestandteil der Erlösplanung geworden, aber für den Buchhandel haben Merchandising Artikel zusätzliche zwei wichtige Funktionen. Sie sind Frequenzbringer, weil sie helfen, Kunden zu generieren. Weiterhin sind sie sehr aufmerksamkeitsstark und erzeugen auch bei Nicht-Buchkäufern Interesse. Da Bücher nach Leitmediumfunktion verloren haben, müssen Medienunternehmen in Zukunft auch vermehrt eine umgekehrte Wertschöpfungskette gehen und Bücher zeitnah nach anderen Medien für Kino, Mode und Computerspiele entwickeln.

Trotz aller Planungstools wird die Höhe der Erlöse bei Büchern auch weiterhin schwerer zu planen sein als bei Zeitschriften. Der enge Zusammenhang von Distributionskanälen und den harten Konditionen der Großabnehmer sorgt dafür, dass sich häufig erst in der Nachkalkulation feststellen lässt, wie viel von der Investition an den Verlag zurückfließt.

Kontrahierungspolitik

Bei kaum einem Produkt müssen so viele Entscheidungen im Rahmen der Wertschöpfungskette getroffen werden wie bei einem Buch. Jede einzelne davon kann über Erfolg und Misserfolg eines Titels entscheiden.

Konditionen sind nicht einfach Bezugsformen und Zahlungsbedingungen, sondern Mittel einer aktiven Kontrahierungspolitik im Sinne des Marketings. Buchhändler und Verlag können sehr unterschiedliche Vereinbarungen treffen:

Fest
Uneingeschränkter Festbezug bedeutet, dass die Bücher ohne Remissionsrecht verkauft werden.

UR
Hierbei können Bücher teilweise gegen andere Titel des gleichen Verlages umgetauscht werden. UR bedeutet Umtauschrecht und heißt in der Langform „Fest mit UR". Die Buchhandlung erhält die Bücher mit Rechnung und der Verlag hat einen festen Umsatz.

RR
Dies bedeutet, dass ein vereinbarter Prozentsatz (z.B. 20%) der Bücher remittiert werden kann. Die Bücher dürfen so gegen Gutschrift bei späteren Bestellungen zurückgesandt werden. RR steht für Remissionsrecht oder Rückgaberecht und heißt vollständig „Fest mit RR".

Bestellung à. c.
Diese Kondition ist quasi die „Höchststrafe" für ein Buch. À.C. bedeutet *à condition* und beschreibt ein reines Konditionsgeschäft. Der Buchhändler hat hierbei keinerlei Risiko. Er remittiert alles Nichtverkaufte, nur das Verkaufte muss er am Ende der Kommissionszeit von meist einem Jahr bezahlen.

Dies bedeutet, dass sich das Risiko vom Buchhandel völlig auf den Verlag verlagert. Da aber Rabatte im Buchbereich kaufmännisches Risiko widerspiegeln, nehmen sie aus Sicht des Buchhandels vom Festbezug über UR, RR bis zu à. c. ab. Im Rahmen der Konditionenpolitik werden weiterhin die Zahlungsbedingungen, die Valutastellung der Rechnung (Datum) und die Logistikkosten festgelegt, da diese erheblich zum Gewinn beitragen. Theoretisch und praktisch haben so zwei Buchhandlungen, die mit den gleichen

Büchern einen identischen Umsatz machen durch schlecht gewählte Einkaufskonditionen sehr unterschiedliche Margen.

Das Gegenstück zum **Abonnement** ist im Buchbereich die **standing order.** Hierbei wird ohne Einzelbestellung jede Novität einer Produktreihe (Krimis) oder gar eines Verlages zugestellt. Häufig werden kurze Remi-Zeiten und höhere Rabatte vereinbart. Spezialisierte Buchhandlungen, die ein bestimmtes schmales Sortiment tief gestaffelt führen möchten, haben hiermit ein arbeitszeitschonendes Angebot.

Preispolitik

Auch ein Buchverlag muss seine Preispolitik zweimal machen. Zum einen die Preisfestlegung für den Endverbraucher, zum anderen für die verschiedenen Formen des Zwischenhandels und Buchhandels. Dabei haben die gewährten Rabatte Einfluss auf die Entscheidungen der Abnehmer. Für welche Preispolitik er sich entscheidet, hängt von den drei Faktoren Zielgruppe, Genre und Autor ab.

Rabattpolitik

Grundrabatt
Der Originalverlagsgrundrabatt (Grundrabatt) ist der Rabatt, den ein Buchhändler für eine Einzelbestellung bekommen würde. Er ist somit der niedrigste Rabatt und meist innerhalb einer Produktgattung eines Verlages für alle Bücherprodukte gleich. Beispiele:

Belletristik	35-40 %
Fachbuch	25-30 %
Kinder- und Kunstbuch	bis 55 %
Schulbuch	10-25 %
Taschenbuch	40-50 %

Mengenrabatt

Mit Mengenrabatt werden Buchhändler für ihr größeres Risiko bezahlt, wenn sie sich für eine größere Abnahmemenge entscheiden.

Partiebezug

Diese Form des Naturalrabatts steigert den Effektivrabatt des Buchhändlers, da er hier Gratisexemplare erhält. Bei einer klassischen Partie 11/10 bestellt die Buchhandlung 11 Exemplare eines Buches, aber bezahlt nur 10. Für Bestseller eignet sich eine Reizpartie 130/100, für Universitätsbuchhandlungen eher die wissenschaftliche Partie 5/4.

Beispiel: Bei einem Grundrabatt von 30 % und einer Partie von 130/100 ergibt sich:

Stück: 100	à 30 %	3.000 %
Stück: 30	à 100 %	3.000 %
Summe: 130		6.000 %
Effektivrabatt pro Buch:		ca. 46 %

Bonus

Wenn ein Verlag eine Buchhandlung an seine Produkte binden möchte, kann er mit ihr ein Umsatzziel vereinbaren. Wird dieses erreicht, wird der Einkauf nachträglich höher rabattiert. Aus Sicht der Buchhändler ist dies jedoch nur bei Verlagen mit einem breiten Sortiment interessant.

Zeitlich differenzierte Rabatte

Wer sich als Buchhändler bei Bestellungen schnell entscheiden kann, bekommt von einigen Verlagen im Gegenzug für die gewonnene Planungssicherheit einen höherer Rabatt. Nachlässe können beispielsweise bei Vertreterbesuchen (Reiserabatt) oder Messebesuchen (Messerabatt) angeboten werden.

Auch hier zeigt sich, wie stark Marktgröße, Marktmacht und eine richtige Einkaufspolitik das Betriebsergebnis des Buchhandels beeinflussen. Beim zweistufig indirekten Vertrieb über Barsortimenter erhält dieser einen Funktionsrabatt (Zwischenhandelsrabatt) von ca. 10-15 %.

PRODUKTPLANUNG DIGITALER MEDIEN

Die Neu- und Weiterentwicklung von Digitalmedien folgt denselben Regeln wie die von Printmedien. Vereinfacht formuliert gilt es, die richtigen Inhalte für die richtigen Leser zum richtigen Zeitpunkt im richtigen Medienkanal anzubieten. Die Zielgruppe – oder einfach formuliert – der Leser, steht im Mittelpunkt der Produktplanung. Das redaktionelle Konzept zielt auf seine Bedürfnisse ab und unterscheidet sich damit von anderen Anbietern. Wenn das redaktionelle Konzept exakt auf den Leserwunsch passt, dann besteht gleichzeitig die Chance, Werbekunden von der Attraktivität des Produkts zu überzeugen.

Zum Start der elektronischen Medien – Mitte der neunziger Jahre des vorigen Jahrhunderts – zielte deren Entwicklung sehr stark auf die Übertragung der Printmedien auf den elektronischen Kanal ab. Dieser Prozess skizziert die mentalen Schwierigkeiten, die viele Medienanbieter mit dem neuen digitalen Kanal lange Zeit hatten. Inzwischen gilt die Maxime, dass jedes Produkt oder jeder Kanal ein eigenständiges Produkt mit mediengerechten Zusatzfunktionen bieten muss.

E-Book

Ein E-Book (engl. electronic book) ist die für einen entsprechenden Reader aufbereitete elektronische Version eines Buches. Die Produktentwicklung ist im Wesentlichen identisch mit dem gedruckten Buch. Aus Sicht des Kunden gibt es zwei wesentliche Vorteile. Auf einem Reader können viele E-Books gespeichert werden, was beispielsweise auf Reisen viel Gewicht spart und sehr praktisch ist. E-Books können bei entsprechenden Anbietern rund um die Uhr gekauft bzw. heruntergeladen werden. Damit entfällt die Limitierung der Öffnungszeiten im stationären Buchhandel.

Kopierschutz
E-Books werden meist in Online-Stores gekauft, häufig am Lesegerät direkt. Digitale Bücher verfügen fast immer über einen eingebauten Kopierschutz. Dieser Kopierschutz nennt sich „digital rights management", oder kurz DRM. Die Bücher werden dabei fest mit einem Benutzer / einer Benut-

zerin verknüpft, sodass sie nur auf einer begrenzten Anzahl verschiedener Geräte gelesen werden können. Um das E-Book mit dem Lesegerät zu verknüpfen und es für die Nutzung zu autorisieren, benötigt man ein weiteres Programm am PC (z. B. *Adobe Digital Editions*). Benutzt man allerdings den integrierten E-Book-Store eines eReaders, entfällt dieser Schritt meist.

Dateiformate

Der eBook-Markt lässt sich grob in vier Formate unterteilen:

- ePub
- PDF
- AZW
- mobi

Den einfachsten Zugang bietet das **AZW**-Format von Amazon. Das liegt nicht am Format selbst, sondern am Vertriebskonzept von Amazon. Die Lesegeräte werden direkt mit dem Amazon-Konto des Käufers / der Käuferin verknüpft, sodass man sich bei der Ersteinrichtung und beim weiteren Kauf von E-Books um fast nichts zu kümmern braucht. Aber man ist mit den Kindle Geräten und dem AZW-Format eng an Amazon gebunden. Will man ein E-Book bei einem anderen Shop kaufen, ist dies nicht ohne weiteres möglich.

E-Book Reader anderer Hersteller (z.B. von Sony, Kobo, PocketBook, u. a.) liefern mehr Freiheiten. Hier kann man sich aussuchen, die E-Books direkt am Reader zu kaufen oder bei einem beliebigen Buchhändler. Außerdem unterscheidet sich das Sortiment stark, sodass man ein gewünschtes E-Book nicht bei allen Händlern findet.

Der Kauf von **PDF**-E-Books ist nicht empfehlenswert, wenn man diese auf einem E-Book Reader lesen will. Die Darstellungsmöglichkeiten sind oft eingeschränkt, dass man das entsprechende Buch ohne Konvertierung schlecht lesen kann.

Das Dateiformat **ePub** (electronic publication) zeichnet sich durch die Offenheit aus und die Möglichkeit, den Text an die Bildschirmgröße anpassen zu lassen, indem man beispielsweise die Schriftgröße ändert. Fast alle E-Book-Reader können diese Format lesen und auch die Verleger freunden sich mit dem System an, weil es DRM unterstützt. Achtung: Auch Apple nutzt ePub für den iBook-Store, hat die Dateien aber mit einer eigenen Verschlüsselung plus Signatur versehen, damit sie nur auf Apple-Geräten gelesen werden können. Ein Minuspunkt ist auch, dass Kindle nur bedingt E-Books im ePub-Format darstellen kann.

Viele E-Books werden im **Mobipocket**-Format angeboten. Der Vorteil an dem Dateiformat ist, dass sich die Schriftgröße ändern lässt. Allerdings ist diese Dateiformat auch herstellergebunden und nicht alle E-Book-Lesegeräte unterstützen Mobipocket.

Wer E-Books in den obigen Formaten gekauft hat und Probleme bei der Darstellung hat, muss mit einer Umwandlungssoftware wie *Calibre* die Dateien in ein anderes Dateiformat konvertieren.

E-Paper

Das E-Paper ist die elektronische Abbildung einer Zeitung oder einer Zeitschrift. Zum Anschauen wird entweder ein spezieller Viewer (Software) benötigt oder es handelt sich um eine Datei im universellen PDF-Format. Die erforderlichen Viewer können häufig kostenlos heruntergeladen werden. Wie das E-Book ist auch das E-Paper zunächst eine elektronische Variante des entsprechenden Print-Produkts.

DVD / CD-ROM

Die CD-Rom (engl. für *Compact Disc Read-Only-Memory*) ist ein vergleichsweise altes Speichermedium und hat ihren Zenit bereits überschritten. Nachdem die Bandbreite im Internet ständig wächst und das mobile Internet immer größere Datenübertragungsraten ermöglicht, wird die CD nur noch selten als sogenannter Permanentspeicher für elektronische Daten eingesetzt. Hervorragend einsetzbar ist die DVD/CD für Datenbanken mit Abfragetools.

Website

Die Website – auch Internetauftritt oder Webpräsenz genannt – ist die Königin der elektronischen Medien. Sie ist der Markenanker im Internet bzw. im Internetdienst World-Wide-Web (WWW). Die Domain entspricht inzwischen meistens der Print-Marke. Aus konzeptioneller Sicht ist die Website anspruchsvoll. Einerseits muss sie das aus der Printwelt gelernte Markenversprechen erfüllen und andererseits onlinegerechte Inhalte bieten. Das können beispielsweise Datenbanken wie ein Online-Printarchiv, tagesaktuelle Nachrichten oder multimediale Inhalte wie Videos, Blogs oder Communities sein. Neben den Inhalten ist die Navigation und Struktur der Website für den langfristigen Erfolg entscheidend. Die Nutzung des Angebots sollte für jeden Nutzer selbsterklärend sein. Ist dies der Fall, spricht man von einer guten Usability des Angebots. Angezeigt wird die Website mit einem Internet-Browser.

Datenbank

Die Darstellung von strukturierten Daten wie Adress- oder Produktverzeichnisse, Printarchive, Termine usw. erfolgt in Datenbanken. Hier steht das leichte und intuitive Benutzen durch den Nutzer im Vordergrund. Man denke nur an Hotel- oder Reiseportale.

Eine Datenbank besteht idealtypisch aus zwei Ebenen. Die Basis sind die Daten, die verwaltet werden. Darüber liegt das Verwaltungstool, dass das Management der Daten ermöglicht und das Rechtemanagement (schreiben und lesen) sicherstellt.

Allen diesen elektronischen Medien ist eines gemein: Neben den Inhalten kommt es bei der Entwicklung sehr stark auf die optische Darstellung der Oberfläche und deren intuitive Benutzung an. Man spricht in diesem Zusammenhang von der Usability. Darunter wird die leichte Nutzbarkeit und Handhabung verstanden.

So vielfältig wie die technischen Möglichkeiten sind auch die damit verbundenen Medienprodukte. Die hier skizzierten Archetypen haben sich sowohl auf der Nutzerseite als auch im Mediengeschäft etabliert.

Internet

Das einstmals „Netz der Netze" genannte Internet (engl. interconnected network) ist die technische Infrastruktur, die durch ein dichtes Netz von miteinander verbundenen Servern gebildet wird, die in ihrer Gesamtheit das Internet bilden. Von den Internetdiensten E-Mail, File-Transfer-Protokoll (FTP), World Wide Web (WWW), Telnet oder Usenet sind insbesondere die E-Mail und das WWW für das Mediengeschäft relevant. Die für die Darstellung der Internetseiten verwendete Programmiersprache HTML und der darin enthaltene Link-Befehl sind der Grund für die rasende Verbreitung des Internets und die täglich steigende Vernetzung der Inhalte auf den einzelnen Servern. Das Internet erfordert von den Nutzern Aktivität. Die User müssen aktiv im Internet eine Website auswählen. Der Browser entschlüsselt HTML-Codierung und macht Inhalte damit lesbar.

Weblog

Der Kunstbegriff Weblog besteht aus den Teilen Web und Log im Sinne von Tagebuch. Bildlich gesprochen ist dies ein Online-Tagebuch, das in der Regel öffentlich zugänglich ist. Die Bühne des Blogs heißt Blogroll. Charakteristisch dafür sind die chronologisch untereinander angeordneten Inhalte.

Ein wichtiger Bestandteil eines Blogs ist die Kommentarfunktion für die User. Das Schreiben eines Blogs wird gemeinhin als Bloggen bezeichnet. Die Autoren dieser Seiten nennen sich Blogger. Ein Blogger kann jeder werden. Entweder schreibt er einfach nur für sich selbst oder schafft es, ein Publikum für seine Inhalte zu gewinnen.

Es gibt inzwischen eine Vielzahl von kostenlos zugänglichen Content-Management-Systemen (CMS), die den Betrieb eines Blogs auch für Laien ermöglichen. Die Deutsche Nationalbibliothek bezeichnet Blogs als Internetpublikationen, für die jedoch keine ISSN vergeben werden.

Podcast, Videocast

Podcasts (engl. aus iPod und broadcasting) sind der elektronische Mitschnitt von Video- oder Audio-Inhalten, die meist kostenfrei abonniert werden können und das Nutzen über das Internet von beispielsweise Radiobeiträgen oder sonstigen Vorträgen oder Reden unabhängig von Raum und Zeit ermöglichen. Podcasts sind meist MP4-Dateien, die mit jedem Player abspielbar sind.

Newsletter / Newsline

Abgeleitet von der englischen Übersetzung Rundschreiben, ist der Newsletter eine E-Mail mit Informationen, die maschinell an eine Zielgruppe versendet wird. Dazu ist die Bestellung des Newsletters erforderlich. Am sichersten wird die Einwilligung durch das sogenannte Double-Opt-in-Verfahren eingeholt (siehe Kapitel 7 Telefonwerbung). Sollte dies ohne Einwilligung des Empfängers erfolgen, handelt es sich in diesem Fall um unverlangte Werbung – also Spam.

Viele Medienangebote nutzen Newsletter, um ihre Leserkreise regelmäßig über Nachrichten, Updates in Datenbanken oder Veränderungen bei Produkten zu informieren. Der Newsletter überträgt die aus der Printwelt bekannte und bewährte Erbringung der verlegerischen Bringschuld ins Internet. Der Nutzer muss dazu nicht aktiv eine Website ansteuern, sondern er erhält vielmehr den Newsletter in seinen E-Mail-Account bzw. direkt auf den Bildschirm.

Newsletter können – müssen jedoch nicht – kostenpflichtig sein und sind damit oftmals ein Bestandteil von Paid-Content-Angeboten von Medienanbietern.

Apps

Die Programme (Kurzform für Applikation) sind mit dem Erfolg der Apple-Produkte und insbesondere des iPhones von Apple bekannt geworden und ein Synonym für auf mobilen Endgeräten funktionierende Programme geworden. Das kann die für Mobilfunktelefone oder Tablets gerechte Aufbereitung von Nachrichten, eine Sammlung von verschlagworteten Zitaten oder Kochrezepten, ein Währungs- bzw. Steuerrechner oder Wörterbuch sein. Apps sind kostenlos oder gegen Entgelt erhältlich.

Dieses Beispiel aus der Gastronomie kostete in der Entwicklung etwa 1.500 Euro und der Inhalt kann selbst eingepflegt werden.

Noch sind die Apps von der jeweiligen Plattform abhängig. Auch ist der Zugang noch von der jeweiligen technischen Plattform bzw. den Online-Shops abhängig. Zu den bekannten Online-Shops für Apps zählen der App Store von Apple, der Windows Phone Marketplace, der Android Market von Google, der Nokia Store, die Blackberry AppWorld sowie PlayNow von Sony Ericsson oder Samsung Apps.

SMS

In Langform bedeutet diese Abkürzung Short Message Service und beschreibt einen Dienst, den Mobilfunkbetreiber ihren Kunden anbieten. Die Zeichenzahl pro Nachricht ist auf 160 Zeichen begrenzt. Infolge des fast überall verfügbaren mobilen Internets und der vielen alternativen Kommunikationsmöglichkeiten von Chats in unterschiedlichen Angeboten ist das SMS-Aufkommen rückläufig.

Community

Darunter versteht man eine Gruppe von Menschen mit Zusammengehörigkeitsgefühl oder gemeinsamen Interessen, die miteinander im (Informations-) Austausch stehen – z.B. die Online-Community oder die Marketing-Community. Im Bereich von B2B-Märkten wird gerne von einer Fach-Community gesprochen. Seitdem Facebook & Co. als sogenannte soziale Medien bekannt geworden sind, wird dieser Begriff seltener verwendet.

Web-TV

Hierbei handelt es sich um die Verbreitung von audiovisuellen Inhalten über das Internet. An die Stelle einer aufwändigen technischen Infrastruktur für die Ausstrahlung und den Empfang rückt das Internet als Verbreitungsmedium für gängige Dateiformate zur Verbreitung und Wiedergabe auf dem Endgerät.

Alternativ zu *Web-TV* werden auch die Begriffe *Streaming Media* oder *Bewegtbild* verwendet. Den Vorgang der Datenübertragung nennt man Streaming. Die übertragenden Programme werden gemeinhin schlicht Streams genannt. Im Gegensatz zum Rundfunk, bei dem ein Sender von einer Vielzahl von Empfängern gehört werden kann, wird beim Streaming für jeden einzelnen User eine individuelle Kommunikation aufgebaut.

E-Learning

Wissensvermittlung durch elektronische Medien wie Lern-CD-ROMs, Lektionen als Podcast oder die Übertragung von Vorlesungen via Web-TV sind Möglichkeiten, die E-Learning (engl. Electronic Learning) bietet. Nachdem das Aus- und Weiterbildungsgeschäft auch von Medienanbietern entdeckt wurde, erfährt dieses Medienkonzept eine steigende Aufmerksamkeit. Das Wissen ist meist in den Verlagsunternehmen vorhanden. Mit Ausnahme der Schulbuchverlage müssen alle anderen Unternehmen das dazu erforderliche didaktische Konzept erst aufbauen.

E-Commerce

Abgeleitet von der Übersetzung Handel (engl. Electronic Commerce) umfasst dieser Begriff alle Formen des Handels über das Internet mittels elektronischer Endgeräte. Das Spektrum reicht vom Computer über das Mobiltelefon bis zum Tablet. In beiden letztgenannten Fällen wird auch von Mobile-Commerce gesprochen. Damit ist E-Commerce die vollständig elektronische Abwicklung der Unternehmensaktivitäten in einem Netzwerk.

Stellenmärkte / Jobbörsen

Dieses Konzept kann weit über die Übertragung des Geschäftsmodells aus der Printwelt in das Online-Business hinausgehen. Die im Netz erscheinenden Stellenanzeigen werden durch Stellengesuche und Arbeitgeber- bzw. Bewerberprofile ergänzt. Durch einen Abgleich der Bewerberprofile mit den Stellenprofilen haben sich neue Services wie das sogenannte Matching entwickelt. Auch einige soziale Netzwerke wie Xing haben Jobbörsen in ihr Angebot integriert.

RSS (Real Simple Syndication)

Dieses Modell dient zum einfachen Teilen von Content. Viele Internetangebote ermöglichen die Übertragung der eigenen Inhalte als sogenannte RSS-Feed. Hierbei wird der Content im standardisierten XML-Format abrufbar gemacht. Die Nutzer können diese Feeds in ihre RSS-Reader einspeisen und sich damit einen individuellen Content-Strom aufbauen. Meist wird dabei die Headline und der angerissene Text übermittelt.

Web 2.0 – das Mitmach-Internet

Das Schlagwort Web 2.0 impliziert die Bereitschaft der Nutzer, selbst Inhalte zu produzieren und ins Netz zu stellen. Das können Fotos von sogenannten Leser-Reportern, Kommentare zu Artikeln, Beiträge in Blogs etc. sein. Damit übernimmt der Leser einen Teil der Aufgaben des Redakteurs. Aus dem Inhalt konsumierenden User wird so ein Prosument, der selbst Inhalte (User generated Content) zur Verfügung stellt. Abgeleitet von den Versionsnummern bei Softwareprodukten drückt das 2.0 eine neue Web-Generation aus.

Nach dem Web 2.0 kommt folgerichtig das Web 3.0 – welches auch das Semantische Web genannt wird. Das ist jedoch noch Zukunftsmusik. Hinter dieser Idee steckt der Ansatz, dass Computer künftig von Menschen zusammengetragene Informationen verstehen und in neue Zusammenhänge stellen können. Damit sollen beispielsweise Informationen über Personen und Dinge miteinander in Bezug gebracht werden. Ein Beispiel: München (Stadt) liegt an der Isar (Fluß). Franz Mustermann (Name) wurde 1981 (Geburtsdatum) in München (Geburtsort) geboren.

Bei der Verknüpfung dieser Informationen werden neue Verbindungen sichtbar, die vorher nicht ersichtlich waren. Im Zuge der technischen Weiterentwicklung wird es in wenigen Jahren sicherlich unterschiedlichste Anwendungen für zahlreiche Einsatzgebiete geben.

Soziale Medien (Social Media)

Hierunter werden internet-basierte Angebotsformen verstanden, die es den Nutzern ermöglichen, sich untereinander auszutauschen und Inhalte zu teilen. Hierbei stehen die Kommunikation und der Austausch von nutzergenerierten Inhalten im Vordergrund. Zu den Angeboten zählen unter anderem Wikipedia, Twitter, Youtube, oder Facebook. Medienunternehmen nutzen das Social Media, um beispielsweise bestehende Inhalte in teils neuen Zielgruppen zu verbreiten, Angebote zu kanalisieren und selbstverständlich auch vermehrt in direkten Austausch mit den Usern der Social Media-Angebote zu treten.

KAPITEL 4

VERKAUF VON MEDIALEISTUNGEN

MEDIALEISTUNGEN BEI PRINTPRODUKTEN

Wer Medialeistungen verkaufen möchte, muss sich wie auf fast jedem
Markt gegen Mitbewerber durchsetzen. Dies geschieht in zwei Stufen. Zunächst muss der Käufer überzeugt sein, dass die Mediagattung überhaupt
die richtige ist. Dies geschieht im Inter-Media-Vergleich. Dabei sind zwei
Arten von Variablen zu berücksichtigen. Zum einen quantitative, klar
messbare, zum anderen qualitative, die sich einer strengen mathematischen Bewertung entziehen. Im folgenden wird eine Auswahl beider Arten
von Variablen gelistet.

- Bedeutung des Mediums im Media-Mix
- Datenquellen
- Druckqualität
- Funktion für die Nutzer
- Inhaltliches, redaktionelles Umfeld
- Marktleistung
- Nutzungssituation
- Produktionskosten des Werbemittels
- Verfügbarkeit
- Wirtschaftlichkeit (TKP)
- Zeitlicher Einsatz
- Zielgruppenselektion

Intra-Media-Vergleich

Hat sich der Kunde für eine Gattung als die geeignete entschieden, so wird
im Intra-Media-Vergleich der konkrete Werbeträger ermittelt. Drei Kriterien muss ein Objekt erfüllen, wenn es ein erfolgreicher Werbeträger am
Markt sein will: Es muss viele Menschen erreichen (Reichweite), diese
Menschen müssen der Zielgruppe des Werbetreibenden entsprechen (Affinität), und dazu soll die Schaltung auch noch wirtschaftlich sein (Vergleichspreis).

Die Aufgabe der Intra-Media-Selektion wird in der Regel mit Programmen
wie *MDS* (Media-Dialog-System), *B4P* (Best for Planning) oder *Regio-MDS*
bewältigt. In ihnen werden große Markt-Mediauntersuchungen (VA, MA,
TdW) als Datenbanken hinterlegt.

Hier ein fiktives Beispiel: Für eine Anzeigenkampagne (Werbeobjekt: Taurinhaltiger Softdrink für schwächliche Männer) liegen folgende Eckdaten vor. Die Zielgruppe besteht aus 0,36 Mio. männlichen Personen zwischen 18 und 35 Jahren. Es gilt festzustellen, welches die beiden besten Medien sind. Die Vorauswahl der Medien ergibt folgendes Ergebnis:

Medium	Reichweite	Index	Affinität	Index	TSP	Index	3-er-Index
M 1	17,4 %	41	21	51	30,–	43	135
M 2	7,7 %	18	41	100	32,–	41	159
M 3	42,1 %	100	18	44	20,–	65	209
M 4	36,5 %	87	20	49	13,–	100	207

Ziel des Kunden wird es sein, mit möglichst wenigen Medien (bei sonst gleichen Bedingungen) die höchste Reichweite zu erzielen, denn zu viele Medien ergeben unkontrollierbare Überschneidungseffekte. Außerdem entstehen höhere Kosten für Druckunterlagen, dazu ein Mehraufwand an Arbeit, Porto und Zahlungsverkehr.

Reichweiten sind je nach Medium unterschiedlich definiert. Klassische Nettoreichweite im Printbereich ist der LpA-Wert. Er gibt an, wie viele Leser ein Titel hat. Gibt man nun für die obige Zielgruppe der Taurin-Verwender die obigen Medien ein, so erhält man die Reichweitenberechnungen.

Affinität

Sie ist definiert als der Anteil der Zielgruppe an der Nutzerschaft eines Mediums. *Affinität* beschreibt die Streugenauigkeit eines Mediums innerhalb einer Zielgruppe. Die Affinität und der sogenannte Streuverlust ergeben zusammen 100 %. Denn entweder gehört die erreichte Person zur Zielgruppe oder nicht.

Eine hohe Affinität ist die Grundlage für eine hohe Werbemittelbeachtung. Der Affinitätswert gibt die Über- oder Unterrepräsentation der Zielgruppe im Medium wieder. Basiswert ist dabei in der Regel der Anteil der Zielgruppe an der Gesamtbevölkerung. Nachteilig ist hierbei, dass die Gesamtbevölkerung nicht berücksichtigt wird.

Der *Affinitätsindex* hilft weiter. Hier wird die Affinität zum Anteil der Zielgruppe in Relation zu der Gesamtbevölkerung gesetzt. Liegt der AI unter 100, darf das Medium nicht gebucht werden. FZ, CP und SI schaffen z.T.

Werte von 500 und mehr. Dies bedeutet, in ihrer Nutzerschaft ist die ZG 5 mal häufiger vertreten als in der Bevölkerung.

$$\text{Affinität} = \frac{\text{Nutzer aus ZG x 100}}{\text{Gesamtnutzerschaft des Mediums}}$$

$$\text{Affinitätsindex} = \frac{\text{Affinität x 100}}{\text{Anteil der ZG an Gesamtbevölkerung}}$$

Wirtschaftlichkeit

Ziel dieser Berechnungen ist es, die preisgünstigsten Medien für eine Schaltung zu finden. Hierzu gibt es eine fast endlose Reihe von Vergleichspreisen. Ein scheinbar allgemeiner Wert wie der Tausender-Kontakt-Preis zeigt hier seine Schwächen.

$$\text{Tausenderkontaktpreis (TKP)} = \frac{\text{Preis des Werbemittel x 1.000}}{\text{Kontakte}}$$

Das Problem ist die Vergleichbarkeit der verschiedenen Medien. Folgende Setzungen fixieren die Wirkung als gleichwertig, was aber je nach methodischem Ansatz fraglich bleibt.
- Zeitungen: Preis für 1/4 Seite sw oder: 4 Spalten 250 mm 4c
- Zeitschriften: Preis 1/1 Seite 4c
- Fernsehen: Preis für 30 sek. Spot

Der *Tausenderseitenpreis* ist für Zeitungen und Zeitschriften die einfachste Berechnung, um einen Überblick über die Wirschaftlichkeit eines Mediums zu erlangen. Er beschreibt den Preis für 1.000 Werbeträgerseiten. Der Vergleichspreis für einen Spaltenmillimeter in Relation zur Auflage *(Tausendermillimeterpreis)* wird hingegen meist bei Tages- und Wochenzeitungen verwendet. Nachteil beider Formeln ist es, dass nicht berücksichtigt wird, wie viele Leser das Medium nutzen. Da aber für zahlreiche Objekte darüber keine zuverlässigen Zahlen vorliegen, bleibt nur der Rückgriff auf diese Vergleichspreise.

Der *Tausend(er)leserpreis* bezieht die Leserschaftsgröße in die Wirtschaftlichkeitsberechnung ein. Er existiert ebenfalls in zwei Versionen, einmal als Preis pro Spaltenmillimeter für tausend Leser, außerdem als Preis pro Seite für tausend Leser. Beide Formeln haben lediglich den Nachteil, dass sie das

Format des Mediums und damit indirekt den Beachtungswert nicht berücksichtigen. Dies gilt allerdings eher für seitenteilige Anzeigen in Zeitungen mit unterschiedlichen Formaten. Für das Beispiel ergäbe sich:

$$\text{Tausenderleserpreis} = \frac{\text{Preis 1/1 Seite 4c x 1.000}}{\text{Leserschaft (LpA)}}$$

Provisionen

Für die Vermittlung von Anzeigen werden Provisionen gezahlt. Die Höhe der Provision ist nicht in einem festen Prozentsatz zu benennen, sondern richtet sich nach Gegebenheit des zu verprovisionierenden Auftrages bzw. nach der in einem Gebiet geleisteten Arbeit. In der Praxis finden sich Provisionssätze zwischen 0,7 und 25 %. In der Regel ist das Umsatzvolumen eines bestimmten Gebietes Basis für die Höhe der zu vergütenden Provision. Die Erfahrungswerte bezüglich der Umsatzerzielung stehen weitestgehend im groben Rahmen fest. Der Anzeigenberater kann durch seinen persönlichen Einsatz das Umsatzvolumen in vielen Fällen entscheidend beeinflussen. Ein Anzeigenberater, Verlagsvertreter oder Generalvertreter, der dem Verlag aus einem ihm zugewiesenen Gebiet Aufträge vermittelt, erhält dafür eine vorher vereinbarte Provision. Je nach Auftrag kann es sich hierbei auch um unterschiedliche Provisionshöhen handeln.

Es gibt zwei verschiedene Vertragsverhältnisse:
- *Freier Handelsvertreter:* Der Verlag bezahlt eine Provision, aus der der Vertreter alle ihm erwachsenden Kosten selbst trägt, so z.B. Sozial-, Kranken- und Lebensversicherung etc.
- *Angestellter Anzeigenberater/Verlagsvertreter:* In diesem Fall setzt sich das monatliche Entgelt aus einem Fixum und einer Provision zusammen. Kosten für die Sozial-, Kranken- und Altersvorsorge werden mit der Provisionsabrechnung einbehalten wie bei einem Verlagsangestellten.

Es ist schwer zu entscheiden, welches Vertragsverhältnis für den Verlag mehr Vorteile bringt. Einerseits stellt der freie Handelsvertreter ein geringeres Fixkostenmoment dar, andererseits kann der Angestellte eine höhere Identifikation mit dem Unternehmen entwickeln und ist außerdem in stärkerem Maße durch die Anzeigenleitung weisungsgebunden.

Außenorganisation

Damit kleinere Verlage im Anzeigengeschäft mit den größeren Medienkonzernen konkurrieren können, schließen sie sich immer häufiger zu

- Anzeigenringen
- Tarifgemeinschaften
- Anzeigen-Kooperationen

zusammen. Sie behalten so ihre wirtschaftliche Eigenständigkeit, ohne auf Synergieeffekte verzichten zu müssen. Damit wird den Anzeigenkunden die Möglichkeit gegeben, ZZ-Objekte flächendeckend zu belegen, ohne mit vielen Mediaunterlagen arbeiten zu müssen. Außerdem erhalten sie einen günstigen Gesamtpreis und die Mediaabrechnung wird erheblich vereinfacht.

Möglichkeiten der Werbung (Kommunikations-Mix)

Auch der Verkauf von Anzeigen bedarf der Kommunikation mit den Werbetreibenden bzw. ihren Agenturen. Durch welche Kanäle diese Kommunikation betrieben wird, ist verlagsabhängig. Denkbar sind die folgenden:

- Ortsvertreter
- General- oder Verlagsvertreter
- Werbebriefe / Direct Mailing
- Eigenwerbung in Eigen- oder Fremdobjekten
- Informationsveranstaltungen
- Informelle Verlagsveranstaltungen für Mediaplaner in Agenturen, z. B. *Shutterstock Agency Cup*.
- Markt- und Media-Service. Die Bereitstellung von Mediadaten ist ein wesentlicher Punkt in der Kommunikation zwischen Verlag und Agentur. Stets sollten die neuesten Zahlen bereit gehalten werden bzw. auf Wunsch der Kunden kurzfristig zusammengestellt werden können.
- Messen und Ausstellungen
- Anzeigen-Copy-Test. Verfahren zur Ermittlung der Werbewirksamkeit von Anzeigen

Markt- und Mediaforschung

Jeder Verlag, der Anzeigen marktorientiert verkaufen möchte, muss es seinen potenziellen Kunden so leicht wie möglich machen, die Medialeistungen der Titel zu finden. Dazu muss die Anzeigenabteilung dafür sorgen, dass das Objekt in möglichst allen einschlägigen Studien vertreten ist. Wer die Vielzahl der Markt- oder Mediastudien nur für ein „Sammelsurium" hält, wird die Verkaufschancen seiner Titel verschlechtern.

Eine solide Datenbasis für viele Mediaberechnungen liefert die **IVW**. Die *Informationsgemeinschaft zur Feststellung der Verbreitung von Werbeträgern e. V.* (IVW) hat ihren Sitz in Berlin. Zweck der IVW ist es, Klarheit, Wahrheit und Wirtschaftlichkeit in der Werbung zu fördern. Ihre Aufgaben bestehen im Prüfen, Beglaubigen, Informieren und Analysieren von Werbeträgern. Seit 1996 werden die Auflagenmeldungen auch ausgabenbezogen online publiziert, um den Werbetreibenden Auflagenschwankungen noch transparenter zu machen.

Im Printbereich werden die Ergebnisse dieser Arbeit in den wichtigsten Publikationen der IVW dokumentiert:
- Auflagenliste (vierteljährlich)
- Basisliste (jährlich)
- Verbreitungsanalyse (alle zwei Jahre geografisch und nach einzelnen Ausgaben).
- Heftbezogene Auflagen

Die unabhängigen IVW-Prüfer kontrollieren die Verlagsangaben zweimal jährlich.

IVW-Darstellung von Zeitungen

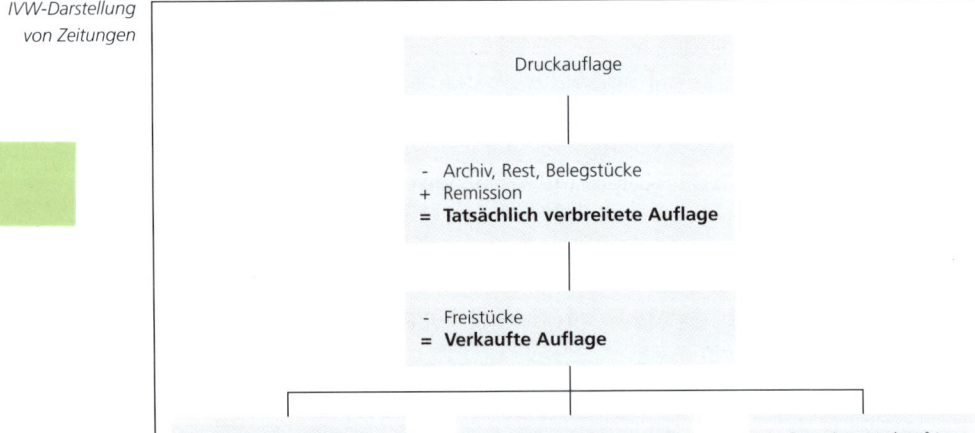

Die Werte sind seit 2012 mathematisch nicht mehr einzeln verrechenbar. Durch Apps und ePaper-Ausgaben können die Verbreitung und der Verkauf des Objektes höher sein als die Druckauflage.

Zum **Einzelverkauf** werden die Werte aus folgenden Vertriebswegen addiert:

- Grosso
- BaBu
- Stumme Verkäufer
- Straßenverkauf
- Abendverkauf
- Zustellhändler

Zur **Aboauflage** gehören grundsätzlich alle zum Abo-Preis verkauften Exemplare an feste Bezieher, weiter werden hinzugezählt:

- Teilabonnements
- Mitgliederstücke
- Mehrfachlieferungen mit Ermäßigungen von nicht mehr als 35 %
- Studenten- und Schülerabonnements
- WBZ

Der **Sonstige Verkauf** umfasst:

- Bordstücke in Flugzeugen, Bussen und Bahnen
- Mehrfachlieferungen mit Ermäßigungen über 35 %

Lesezirkel-Exemplare werden separat ausgewiesen.

Mediaanalyse

Wenn ein Verlag seine Marketingkommunikation optimal ausrichten möchte, sollte er die Mediengewohnheiten seiner potenziellen Leser gut kennen. Da die wenigsten Verlage über genügend finanzielle Mittel verfügen, um eigene Mediaforschung zu betreiben, bietet es sich an, die Dienste der *AG.MA* zu nutzen. Die *Arbeitsgemeinschaft Media-Analyse e. V.* ist ein Non-Profit-Verein, der für seine Mitglieder die Mediennutzung der Deutschen im Alter ab 14 Jahren untersucht. Dazu gehören neben den Printmedien auch Fernsehen, Radio, Kino, Plakat und Online-Medien. Die Stichprobenzahl liegt in der Regel bei über 30.000 Personen, so dass die Ergebnisse sehr zuverlässig sind. Auch die Neutralität sorgt für eine hohe Aussagequalität. So können über Computerprogramme (z. B. MDS) die Daten benutzt werden, um die richtigen Medien für die Ansprache der Zielgruppe zu finden. Darüber hinaus ergeben sich Aufschlüsse über das Zusammenwirken von Medien, zum Beispiel, wie hoch die Wahrscheinlichkeit ist, dass ein Anzeigenmotiv in zwei verschiedenen Zeitschriften von einer Person gesehen wird. Dieses Wissen ist Grundlage zur Erstellung komplexer Mediapläne.

Typologie der Wünsche

Wer zukünftige Marktentwicklungen und gesellschaftliche Veränderungen für Marketingzwecke berücksichtigen möchte, kommt an der *Typologie der Wünsche (TdW)* nicht vorbei. Sie wird von einem zum *Burda Verlag* gehörenden Institut herausgegeben und ist eine der größten Markt-Media-Studien in Deutschland. Die Stichprobe entspricht dem Mikrozensus und ist somit repräsentativ für die Menschen in Deutschland.

Inhaltlich werden auf der einen Ebene Geschäftsfelder wie Wohnen, Versicherungen oder Reisen untersucht. Schwerpunkte dabei sind Konsumverhalten, zukünftige Investitionsentscheidungen und, für Verlage besonders wichtig, die Mediennutzung. Auf der anderen Ebene werden Interessen, Einstellungen und Wünsche der Konsumenten beschrieben, um auch ihre aktuelle Gefühls- und Wertewelt auszuwerten. Diese Erkenntnisse verbessern das Verständnis von Zielgruppen und zeigen Zusammenhänge auf, wie sich das zukünftige Konsum- und Mediennutzungsverhalten entwickeln wird.

Wenn ein Medienunternehmen in den Standarddaten nicht fündig wird, so kann es den Service einer individuellen Datenanalyse in Anspruch nehmen.

Verbraucheranalyse

Medienunternehmen, die entweder ihr Marketing oder auch nur ihre Kommunikation an den Verbrauchern ausrichten wollen, haben mit der VA dazu ein zuverlässiges Instrument. Die VA ist mit über 30.000 Menschen eine der größten europäischen Untersuchungen der Konsumenten, die mündlich oder schriftlich befragt werden. Wenn das Unternehmen am erwachsenen Verbraucher interessiert ist, kann es auf die *VA Klassik* zurückgreifen. Stehen eher die Heranwachsenden als Zielgruppe im Blickpunkt, sollte in die *VA Jugend* geschaut werden. Inhaltlich gibt die VA z. B. darüber Auskunft, wieviele Menschen sich wo wie stark für Bücher interessieren oder wie der Vielkäufer von Kinderbüchern aussieht. Aber auch genauere Lesepräferenzen, z. B. von Buchbesprechungen, sind hier aufgeführt, was erleichtert, die richtigen Zeitungen, Zeitschriften oder Sites für Buchwerbung oder PR-Artikel zu finden. Auch das Lektorat kann für die Programmplanung herausfinden, wieviele Menschen sich überhaupt für ein bestimmtes Gebiet interessieren, um zu einer begründeten Entscheidung zu kommen.

Da alle Studien in bestimmten Zeiträumen die gleichen Fragen derselben Zielgruppe (Panel) stellen, geben sie nicht nur eine Zeitpunktuntersuchung wieder, sondern auch Aufschluss über gesellschaftliche Veränderungen in der Zeitreihe.

SINUS-Milieu-Modell

Das Milieu-Modell entsteht unter dem Einfluss französischer Soziologen und untersucht die deutsche Wohnbevölkerung nach zwei Hauptvariablen. Die Studie bildet Personen, die sich in ihrer Lebensauffassung und Lebensweise ähneln, in Milieus ab. Wertorientierungen gehen dabei ebenso in die Analyse ein wie Einstellungen zur Arbeit, zur Familie, zur Freizeit, zu Geld oder zum Konsum.

Soziale Lage und **Grundorientierung** bilden die beiden Achsen der Matrix, die in je drei Abschnitte unterteilt sind. Je höher ein Milieu in dieser Grafik angeordnet ist, desto gehobener sind Bildung, Einkommen und Berufsgruppe, und je weiter rechts ein Milieu positioniert ist, desto moderner ist die Grundorientierung.

Die Sinus-Milieus® in Deutschland 2014

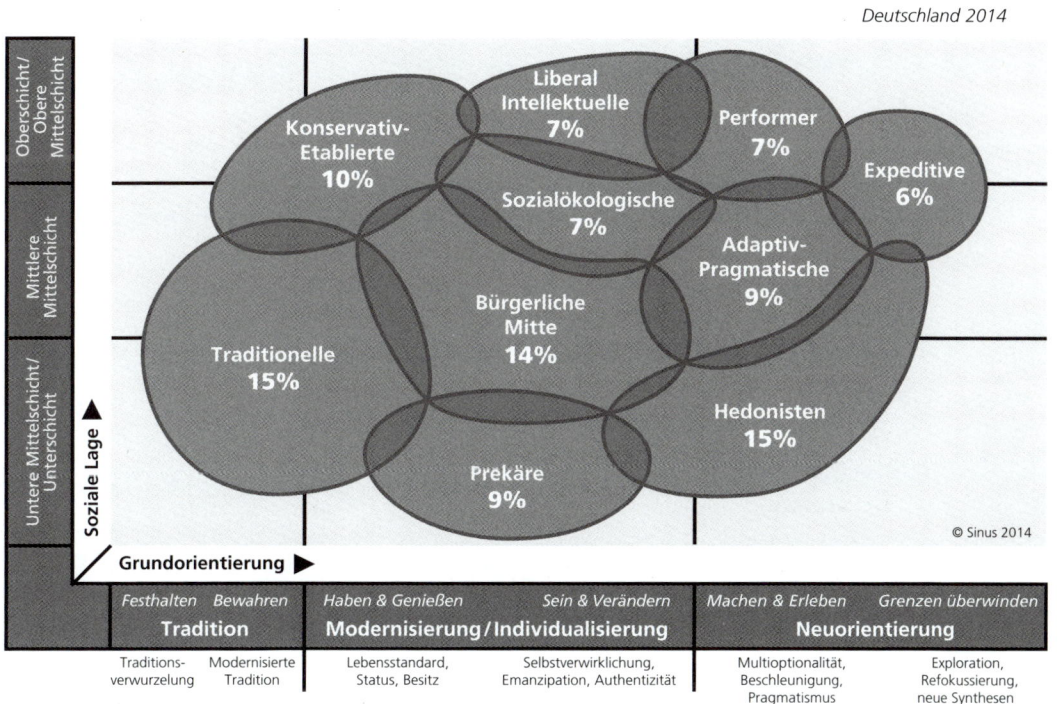

117

Im Medienmarketing werden Einzelmilieus manchmal zusammengefasst zu folgenden vier größeren Lebenswelt-Segmenten:

- Gesellschaftliche Leitmilieus
- Hedonistische Milieus
- Mainstream-Milieus
- Traditionelle Milieus

Hedonisten sind die spaßorientierte untere Mittel- bis Unterschicht, immer auf der Suche nach Fun und Action, Unterhaltung und Bewegung (on the road). Nur nicht sein wie „die Spießer". Gleichzeitig haben sie oft Träume von einem geordneten Leben mit Familie, geregeltem Einkommen und schönem Auto/Motorrad.

Lebenswelt:

- Bezogen auf den Beruf führen viele eine Art Doppel-Leben, angepasst an den Berufsalltag, im Gegensatz zum hedonistischen Lebensstil in der Freizeit. Trotz und auf Grund dieser partiellen Anpassung haben sie häufig aggressive Underdog-Gefühle gegenüber ihrer (Arbeits-) Umwelt.
- Die Hedonisten leben ganz im Hier und Jetzt, möchten sich wenig Gedanken um die Zukunft machen. Dabei zeigen sie Spaß an der Provokation der „Spießer" und der Identifikation mit „krassen" Szenen, Clubs und Fangemeinden.
- In besonderem Maße interessieren sie sich für Fernsehen, Video, Musik, Computerspiele, Sport (Fußball), Kino-, Disco- und Kneipenbesuche.
- Sie konsumieren gern und viel – soweit das ihr limitiertes Budget zulässt. Gemäß ihrem ausgeprägten Unterhaltungsbedürfnis interessieren sie sich für Produkte wie Stereo- und Hi-Fi-Anlagen, Multimedia-Ausstattung, Videos, Spiele, aber auch für „Klamotten", Modeschmuck, Uhren, Kosmetik, Duftwasser, Sportausstattung und -bekleidung, und natürlich Autos und Motorräder.

Soziale Lage:

- Jüngere und mittlere Altersgruppen bis 50 Jahre. Schwerpunkt unter 30 Jahre.
- Einfache bis mittlere Formalbildung – relativ oft ohne abgeschlossene Berufsausbildung.
- Einfache Angestellte und Arbeiter; viele Schüler und Auszubildende. Vergleichsweise großer Anteil von Personen ohne eigenes Einkommen; keine erkennbaren Schwerpunkte beim Haushaltseinkommen.

Life-Style-Research

Die Lebensstilforschung versucht, die Vielzahl der Variablen der klassischen Methode der Zielgruppenanaylse wieder zusammenzuführen. In der praktischen Arbeit hat sich gezeigt, dass komplexe statische Daten z. B. einem Graphiker oder Texter als Grundlage seiner Arbeit nicht hilfreich sind, um die Bild- und Textsprache der Zielgruppe zu treffen. In einem Computerprogramm (Cluster-Analyse) lassen sich sogenannte Life-Style-Typen generieren. Der Begriff Yuppie kommt aus dem Lifestyle-Research und steht für Young Urban Professional. Definiert als ein junger Mensch, der sich bewusst für ein Leben in der Großstadt entscheidet und sich sehr stark mit seinem Beruf identifiziert. Auch die Lebensstilforschung deckt gesellschaftliche Veränderungen auf, die für die Produktentwicklung der Medienunternehmen, aber auch der Werbekunden, zu berücksichtigen sind.

LOHAS (Lifestyle of Health and Sustainability) – Der Trend zum verantwortlichen Konsum hat sich in den letzten Jahren verstärkt. Personen, für die Gesundheit und Nachhaltigkeit zu ihrem Lebensstil gehört, werden z. B. über folgende Variablen definiert:

- Beachtung einer gesunden Ernährung.
- Bei Anschaffungen ist die Nachhaltigkeit von Produkten (Umweltverträglichkeit, Langlebigkeit) von großer Bedeutung.
- Bei Lebensmitteln werden ökologische Produkte bevorzugt.
- Fleisch aus artgerechter Tierhaltung wird gekauft, auch wenn es teurer ist.
- Geldanlagen werden nach moralischen Grundsätzen getätigt.
- Körperpflege wird mit Produkten auf natürlicher Basis und ohne chemische Zusätze betrieben.
- Natur- und Bioprodukte werden gekauft, auch wenn sie teurer sind.
- Produkte aus „fairem Handel" werden bevorzugt.
- Verwendung von umweltschonenden Haushaltsreinigern und Waschmitteln.

Leseranalyse Entscheidungsträger

Die LAE ist reine Leseranalyse und wird vom *Gesamtverband Werbeagenturen (GWA)* herausgegeben. Untersucht werden über 1 Million Entscheidungsträger in Wirtschaft und Verwaltung. Hierunter laufen:

- Selbständige ab 5 Beschäftigte
- Freiberuflich Tätige mit Arbeitgeberfunktion
- Höhere Angestellte
- Höhere Beamte

Untersuchungsgegenstand ist das Informationsverhalten dieser Premium-Zielgruppe und die Reichweite ausgewählter Zeitungen und Zeitschriften darin. Weiterhin wird der Einflussgrad der Zielgruppe in wichtigen Entscheidungsbereichen ihres Tätigkeitsfeldes untersucht, aber auch deren privater Konsum von Gütern des gehobenen Bedarfs.

Die Untersuchung beschränkt sich bewusst auf eine kleinere Anzahl von Medien:

Zeitschriften	Börse Online, Brand eins, Capital, Creditreform, €uro, Focus, Focus Money, Geldidee, Der Handel, Handwerk Magazin, Impulse, Karriere, manager magazin, Markt und Mittelstand, Der Spiegel, Stern, WirtschaftsWoche
Zeitungen	Euro am Sonntag, Frankfurter Allgemeine Zeitung, Frankfurter Rundschau, Handelsblatt, Süddeutsche Zeitung, VDI nachrichten, Die Welt, Welt am Sonntag, DIE ZEIT

Die Ergebnisse werden als Tabellenband und Datenträger veröffentlicht.

AWA Allensbacher Werbeträgeranalyse

Die AWA ist eine kombinierte Werbeträger-Analyse / Marktanalyse, die vom *Institut für Demoskopie Allensbach* jährlich herausgegeben wird. Als Grundgesamtheit untersucht sie Personen ab 14 Jahren, die zur deutschen Wohnbevölkerung in Privathaushalten in der Bundesrepublik Deutschland gehören. Rund 20.000 Personen werden mit einer Quota-Stichprobe auf

- Reichweiten und Rezipientenstrukturen von klassischen Werbeträgern
- Besitz- und Konsumdaten von rund 500 Märkten
- Psychologische Merkmale
- Interessengebiete

hin untersucht.

Die Ergebnisse der untersuchten Medien, wie Publikumszeitschriften, regionale und überregionale Zeitungen, Werbefernsehen, Werbefunk und Kino werden in sieben Bänden oder auf Datenträgern veröffentlicht.

AMF-Karten

Bei Objekten, die zu klein sind, um Gegenstand einer aufwendigen Markt-forschung zu werden, bleibt nur die Möglichkeit, wenigstens die Media-unterlagen einheitlich zu gliedern, um den Kunden das Handling zu er-leichtern. Dies geschieht bei Fachzeitschriften durch einheitliche Struktur der Mediainformationen. Die Karten 1 und 2 enthalten die beschreibenden Merkmale einer Fachzeitschrift, während Karte 3 die Empfängerstrukturen aufzeigt. Herausgeber ist die Kommission Anzeigen-Marketing Fachzeit-schriften.

Copy-Test

Neben Mediaangaben zum Werbeträger ist es für jeden Werbetreibenden wichtig, für seine konkreten Schaltungen eine Kontrolle der Aufmerksam-keits- und Kommunikationsleistung zu erhalten. Viele Zeitschriften und Zeitungen bieten deshalb von Zeit zu Zeit ihren Kunden den Service an, Anzeigen auf ihre Erinnerungsfähigkeit (Recall) hin zu prüfen. In diesen sogenannten Copy-Tests wird einer Stichprobe von Leserinnen und Lesern ein Exemplar zum Durchblättern gegeben. Anschließend werden die Teil-nehmer gefragt, an welche Anzeigen und Texte mit welchen Bestandteilen sie sich erinnern. Der Copy-Test liefert so Daten für das Anzeigen- und das Redaktionsmarketing.

Dieses Verfahren zur Ermittlung der Werbewirksamkeit von Anzeigen wird im TZ-Bereich häufig um Einkaufsstatistiken ergänzt, die die Kauf-kraft und das Einkaufsverhalten dokumentieren. Schwieriger ist es, genau zu selektieren, welche Wirkung (Response) die Anzeige hervorgerufen hat. Couponanzeigen oder Anzeigen mit Aufforderung zum Telefonkontakt (Direct-Response) sind die einfachsten Lösungen. Besteht das Kommuni-kationsziel allerdings beispielsweise in einer Imageverbesserung, kann die Werbeerfolgskontrolle seriös nur von Marktforschungsinstituten durch-geführt werden.

ANZEIGENHANDLING

Anzeigenannahme

Der eigentliche Anzeigenauftrag kann auf verschiedenen Wegen zur Ausführung gelangen:

Agenturen
Verlage, die stark im nationalen Anzeigengeschäft arbeiten, richten in Großstädten eigene Verlagsagenturen ein, die die dort ansässigen Werbetreibenden und Werbeagenturen betreuen.

Annahmestellen
Diese sind hauptsächlich bei Tageszeitungen anzutreffen. In Großstädten und ländlichen Gebieten kann der Weg für private Inserenten und kleinere Gewerbetreibende zur nächsten Geschäftsstelle weit sein. Deshalb können hier Kioske oder Lotto-Annahmestellen auch als Annahmestellen für Anzeigen fungieren.

Anzeigenschalter in Geschäftsstellen
Lokale und regionale Tageszeitungen haben in ihrem Verbreitungsgebiet Geschäftsstellen, die neben vertrieblichen Aufgaben auch den Anzeigenverkauf betreuen. Das Schaltergeschäft hat als Schwerpunkt die privaten Anzeigenkunden. In einigen Fällen ist die Geschäftsstelle aber auch Sitz der Anzeigenvertreter.

Bädervertreter
Tageszeitungen und einige Zeitschriften veröffentlichen einen umfangreichen Reise- und Touristikteil. Bestimmte zusammenhängende Feriengebiete (z. B. Eifel, Ostfriesische Inseln) werden von einem Mitarbeiter betreut, der Hotels, Pensionen, Campingplätze, Freizeitparks und Gastronomen im Hinblick auf Insertionen berät.

Bestatterbetreuer
Ein hoher Anteil an Familienanzeigen ist immer ein sicheres Zeichen für eine gute Leser-Blatt-Bindung. Wie Copy-Tests ergaben, gehören sie zu den besonders häufig genutzten Teilen der Objekte. Deshalb müssen sich Verlage intensiv um diese Art der Anzeigen bemühen. Da Todesanzeigen (privat) und Nachrufe (gewerblich) in der Regel von den Bestattern abge-

wickelt werden, werden diese meist durch besonders geschulte Berater betreut, die verlagsintern manchmal wenig respektvoll als „Kistenwillis" bezeichnet werden. Die Bestatter erhalten meist eine erhöhte AE-Provision.

Coupon

Ein praktikabler Weg zum Verlag ist der Abdruck oder Onlinestellung eines Coupons, der dem Inserenten die Arbeit erleichtert und ihn zudem den Preis der Anzeige schon im Voraus selbst ausrechnen lässt.

Media-Agenturen

Da die Erstellung von Mediaplänen umfangreiche Kenntnisse und kostspielige Ausstattung mit Hard- und Software verlangt, wenden sich Werbetreibende oder Agenturen, die sich auf die Kreation von Werbemitteln spezialisiert haben (Kreativ-Agenturen), an Spezialdienstleister. Diese Media-Agenturen sind nicht immer unabhängig, sondern oft Töchter von Netzwerkagenturen, die ihre Media-Abteilungen ausgegliedert haben. Ohne Daten in den großen Media-Untersuchungen kann ein Verlag nur schwerlich erwarten, im Anzeigenbereich berücksichtigt zu werden.

Ortsvertreter/Verlagsvertreter

Das tägliche Anzeigengeschäft einer lokalen oder regionalen Tageszeitung wird in ihrem Verbreitungsgebiet von Damen und Herren betrieben, die als Anzeigenberater bezeichnet werden. Von ihren Fähigkeiten menschlicher und fachlicher Art hängt in hohem Maße der Erfolg des örtlichen Anzeigenaufkommens ab.

Telefon, Telefax, E-Mail, ISDN, FTP

Die telefonische Anzeigenannahme ist ein traditionell kundenfreundlicher Weg, Anzeigen entgegenzunehmen. Um Missbrauch auszuschließen, werden vom Verlag auf diesem Wege keine Todes- oder Vermählungsanzeigen sowie sonstige Anzeigen sensibler Art angenommen. Ähnliches gilt für Fax und E-Mail. E-Mail-Anhänge eignen sich eher für Übermittlung kleinerer Anzeigendatenmengen bis 20 MB.

Bei ISDN-Übermittlung schickt der Inserent die Druckdaten auf einen Rechner des Verlages und hat damit das Übermittlungsrisiko.

Eine Risikoumkehr erfolgt mit FTP-Servern. Hierbei legen Agenturen ihre Anzeigen zum Abruf auf ihrem Server ab. Der Verlag erhält eine Benachrichtigung und ein Passwort, mit denen er sich die Druckdaten herunterladen kann.

Werbeagenturen (Full-Service-Agenturen)

Die klassische Werbeagentur, die ihren Kunden den kompletten Service von der Kreation bis zur Abrechnung anbietet, arbeitet in ihrer Media-Abteilung die Streupläne aus. Diese werden entweder direkt mit dem Verlag oder dessen Repräsentanten abgestimmt.

Ablehnung von Anzeigen

Technische Probleme

Erfüllen Druckunterlagen nicht die technischen Voraussetzungen zur Reproduktion (z. B. falsches Raster), kann die Anzeige nicht veröffentlicht werden.

Kaufmännische Erwägungen

Weist ein Kunde mangelnde Bonität auf, so dass der Verlag seinen Umsatz mit hoher Wahrscheinlichkeit nicht realisieren kann, wird die Anzeige nicht veröffentlicht.

Natürlich können auch rechtliche Probleme auftreten, die in Kapitel 7 behandelt werden.

Anzeigenpreisliste (Mediadaten, Anzeigentarife)

Um die Anzeigenpreisliste vergleichbar zu machen, hat der ZAW Gliederungsvorschläge gemacht.

Inhalte einer Anzeigenpreisliste:
● Abweichende Preise
● Allgemeine Geschäftsbedingungen
● Anschrift, Telefon, Telefax, E-Mail, Bankverbindungen
● Anzeigenschluss / Rücktrittstermin
● Aufschläge
● Belegungsformen
● Druckverfahren / Raster / Druckunterlagen
● Erscheinungsort (Nielsen-Gebiet)
● Erweiterte Mengenstaffel / Bonusstaffel
● Grundpreis
● IVW-Zugehörigkeit
● Mal- und Mengenstaffel

- Preis für Ortskunden
- Tarife
- Verbreitungsgebiet, nach Möglichkeit mit Landkarten
- Zusätzliche Geschäftsbedingungen des Verlages
- Tarifnummer und Gültigkeit
- Titel des Objektes

Anzeigen-Preise

Anzeigen-Millimeterpreis
Dieser bezieht sich auf 1 mm Höhe in einer Spalte. Bei den meisten Tageszeitungen und vielen Zeitschriften ist die Spaltenbreite einheitlich auf 45 mm = 10 Cicero = 120 Punkt festgelegt.

Text-Millimeterpreis
Ist eine Anzeige im Textteil auf drei Seiten von redaktionellen Beiträgen (dazu gehören auch Fotos) umgeben, wird sie wegen des höheren Aufmerksamkeitswertes und den oftmals breiteren Textspalten bei Zeitungen zu einem höheren Text-Millimeterpreis abgerechnet.

Preis für Ortskunden
Regional verbreitete Zeitungen gewähren ihren Kunden aus dem Verbreitungsgebiet günstigere Preise, wenn sie sich direkt, d. h. ohne Agentur, an den Verlag wenden.

Ermäßigter Preis für Klein- und Familienanzeigen
Privatanzeigen haben bei fast allen Titeln stark ermäßigte Preise. Im Vordergrund steht hierbei eher die Leser-Blatt-Bindung als die Optimierung der Anzeigenerlöse.

Zuschläge

Farbzuschläge
Da für jede zusätzliche Farbe eine Druckplatte erstellt werden muss, erheben einige Medienhäuser hierfür Zuschläge.

Platzierungszuschlag
Die Zuschläge für favorisierte Platzierungen, z.B. auf Titel- oder Umschlagseiten (U1 bis U4), werden bei zahlreichen Objekten erhoben.

Teilbelegung und Anzeigensplitting
National verbreitete Zeitschriften gewähren ihren Anzeigenkunden manchmal die Möglichkeit des Splittings. D.h. innerhalb einer Ausgabe erscheinen zwei verschiedene Anzeigen. Angeboten werden zwei Möglichkeiten:
1. *Motivsplit* (2 verschiedene Motive erscheinen jeweils in der Hälfte der Auflage gleichmäßig verteilt).
2. *Regionalsplit* oder *geographischer Split* (in unterschiedlichen Gebieten erscheinen verschiedene Anzeigenmotive). Hier werden von den Verlagen meist die Nielsen-Gebiete als Einheiten angeboten, die bei vielen Titeln auch als sogenannte Teilbelegungen einzeln gebucht werden können. Der Mehraufwand für Bearbeitung und Technik führt zu einem höheren Preis des Inserats.

Zuschläge für technische Leistungen (Druck über Bund, Anschnitt)
Bei aufwendigen Leistungen in der Druckvorbereitung wie das Anpassen der Druckdaten auf Überbunddruck oder Druck über den Satzspiegel erheben einige Titel hierfür einen Zuschlag.

Umrechnungsfaktor 1:
Der Umrechnungsfaktor tritt in der Praxis unter zwei Bedingungen auf: Er gilt für Anzeigen im Textteil, die aber nicht von drei Seiten mit redaktionellen Beiträgen umgeben sind. Deshalb kann hier nicht zum Textteil-mm-Preis abgerechnet werden. Dazu kommt, dass bei einigen Zeitungen die Zahl der Textspalten von denen der Anzeigenspalten abweicht. Wenn die Anzeigenpreisliste keinen Umrechnungsfaktor enthält, wird er wie folgt ermittelt:

$$\text{Umrechnungsfaktor 1} = \frac{\text{Anzahl der Anzeigenspalten}}{\text{Anzahl der Textspalten}}$$

Nachlässe, Rabatte, Provisionen, Druckunterlagen

Ausgaben-Nachlass
Hat eine Zeitschrift mehrere regionale Ausgaben, so wird ein Nachlass für die Belegung mehrerer Ausgaben gewährt.

Bonus
Am Ende des Abschlussjahres wird Großkunden eine Vergünstigung eingeräumt.

Erweiterte Mengenstaffel
Für Großkunden, die weit über die letzte Stufe der Mengenstaffel hinausgehen, wird von einigen Verlagen eine entsprechende Staffel angeboten. Meist Alternative zum Bonussystem.

Kombinationsrabatt
Hat ein Verlag mehrere Titel, so wird bei deren Belegung ein Rabatt gewährt.

Konzernrabatt
Ist ein Unternehmen in mehrere kleinere zerlegt worden, so werden die Anzeigenaufträge aller Töchter des gesamten Konzerns (z. B. Holding) zur Ermittlung der Mal- oder Mengenstaffel herangezogen.

Mal- und Mengenrabatt
Die Malstaffel soll eine hohe Schaltungsfrequenz unabhängig von der Anzeigengröße rabattieren und so besonders Anbietern mit kleineren Schaltungen einen Anreiz geben. Die Mengenstaffel hingegen richtet sich ausschließlich nach der Menge der gekauften Millimeter oder Seiten. Besteht die Wahl zwischen beiden, muss stets der für den Kunden günstigste Rabatt herangezogen werden.

Voraussetzung für die Gewährung der genannten Rabatte von der ersten Anzeige an ist ein Anzeigenabschluss. Dies ist die Verpflichtung des Kunden, innerhalb einer bestimmten Zeit (meist ein Jahr) eine bestimmte Anzahl oder eine bestimmte Menge an Anzeigenraum abzunehmen. Als Gegenleistung gewähren viele Verlage den Abschlusskunden bei Preiserhöhungen eine Karenzzeit (bis zu 3 Monate), in der noch der alte Anzeigenpreis gilt.

Ist ein Abschluss getätigt worden und der Kunde schaltet Anzeigen im Textteil, so werden diese mit dem Faktor zur Abschlusserfüllung und zur Rabattermittlung angerechnet, um der der Text-mm teurer ist.

$$\text{Umrechnungsfaktor 2} = \frac{\text{Preis des Text-mm}}{\text{Preis des Anzeigen-mm}}$$

Beispiel: Kostet ein Text-mm 12,00 € und ein Anzeigen-mm 4,00 € (Umrechnungsfaktor 2=3), so werden 25 Textteil-Anzeigen 4 Spalten / 200 mm = 25 x 4 x 200 = 20.000 mm für die Rabattermittlung wie 60.000 mm gerechnet. Grund ist der dreifach höhere Umsatz, den der Verlag mit den Textteil-Anzeigen macht.

Skonto

Wiederholungsnachlass
Wenn eine Anzeige unverändert mehrere Ausgaben hintereinander geschaltet wird (durchläuft), erhält der Kunde dafür einen Preisnachlass.

AE-Provision
Vermittlungsgebühr / Agenturprovision (selten abgedruckt)

Druckunterlagen
Druckunterlagen werden meist in digitaler Form angeliefert. Häufig werden druckreife PDFs oder bei kleineren Anzeigen ein EPS, TIF oder JPG eingereicht. Die wichtigsten Eckdaten der technischen Spezifikationen sind:
- Farbraum (z. B. CMYK)
- Auflösung (Standard: 300 dpi)
- PDF-Art (z. B. PDF-X3) oder Hinweis auf individuelle Joboptionen, die beim Erzeugen des druckreifen PDFs zu verwenden sind.
- Bei Anschnittanzeigen die Maße der Beschnittzugaben (meist 3 mm sowie die Ausgabe des PDFs mit Beschnittmarken)

Möglichkeiten zur Anlieferung digitaler Daten:
- E-Mail (bis 5 MB)
- Datenträger wie CD, DVD oder USB-Stick
- Datenübertragung per ISDN, FTP-Server oder Cloud-Dienst

Abwicklung des Anzeigengeschäfts

Preislistentreue

Eine wesentliche Voraussetzung für die Abwicklung eines ordnungsgemäßen Anzeigengeschäfts ist die Einhaltung der in der Preisliste ausgewiesenen Preise und Rabatte. Dies läuft unter der Bezeichnung Preislistentreue. Es soll erreicht werden, dass für vergleichbare Anzeigen-Dispositionen verschiedener Inserenten gleiche Preis- und Rabattkonditionen angewendet werden, denn für ein ordnungsgemäßes Anzeigengeschäft ist die Gleichbehandlung aller Kunden unabdingbar.

Ausgeschlossen ist dadurch nicht die Ausnutzung aller sich aus der Preisliste ergebenden Varianten der Preis- und Rabattgestaltung. Hier steckt das Rabattgesetz den Rahmen ab. Die Vergangenheit hat gezeigt, dass unangemessene Sonderkonditionen nicht mehr zurückgenommen werden können. Der Kunde sagt: „Was gestern ging, geht auch heute und morgen!" Damit sind die Weichen gestellt, die schnell zur Unglaubwürdigkeit der Verlage und zur Erpressbarkeit der Anzeigenleitung führen können.

Margendruck

Vermarkter von Werbeplätzen kaufen sehr große Mengen ohne jeden Kundenbezug auf eigenes Risiko ein. Sie bekommen dadurch die maximal möglichen Rabatte (bis zu 80 %). Die Plätze werden zu Paketen geschnürt und Mediaagenturen zu Rabatten angeboten, die diese für ihre eigene Nachfrage nicht bekommen könnten (bis zu 60 %). Mediaagenturen können damit Kunden binden, denn diese würden alleine Rabatte in dieser Größenordnung nicht erzielen können.

Umgekehrt drängen manche Kunden ihre Agenturen, einen Teil der AE-Provision an sie abzutreten und fordern damit zugleich ein Abweichen von der Preislistentreue, das das gesamte Anzeigengeschäft nachhaltig beeinträchtigt.

Mediaabrechnung

Um einen konkreten Anzeigenauftrag durchzurechnen, bedient man sich des folgenden Grundmusters. Die Begriffe in den Klammern sind Synonyme. Ein solches Abrechnungsschema kann leicht mit einem Tabellenkalkulations- oder Datenbankprogramm „nachgestrickt" werden.

Rechnung an den Kunden

	Grundpreis (Tarifbrutto, Kundenbrutto)
./.	Rabatte
=	Kundennetto (Tarifnetto)
+	19 % MWSt.
=	Kundennetto inkl. MWSt.
./.	2 % Skonto
=	Kundenüberweisung

Rechnung an die Agentur

	Grundpreis (Tarifbrutto, Kundenbrutto)
./.	Rabatte
=	Agenturbrutto (Kundennetto)
./.	15 % AE-Provision
=	Agenturnetto
+	19 % MWSt.
=	Agenturnetto inkl. MWSt.
./.	2 % Skonto
=	Agenturüberweisung

In der täglichen Praxis beim Kunden empfiehlt sich zur schnellen und sicheren Errechnung am Taschenrechner das Arbeiten mit Faktoren. So kann z.B. ein Abzug von 10 % durch die Multiplikation mit 0,9 errechnet werden. Die 19%ige MWSt. wird durch den Faktor 1,19 eingerechnet; der 2%ige Skontoabzug geschieht durch die Multiplikation mit 0,98.

Eine Rechnung läßt sich so mit dem Taschenrechner ab Tarifbrutto wie folgt errechnen:

Tarifbrutto x 0,9 x 1,19 x 0,98 = Kundenüberweisung

Nach dem Vertauschungsgesetz ist das Endergebnis immer gleich, egal, ob zuerst die MWSt., dann der Rabatt, dann das Skonto und zum Schluss der Anschnitt berücksichtigt wird. Für programmierte Prüfungen, wo nur das Endergebnis gesucht wird, brauchen kaufmännische Gesichtspunkte nicht berücksichtigt werden. In der Praxis (und in nicht programmierten Prüfungen) ist es jedoch wichtig, die obige Reihenfolge einzuhalten, da sonst sämtliche Zwischenergebnisse falsch werden. Für die spätere Verbuchung des Auftrags muss man sich dazu vergegenwärtigen, dass das obige Schema ein Bruttoskonto ergibt, welches entsprechende Korrekturbuchungen nach sich zieht.

Hier die Faktorenreihe zur schnellen Agenturberechnung:

Tarifbrutto x 0,9 x 0,85 x 1,19 x 0,98 = Agenturüberweisung

Werden beide Berechnungen verlangt, so empfiehlt sich nach Abschluss eine einfache Überprüfung. Die Faktorenreihen zeigen, dass lediglich die 15 % AE-Provision (= 0,85) beide Rechnungen unterscheidet. Also muss das Ergebnis der Kundenrechnung minus 15 % die Summe der Agenturrechnung ergeben.

DIGITALE MEDIEN

Digitale Werbemöglichkeiten

Displaywerbung

Unter Displaywerbung versteht man grafische Bannerwerbung in digitalen Medien. Dabei handelt es sich um Werbeflächen, die in unterschiedlichen Größen auf Websites integriert werden und allgemein unter dem Begriff Banner zusammengefasst werden können.

Die Display-Werbung, zu welcher auch die Video-Werbung im Internet gezählt werden kann, hat derzeit den höchsten Anteil des Umsatzes im Werbegeschäft Online. Über Display-Werbung werden sogenannte Brandingkampagnen und auch Performance-Kampagnen geschaltet.

Verfolgt man die aktuelle Berichterstattung rund um digitale Werbekampagnen, dann liegen bei Werbetreibenden neben klassischen Bannerkampagnen Targeting-Kampagnen, Native-Ads und auch Suchwort-Marketing im Fokus. Dabei spielt auch das Real-Time-Bidding-Modell eine immer wichtigere Rolle. Das Geschäft mit der Werbung in digitalen Kanälen ist schnelllebig und rasant wachsend. Alle Begrifflichkeiten werden im Folgenden für Sie zusammengefasst.

Klassische Bannerwerbeformen

Standard-Banner oder auch Fullsize-Banner

Diese Werbefläche gehört zu den Standardwerbeflächen vieler Online-Angebote und hat in der Regel ein Format von 468 x 60 Pixel. Ein Standard-Banner lässt sich in vielen Screendesigns einfach unterbringen, da er im Querformat angelegt ist und sich somit auf fast allen Webseiten von Medienangeboten einfügen lässt.

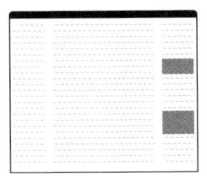

Button

Der Button ist das kleinstmögliche Werbeformat auf einer Website und gehört ebenfalls zu den Standardwerbeformen. Der Button hat in der Regel ein Format von 120 x 60 bis 120 x 90 Pixel.

Super-Banner oder XXL-Banner

Diese Bannerfläche wird standardmäßig über dem Kopf einer Website platziert und läuft entweder über die gesamte Websitebreite oder steht mittig. Die Standardgröße ist 728 x 90 Pixel.

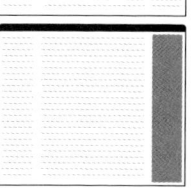

Skyscraper

Der Skyscraper ist ein Werbemittel im Hochformt, das in der Regel auf Websiten rechts außen platziert wird. Auf mittig angelegten Websiten findet man den Skyscraper auch im Hochformat links neben der Website platziert. Das gängigste Pixelformat ist 120 x 600 Pixel.

Medium Rectangle oder Content-Ad

Dieses Format wird in 300 x 250 Pixel standardmäßig angeboten und direkt auf der Bühne einer Website bzw. im redaktionellen Umfeld als optische Unterbrechung eingebunden.

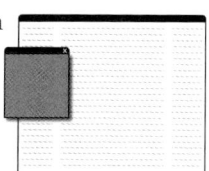

Pop-Up und Pop-Under

Beide Werbeformen legen sich beim Öffnen einer Site in einem kleineren Browserfenster über oder unter die gebuchte Site. Der User muss das geöffnete Fenster aktiv schließen. Hat der User einen Pop-Up-Blocker aktiviert, wird das Werbemittel nicht ausgeliefert. Das Pop-Under legt sich unter die Seite und wird dadurch erst beim Schließen des Browsers für den User sichtbar.

Wallpaper und Hockey Stick

Diese beiden Display-Werbeformate bieten die größtmögliche Werbefläche. Das Wallpaper und der Hockey Stick bestehen grundsätzlich aus zwei Werbeformaten bzw. Bannerflächen: Einem Super-Banner und einem Skyscraper. Der Super Banner ist oberhalb der Website untergebracht und schließt rechts direkt an einen Skyscraper an, so dass sich das Werbemittel wie ein Hockey-Schläger um die Seite legt.

Hockey Stick

Oftmals wird der Hockey Stick auch Wallpaper genannt, wobei beim Wallpaper der Hintergrund der freien rechten Websitefläche zusätzlich in der Farbe des Werbemittels eingefärbt wird. Die Formatangaben ergeben sich aus dem Screendesign der Websiten. Das Wallpaper und der Hockey Stick gelten unter den Displaywerbeformen als Sonderwerbeform.

Wallpaper

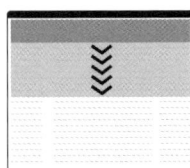

Expandables

Diese Werbeformen bezeichnen mögliche Erweiterungen bei Super-Banner oder Skyscraper. Nach einigen Sekunden können sich die Werbeflächen nach unten erweitern bzw. öffnen (Super-Banner) oder im Falle eines Skyscrapers nach rechts oder links erweitern. Die Bannerhöhe kann sich beim Super-Banner standardmäßig bis zu 300 Pixel erhöhen, beim Skyscraper bis zu 420 Pixel in der Breite. Das Ausfahren der Werbeflächen kann sowohl automatisch als auch durch das Mouse-Over der User ausgelöst werden.

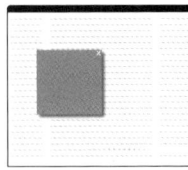

Layer-Ad

Der Layer gehört ebenfalls zur Gruppe der Sonderwerbeformen. Ein Layer legt sich über den Content einer Website. Anders als beim Pop Up, ist er immun gegen sogenannte Pop-Up-Blocker und wird ausgeliefert, sobald ein User die Website öffnet. Die Größe der Layer-Ads kann individuell mit dem Werbetreibenden abgestimmt werden (Standardgröße 400 x 400 Pixel). In aller Regel müssen diese Layer-Ads einen Schließenbutton vorweisen, damit die User den Layer schließen und auf der Website navigieren können. Oftmals unterliegt dem Werbemittel ein *Frequency Capping* (siehe S. 148) und wird nach einigen Sekunden automatisch ausgeblendet, sollte der User die Werbefläche nicht geschlossen haben.

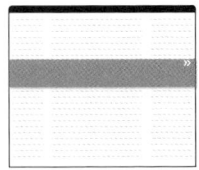

Banderole-Ad

Die Banderole ist eine weitere Sonderwerbeform, die technisch mit einem Layer-Ad zu vergleichen ist (Frequency Capping, Schließenbutton). Im Unterschied zum Layer fährt die Banderole von rechts außen über die Seite. Aktiviert der User den Schließenbutton, fährt die Banderole wieder zurück. In der Regel bleibt eine schmale Bannerfläche am rechten Rand der Seite stehen und die Banderole bewegt sich im geöffneten oder im geschlossenen Zustand beim Scrollen mit. Bei Interesse kann der User mit Klick auf die Bannerfläche das Ausfahren der Banderole erneut aktivieren. In den meisten Fällen ist eine Banderole nicht höher als 250 Pixel.

Interstital

Das Interstital wird von Werbetreibenden nur selten eingesetzt, da es den gesamten Content einer Website für einige Sekunden verdeckt. Beim Interstital legt sich eine Bannerfläche über den gesamten Screen der Website. In der Regel verschwindet das Interstital nach einigen Sekunden von selbst wieder.

Newsletteranzeigen

Viele Medienunternehmen bieten neben Websiten auch unterschiedliche Arten von Newslettern an, entweder kostenfrei oder gegen eine Abogebühr. Werbetreibende können in diesen E-Mail-Newslettern Anzeigen buchen. Bei der Konzeptionierung können sich die Anbieter entweder an den Standardwerbemitteln wie Standard-Banner und Content-Ads orientieren oder eigene Werbeplätze entwickeln. Ein gängiges Werbeformat in Newslettern ist eine klassische HTML-Textanzeige bestehend aus rund 200 bis 500 Zeichen und einem Logo und Verlinkung.

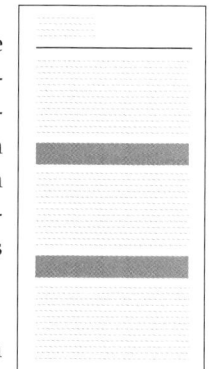

Die Werbemittel werden wie Display-Ads verlinkt. Die Newsletter können für Anzeigenkunden gerade dann interessant sein, wenn sie ganz gezielte Nutzergruppen ansprechen und diese direkt in ihren E-Mail-Postfächern erreichen möchten. Verlage können zudem über die Nutzerverwaltung der Newsletter-Bezieher oftmals genaue demographische Auskunft zu den Lesern geben, was bei offenen Websiten eher schwieriger ist.

Dynamic Ads/Responsive Ads

Werbekampagnen werden häufig gleichzeitig über mehrere digitale Kanäle geschaltet. Beispielsweise auf Webseiten, die über unterschiedliche Browser und Bildschirmgrößen geöffnet werden oder auch auf für mobile Endgeräte angepassten Websites. Um den unterschiedlichen Größenverhältnissen gerecht zu werden, ohne alle Werbemittel auf die einzelnen Display-Größen anpassen zu müssen, erstellen viele Kunden sogenannte Dynamic Ads, die auch Responsive Ads genannt werden können. Die Programmierung dieser Anzeigenformate sorgt dafür, dass das Werbemittel erkennt, in welchem Display und unter welchem Größenverhältnis es ausgeliefert werden muss und skaliert sich entsprechend passgenau in den Screen ein.

Video-Ads

Neben den klassischen Bannerwerbemöglichkeiten sind die **Video-Ads** als Wachstumsmarkt in der digitalen Vermarktung zu sehen. Durch die Streaming-Technologie ist es möglich, nun große Datenmengen im Web auszuliefern.

Somit ergeben sich für Werbekunden neue Möglichkeiten, sich im Web aufmerksamkeitsstark zu präsentieren. Zum einen können statt animierter Banner in Werbeflächen wie z.B. Content-Ads Videos mit entsprechender

Videoschaltfläche integriert werden. Eine weitere Möglichkeit, über Videos im Web präsent zu sein, beschreiben folgende Darstellungsformen:

Web-TV

Viele Medienanbieter haben neben den klassischen Online-Inhalten auch Videos oder sogar einen eigenständigen Web-TV-Channel in ihren Web-Angeboten integriert. Daraus ergeben sich zusätzliche Vermarktungsmöglichkeiten für die Medienhäuser. Die vorhandenen Videos können von Werbekunden gesponsert (Beispiel: Logosponsoring) werden oder Interessenten können sich mit einem Video-Vorspann vor dem eigentlichen Web-TV-Film präsentieren.

Ähnlich wie wir es aus dem TV oder Kino kennen, werden diese Video-Ads als sogenanntes **Pre-Roll** vor dem Hauptfilm geschaltet, als **Middle-Roll** dazwischen oder als **Post-Roll** nach dem Web-Film. Dabei ist es üblich, dass sämtliche Schaltflächen des vorhandenen Video-Players während der Laufzeit des Video-Ads gesperrt sind und der User demnach gezwungen ist, das Video-Ad anzuschauen. Alternativ wird dem User nach einigen Sekunden des Werbefilms die Möglichkeit gegeben, das Video-Ad zu überspringen und direkt zum Inhalt zu gelangen.

Häufig bieten die Websites parallel zum Video-Ad begleitende Bannerschaltungen im Umfeld an, um dem Werbekunden einen umfassenden Auftritt zu bieten. Bei dieser Werbeform spricht man auch vom **Linear-Video-Ad,** da das Video die gesamte Aufmerksamkeit des Users genießt und nicht parallel zum Web-TV läuft. Das **Non-Linear-Video-Ad** hingegen läuft parallel zum Web-Content und unterscheidet sich dadurch vom Linear-Video-Ad.

Nach und nach haben sich bei den Werbemöglichkeiten im Web-TV Standards ergeben, nach welchen sich die Kreativen bei der Umsetzung richten können (Größe, Dateiformate).

Zu den Reportingelementen gehören neben den Pageimpressions und Klicks die sogenannte Viewtime, also wie lange ein User das Video angeschaut hat. Man kann über Reportingverfahren auch nachverfolgen, wie viele User ein Video zu Ende geschaut haben oder während des Abspielens das Video unterbrechen.

Formate für digitale Werbung

GIF und SWF

Für das Einbinden der Werbemittel auf einer Website benötigt man im Falle der Display-Werbung animierte **gif-Dateien** oder **swf-Dateien,** die jeweils über den Adserver administriert und ausgesteuert werden.

Es empfiehlt sich bei swf-Dateien für diejenigen User, die keinen Flash-Player installiert haben oder Plattformen (z.B. *Apple*), die für einige Geräte keinen Flash-Player anbieten gif-Dateien als Alternative zu hinterlegen. Der Browser erkennt, welche Datei er im Einzelfall aufrufen muss.

Um den Datentransfer der Webseiten nicht zu gefährden, sollten die einzelnen Bannerdateien eine Last von 30 bis maximal 100 KB nicht überschreiten.

Adtags und Redirects

Darüber hinaus ist es auch möglich, Werbemittel über Adtags oder Redirects auszusteuern. In diesem Fall erhält man einen HTML- oder Javascript-Code vom Kunden, der das Werbemittel direkt von dessen Server abruft. Leider ist es den Werbetreibenden bei Adtags nicht immer möglich, die Klicks und Adimpressions des Werbemittels zu zählen, da die Daten auf dem Server der Kunden liegen.

In-App-Ads und Mobile Advertising

Bei mobilen Angeboten ist eine Unterscheidung zwischen *Smartphones* und *Tablets* sinnvoll. Entsprechend erstellen Medienhäuser z.B. auf das Apple-Endgerät abgestimmte iPhone- oder auch iPad-Apps. Unter In-App-Ads versteht man allgemein die Werbemöglichkeiten in Apps. Im Folgenden soll auch auf die Werbemöglichkeiten bei mobilen Webangeboten eingegangen werden.

Smartphone-Apps und mobile Websites

Hierbei spricht man üblicherweise auch von der mobilen Bannerschaltung. Viele digitale Medienangebote werden für Smartphones optimiert. Es gibt dabei zwei Wege und Vorgehensweisen.

● Man kann beispielsweise Webseiten bzw. Online-Angebote für mobile Endgeräte optimieren. Dabei werden dann die Inhalte einer Website für das jeweilige Smartphone lesbar aufbereitet und navigierbar angeboten.

- Die Alternative ist, über Smartphone-Applikationen Inhalte auf den Endgeräten anzubieten. Die Apps liefern entweder ebenfalls Websiteinhalte in kompakter Form oder haben im Idealfall den Anspruch, den Usern über das mobile Angebot hinaus, welches sie auf den Endgeräten auch über den Browser des Gerätes öffnen könnten, weiterführende Inhalte oder Zusatznutzen anzubieten.

In beiden Fällen können sich Werbekunden mit Bannerwerbung in den Angeboten und Umfeldern präsentieren. Hier einige klassische Bannerbeispiele:

- *Sticky-Ad:* Das Banner erscheint am unteren Bildschirmrand und bleibt beim Navigieren auf der Site oder in der App dort haften.
- *Interstital* oder *Splash-Screen:* Das Werbemittel hat die Größe des Displays und legt sich beispielsweise beim Öffnen der App oder einer neuen Rubrik der App für einige Sekunden über die Inhalte. Entweder kann der User das Werbemittel aktiv schließen, oder es verschwindet nach einigen Sekunden von selbst.
- *Expandable-Ad:* Auch auf mobilen Websiten oder in Apps sind den kreativen Ideen bei Display-Ads keine Grenzen gesetzt. Auch die von Websites bekannten Expandable-Ads lassen sich mobil einsetzen.

Die Besonderheiten der mobilen Bannerschaltung liegen bei der Dateigröße. Um die Ladezeit so gering wie möglich zu halten, sollte die KB-Größe bei App-Anzeigen bzw. mobilen Bannern ebenfalls so klein wie möglich sein (10-20 KB). Der Werbekunde sollte zudem auch bezüglich der Verlinkung der Werbemittel besonders beraten werden. Idealerweise wird das Werbemittel auch mit einer mobil optimierten Website verlinkt. Bei iPhone-Apps beispielsweise ist eine Verlinkung auf einen Browser, also heraus aus der App, unüblich und nicht „state of the art". Die Verlinkung kann natürlich auf jede Website führen. Um die Kampagne perfekt zu gestalten, sollte die dahinter liegende Site jedoch für die Kampagne optimiert werden. Die Angebote von Apple können generell nicht mit Flash-Formaten arbeiten,, so dass diese Dateiform für die Bannerangebote ausgeschlossen werden muss.

iPad-App-Anzeigen (Tablets-Anzeigen)

Da die Medienunternehmen vermehrt an iPad-Apps arbeiten und zunehmend Print-Angebote für das iPad anbieten, soll an dieser Stelle gesondert auf die iPad-Angebote und deren Werbemöglichkeiten eingegangen werden.

Bietet der Verlag eine an ein E-Book angelehnte Version einer iPad-App an, liegt es nahe, alle in der Print-Ausgabe geschalteten Anzeigen auch mit in die iPad-App zu übernehmen. Das Medienunternehmen kann dabei unterschiedliche Vermarktungsstrategien aufbauen. So könnte für die Übernahme beispielsweise ein Aufpreis verlangt werden. Ebenso für eine mögliche Verlinkung der Anzeige mit einer gewünschten Website.

Darüber hinaus kann man sich die Sonderfunktionen der iPads bei Werbekampagnen zu Nutze machen. Videos, Bildergalerien oder weitere mediale Ideen lassen sich für Anzeigenplatzierungen in iPad-Apps umsetzen und bieten sich nahezu an. Eine Kampagne für das iPad aufzubereiten ist für viele Kunden und deren Agenturen noch sehr aufwändig, der Trend nimmt jedoch zu.

Die Formate für Tablets-Anzeigen entsprechen weitestgehend den klassischen Bannerformaten, vorgestellt ab Seite 132.

Abrechnung von Online-Werbung

Für die zahlreichen Arten der Online-Werbung ergeben sich auch entsprechend unterschiedliche Abrechnungsmodelle.

Festpreismodell

Das einfachste Modell bei der Preisfindung für Displaywerbung ist das Festpreismodell. Hier liegen feste Konditionen für einen bestimmten Zeitraum vor, z.B. Wochenpreise oder Vier-Wochenpreise. Der Werbekunde zahlt einen festgelegten Preis für den gebuchten Werbeplatz. Es ist dabei unerheblich, wie viele Adimpressions die Werbeform im gebuchten Zeitraum erhält. Der Preis ist nicht vom Traffic abhängig. Dafür wird dem Kunden Exklusivität gewährleistet, da er als einziger Kunde mit seinem Werbemittel auf der Bannerfläche erscheint. Selbstverständlich möchte der Werbekunde im Vorfeld wissen, mit wie viel Traffic er im gebuchten Zeitraum rechnen kann. Liegen die Reporting-Ergebnisse nach Kampagnen-Ende weit unter dem Durchschnitt, empfiehlt es sich, den nicht ausgelieferten Traffic nachzuliefern und die Kampagne um einige Tage zu verlängern.

Das Festpreismodell ist gewöhnlich bei Sonderplatzierungen, B2B-Websiten oder auch kleineren Nischenmärkten vorzufinden.

Tausender-Kontakt-Preis

Das über alle Kanäle hinweg gängigere Preismodell auf dem Displaymarkt im Web ist das TKP-Modell (TKP = Tausender-Kontakt-Preis). Im Werbegeschäft des Internets bietet sich diese Abrechnungsart an, da alle Werbemittel der genauen Messbarkeit unterliegen (Pageimpressions bzw. Adimpressions). Über den TKP kann man demnach Werbekampagnen zielgenau auf den einzelnen Kontakt abrechnen. Grundlage des TKP sind die Sichtkontakte (= Adimpressions) des Werbemittels.

In der Regel werden TKP-Kampanen nach Zeitraum und Volumen gebucht. D. h. der Kunde entscheidet sich für einen Zeitraum von beispielsweise 4 Wochen und ein Gesamtbudget von x, welches dann in Kontakte umgerechnet wird. Das gebuchte Volumen wird durch intelligente Admanagement-Systeme zielgenau ausgesteuert (siehe Adserver S. 147). TKP-Kampagnen werden im Unterschied zu Festpreiskampagnen nicht exklusiv auf einem Werbeplatz geschaltet. TKP-Kampagnen werden oftmals in Rotation ausgeliefert (siehe Rotation S. 150), so dass der Werbetreibende die Auslastung aller Werbeplätze zu 100 % ausschöpfen und belegen kann.

Beispiel

> Der TKP eines Skyscrapers auf einer Website einer Tageszeitung liegt bei EUR 40. Der Kunde möchte ein Volumen von 120.000 Adimpressions buchen. Demnach liegen die Gesamtkosten dieser Kampagne bei EUR 4.800 EUR brutto.

Performancebasierte Abrechnungsarten

Die folgenden Abrechnungsarten werden unter anderem bei den sogenannten Affiliate-Marketing-Modellen angewandt. Es geht dabei um Partnermodelle bzw. Vertriebsmodelle, die über unterschiedliche Provisionsarten (s. u.) abgerechnet werden können.

- *Cost per order* oder *pay per order:*
  Dieses Modell wird beispielsweise bei Werbemitteln von E-Commerce-Plattformen genutzt, denn hier generiert der Werbeträger, also die Website, auf welcher der Banner läuft, dann Umsatz, wenn User auf den Banner geklickt und eine Bestellung aufgegeben haben.

- *Cost per sale* oder *pay per sale:*
  Im Grunde das identische Prinzip wie bei cost per order, jedoch ist hier die Höhe des Warenkorbs des Kunden ausschlaggebend für die Vergütung, denn der Werbeträger erhält auf den Warenkorb eine anteilige Provision.

- *Cost per click* oder *pay per click.*
  Hier einigen sich Werbekunden und Werbetreibender auf eine Bezahlung nach Klicks. Es wird also nach der Summe der Klicks auf ein Werbemittel abgerechnet. Diese Abrechnungsart wird beispielsweise bei Keyword-Advertising angewendet.

- *Cost per lead* oder *pay per lead.*
  Cost per Lead ist die gängige Abrechnung bei Werbung mit Ziel der Leadgenerierung. Der Kunde zahlt für jeden Kontakt (Lead), den er durch das platzierte Werbemittel erhält. Diese Abrechnungsart nutzt man unter anderem bei Whitepaper. Klickt der User auf das Werbemittel, um weitere Infos zu erhalten, wird er aufgefordert, z.B. seine E-Mail-Adresse zu hinterlegen. Im Anschluss kann dann die Summe der generierten E-Mail-Adressen, Namen oder Telefonnummern ausschlaggebend für die Abrechnung sein.

Targeting

Targeting wird für Kampagnen eingesetzt, die einer sehr genauen Zielgruppenselektion bedürfen. Viele Targetingmöglichkeiten ergeben sich nur für TKP-Angebote. Ziel ist die Erstellung von Nutzerprofilen zur Erhöhung der Affinität. Es folgen einige gängige Targetingmöglichkeiten, die anhand der Displaykampagnen erklärt werden:

Regiotargeting
Anhand der IP-Adressen können Kampagnen z.B. nur in bestimmten Bundesländern ausgeliefert werden. Der Adserver erkennt über die IP zum Teil bis auf 1500 Meter genau, aus welchem Gebiet der User kommt, und spielt dann Kampagnen aus oder eben nicht. Auf diese Weise kann der Streuverlust der Werbekunden minimiert werden.

Einschlusstargeting
Bucht ein Werbekunde beispielsweise zwei Werbeformate auf einer Website, die sich inhaltlich ergänzen, dann müssen beide Werbemittel gleichzeitig ausgeliefert werden. Das wird technisch über das Einschlusstargeting geregelt.

Ausschluss-Targeting
In immer häufigeren Fällen teilen Kunden mit, mit welchen weiteren Kunden sie in keinem Fall auf einer Website veröffentlicht werden möchten. In

fast allen Fällen werden dabei direkte Konkurrenten ausgeschlossen. Werden z.B. zwei Logistikkunden auf einer Seite eingebucht, kann über das Ausschlusstargeting verhindert werden, dass diese beiden Kampagnen zur gleichen Zeit bei demselben User auf der Website erscheinen.

Retargeting

Ein klassisches Beispiel für Retargeting: Sie haben in einem Webshop nach einem bestimmten Modell von Schuhen recherchiert und sich gegen den Kauf auf der Plattform entschieden. Sie verlassen den Webshop, ohne eine Bestellung getätigt zu haben. Im Anschluss an den Besuch im Webshop nutzen Sie weitere Seiten wie beispielsweise ein Portal eines Free-Mail-Anbieters oder eine News-Site. Wenn Sie unter den dort erscheinenden Werbemitteln auch eine Anzeige des von Ihnen soeben besuchten Webshops und dem dort selektieren Produkt finden, dann hat der Werbekunde die Werbetechnik des Retargetings genutzt.

Ein weiteres Beispiel: Sie recherchieren auf einer Website eines Reiseanbieters nach einer Urlaubsreise und selektieren in der Suchmaske nach einem bestimmten Urlaubsziel. Im Anschluss besuchen Sie eine weitere Site und erhalten ein Werbemittel, welches die Flugreise in das entsprechende Land anbietet.

Beim Einsatz der Targetingform Retargeting ist bei der Platzierung des Werbemittels nicht das Umfeld entscheidend.

Beim Retargeting wird das Surfverhalten des Users genutzt, um die Kampagne zielgenau auszuliefern, indem der User in einem späteren Moment erneut auf das gewählte Produkt aufmerksam gemacht wird.

Predictive Behavioral Targeting

Bei dieser Form des Targetings werden dem User Werbemittel ausgeliefert, die nicht nur zu seinem Surfverhalten passen, sondern auch Merkmale wie Alter und Geschlecht berücksichtigen. Diese Daten erhält man beispielsweise nach einem Login-Vorgang oder einer Userbefragung. Man verspricht sich dadurch eine erhöhte Akzeptanz der Bannerwerbung durch die Userschaft. Deshalb wird die Effektivität bei dieser Art von Kampagnen als besonders hoch eingestuft. Das Risiko einer Negativwirkung besteht, nämlich dem Gefühl des Ausspioniert-Werdens der User.

Messbarkeit von digitalen Angeboten

Neben den qualitativen Argumentationen (Angaben zur Zielgruppe, prozentualer Anteil an Entscheidern innerhalb der Zielgruppe, Durchschnittseinkommen der Zielgruppe …) für ein digitales Medium ist gerade im Geschäft der digitalen Werbung das gut aufbereitete Zahlenmaterial für eine erfolgreiche Vermarktung wichtig.

Beim Vergleich der Mediengattung Online spielen die folgenden Variablen als Verkaufsargumente eine wichtige Rolle für Werbekunden und Agenturen:

Pageimpressions (PIs)
Summe der aufgerufenen Seiten eines Webangebots. Dabei werden alle Sichtkontakte der Haupt- und Unterseiten, beispielsweise einer Website, zusammengefasst. Für den Werbekunden ist dabei eine durchschnittliche Summe der PIs in einem Monat eine unverzichtbare Kennzahl für die digitale Werbeplanung.

Visits
Unter den Visits werden alle Besuche zusammengefasst. Öffnet ein User ein Webangebot, wird mit diesem Besuch ein Visit ausgelöst. Klickt der User dann auf unterschiedliche Unterseiten des Angebots, werden diese Sichtkontakte der Seiten unter den Pageimpressions gezählt.

Nutzungsintensität
Setzt man Visits und Pageimpressions in ein Verhältnis, erhält man die Nutzungsintensität. Dieser Wert zeigt, wie viele Seiten ein User im Durchschnitt bei einem Besuch auf der Website öffnet. Der Visit ist für die Werbeplanung ein bedeutendes Zahlenargument.

Sowohl die Pageimpressions als auch die Visits werden u. a. von der IVW monatlich ausgewiesen, sofern das Webangebot an der Zählung der IVW teilnimmt (siehe IVW S. 156).

Unique User
Die Anzahl der Unique User beschreibt, wie viele eindeutige Besucher bzw. Nutzer ein Webangebot aufweist. Werden unter den Visits alle Besuche summiert, wird beim Unique User noch einmal differenziert, wie viele User in einem Monat die Website öfter als einmal besuchen.

Beispiel

Besuche ich eine Website beispielsweise 4-mal im Monat, so werde ich als ein Unique User erkannt, der 4 Visits für den Monat auslöst. Man spricht hierbei dann auch von Brutto- und Nettoreichweite. Hinter der Vielzahl an Visits in einem Monat (Bruttoreichweite) steht also eine in der Summe niedrigere Anzahl an Unique Usern (Nettoreichweite).

Der Unique User wird durch die Studien internet facts der AGOF ermittelt und monatlich ausgewiesen.

Der Unique User ist in der Werbeplanung aktuell die härteste Währung und löst den Visit und die Pageimpressions bei der Bewertung von Webangeboten ab, da er am meisten über die echte Reichweite eines Angebots aussagt.

Adimpression (AI)
Analog zu den Pageimpressions handelt es sich bei den Adimpressions um die Summe der Sichtkontakte mit einem Werbemittel.

Bucht ein Werbekunde eine Platzierung auf einer Startseite eines Webangebots, ist bei TKP-Abrechnung davon auszugehen, dass sein Banner in Rotation stehen wird. Demzufolge wird die Summe der Pageimpressions nicht nur einem Werbemittel zugeteilt. Die Adimpressions eines Werbemittels liegen also in diesem Fall unter der Summe des gesamten Volumens an Pageimpressions.

Adclick
Die Klicks auf ein Werbemittel (Banner, Werbelink etc.) werden als Adclicks bezeichnet.

Der Erfolg einer Kampagne wird neben den Adimpressions an der Summe der Adclicks gemessen.

Click-Through-Rate (CTR)
Die Abkürzung CTR steht für Click-Through-Rate (Klickrate). Hierbei werden Adimpressions und Adclicks in ein Verhältnis gesetzt. Als Ergebnis erhält man den Prozentsatz derer, die Sichtkontakt mit einem Werbemittel hatten und dieses auch angeklickt haben. Es ist nicht ungewöhnlich, dass bei einer klassischen Display-Kampagne dieser Prozentsatz weit unter 1 % liegt.

Messbarkeit, quo vadis?

Die Internet-Werbebranche wünscht sich über die bekannten Reportingelemente hinaus Antworten auf eine Vielzahl weiterer Fragestellungen. Wurde das ausgelieferte Werbemittel einfach nur auf der vom User besuchten Seite ausgeliefert oder tatsächlich auch vom User gesehen? Und wenn ja, wie lange? Wie intensiv war die Wahrnehmung des Users? Wie sind die emotionalen Reaktionen auf das Werbemittel?

Studien zu Folge werden auch die emotionalen Komponenten eines Users nach Ansicht einer klassischen Display-Kampagne häufig unterschätzt. Hierfür kommen unter anderem Eye-Tracking-Tools zum Einsatz, die die Blick-Kontakte einzelner User messen können. Standards für Sichtbarkeitsmessungen und deren Intensitäten gibt es jedoch aktuell noch nicht. Beispielsweise herrscht dabei Uneinigkeit, ab wann ein Werbemittel als tatsächlich gesehen gilt. Nachdem der User 50 % des Werbemittels länger als eine Sekunde gesehen hat? Fragen über Fragen.

Erfolgskontrollen von digitalen Werbekampagnen

Nahezu alle digitalen Werbekampagnen, ob Websitebanner, Suchwortmarketing, Newsletterkampagnen oder In-App-Banner lassen sich reporten. Die zusammengetragenen Ergebniswerte einer Online-Kampagne werden in einem sogenannten Reporting zusammengefasst, welches der Websitebetreiber einem Werbekunden nach Ablauf einer Kampagne aufbereitet. In Einzelfällen ist es auch möglich, während einer Kampagnenlaufzeit einen Zwischenreport zu erstellen, um eine Kampagne möglicherweise zu optimieren.

Bestandteile des Reportings für den Werbekunden sind mindestens die Summe der Adimpressions und Adclicks. Ein weiterer Report-Wert ist die CTR. Die modernen Admanagementsysteme können Werte nach einzelnen Tagen bis hin zu einer Aufstellung nach Uhrzeiten auf Knopfdruck liefern.

Trotz starker Zunahme des Suchmaschinenmarketings macht ein bedeutend großer Teil des Werbeumsatzes Online bzw. Digital die Display-Kampagnen aus. Wie bereits oben stehend erwähnt, sind wesentliche Bestandteile einer digitalen Kampagne AIs und Adclicks.

Doch wie kann beurteilt werden, ob eine Display-Kampagne erfolgreich gelaufen ist oder nicht? Sind es die Klicks oder die Adimpressions, die für oder gegen den Erfolg einer Kampagne sprechen? Herauszustellen ist, dass das Gesetz des richtigen Umfelds und der gut gestalteten Anzeige aus Print, Funk oder TV ebenso auch für erfolgreiche Bannerkampagnen gilt. Die Platzierungen des Werbemittels in einem für die Zielgruppe passenden Umfeld sind ausschlaggebend für den Erfolg einer Kampagne.

Wie bei klassischen Print-Anzeigen auch, steht und fällt der Kampagnen-Erfolg mit der Gestaltung, dem Motiv und der Werbeaussage. Und sicherlich ist nicht die Summe der Klicks zwingend ausschlaggebend für Erfolg oder Misserfolg einer Kampagne. Bezieht sich der Werbeinhalt auf ein konkretes Angebot, eine zeitraumabhängige Preisaktion etc. so ist mit mehr Klicks zu rechnen als bei einer klassischen Brandingkampagne.

U. a. ist dabei zwischen Push- und Pull-Kampagnen zu unterscheiden. Von Push-Kampagnen spricht man beispielsweise bei Produktneueinführungen, die mit einem besonderen Kaufangebot verbunden sind. Eine Pull-Kampagne dient eher dem Zwecke des Imageaufbaus. Unter diesem Aspekt ist eine Push-Kampagne eher performancebasierend angelegt und wird im Vergleich zur Pull-Kampagne wesentlich mehr Klicks generieren.

Viele Werbekunden reduzieren den Kampagnenerfolg auf die beiden oben herausgestellten Werte Adimpressions und Adclicks. Um eine Online-Kampagne abzurunden, sind jedoch nicht nur das Umfeld und die Werbemittelgestaltung entscheidend. Ebenso wichtig ist eine sogenannte Landingpage, die auf die Kampagne zugeschnitten ist. Eine im Banner angekündigte Aktion sollte in jedem Falle auf der Landingpage weitergeführt werden. Ein Banner mit der Startseite eines Unternehmens oder einem Produkt zu verlinken, sollte nicht das Ziel sein. Für eine rundum gelungene Kampagne ist eine zu dieser Aktion passende Landingpage zielführend.

Weitere Begriffe aus dem Online-Marketing

Adblocker

Über eine Installation eines Adblockers auf Rechnern, die zum Surfen genutzt werden, wird auf dem vom User besuchten Websiten die Auslieferung von Display-Werbekampagnen über Adblocker verhindert. Bannerkampagnen werden schlicht und ergreifend unterdrückt. Welche Konsequenzen das für einen Website-Besitzer hat, ist leicht ersichtlich. Kampagnen, deren Auslieferung geblockt werden, erzielen weniger Traffic. Geschätzt 25 % des Inventars der Vermarkter gehen aktuell dadurch verloren.

Medienunternehmen reagieren auf die Entwicklungen der Adblocker durchweg mit Unverständnis – leben sie doch unter anderem auch von den Werbeeinamen durch Display-Kampangen. Redaktionelle Arbeiten werden durch Werbung finanziert. Dem gegenüber stehen scheinbar User, die sich von Display-Kampagnen mehr und mehr gestört fühlen. Verlage betreiben Aufklärungsarbeit und appellieren an die User, auf etwaige Adblocker zu verzichten. Der Umgang mit diesem besonderen Thema bringt durchaus auch kreative Lösungen. Und User werden vermehrt in die Pflicht genommen. So bieten Verlage z.B. Paid Content-Seiten an, die dafür jedoch werbefrei sind.

Adserver

Über den Adserver werden Onlinekampagnen eingestellt bzw. administriert. Gleichzeitig liefert der Adserver die Bannerkampagnen auf den Websites aus.

Einige Unternehmen haben hierfür eigene Programme und Tools entwickelt, über die die Kampagnen administriert werden können. Parallel dazu gibt es zahlreiche Adserveranbieter, die die entsprechenden Programme für das Admanagement bereitstellen.

Beim Einstellen einer Kampagne muss mindestens die Laufzeit (Startdatum, Enddatum) eingegeben werden. Zusätzlich wird den einzelnen Kampagnen das Werbemittel hinzugeladen. Auch die Verlinkung des Werbemittels wird üblicherweise im Adserver hinterlegt. Jeder Kampagne wird auch die gewünschte Platzierung über den Adserver zugewiesen. Standardmäßig laufen Adserver in Echtzeit, so dass in Sekundenschnelle Kampagnen aktiviert werden können.

Bei TKP-Kampagnen wird dem Adserver das TKP-Volumen übergeben. Die Adserver sorgen dann in diesem speziellen Fall dafür, dass die Kampagne über den Zeitraum punktgenau bzw. TKP-genau ausgesteuert wird. Auch Rotationen werden über den Adserver automatisch geregelt.

Im Adserver können die verschiedenen Targetingmöglichkeiten (siehe Targeting S. 141) eingestellt werden. Ebenso werden die Parameter für das Frequency Capping den Kampagnen über den Adserver zugeordnet.

Im Idealfall nimmt der Adserver auch eine Werbemittelprüfung vor. Es wird eine Testseite generiert, die das Werbemittel enthält. Dabei wird schnell deutlich, ob beispielsweise die Verlinkung korrekt ist und ob die Größenverhältnisse des Banners in das Layout passen.

Zu guter Letzt erhält man die Daten für ein umfangreiches Reporting ebenfalls über den Adserver. Hier kann man Kampagnen monitoren, hat Adclicks und Adimpressions in Echtzeit im Blick und kann nach Ablauf der Kampagne alle wichtigen Werte an den Kunden übermitteln.

Frequency Capping (FC)
Eine weitere Möglichkeit, um das Gesamtvolumen einer Kampagne einzuschränken, ist das Aktivieren des Frequency Cappings einer Kampagne. Hier kann ganz gezielt jedem Besucher einer Website ein bestimmtes Volumen an AIs ausgeliefert werden.

Das FC wird gerne auch bei Sonderwerbeformen wie z.B. Layer-Ads oder Banderolen eingesetzt, damit eine mögliche Negativauswirkung der aufmerksamkeitsstarken Platzierungen ausgeschlossen werden kann. Beispielsweise empfiehlt es sich in beiden Fällen, ein FC von 1 je User am Tag vorzusehen, das heißt also, die Sonderwerbeform wird jedem User nur einmal am Tag angezeigt.

Link
Nicht nur bei digitalen Werbeformen spielt der Link eine wichtige Rolle. Vielmehr ist der Link das, was digitale Angebote besonders macht und das Surfen im Internet durch entsprechendes Anklicken überhaupt ermöglicht. Durch Verlinkungen können sich die User im Web bewegen und gelangen zu den gewünschten Informationen. Hinter jedem Klick, den der User auf einem digitalen Angebot vollzieht, liegt streng genommen ein weiterer Link, über welchen sich der User im Web weiterbewegt. Durch Links und Verlinkungen wird das Internet für die User unendlich. Webangebote ge-

winnen dadurch an Tiefe. Verlinkungen können jedoch auch von einer Website wegführen.

Sämtliche Online-Werbemittel werden auch mit einem Link versehen, damit der User durch Klicken auf die Web-Anzeige zu weiteren Informationen gelangt.

Online Share of voice (SOV)

Von Share of voice bei Online-Medien spricht man, wenn man einem Werbekunden den genauen Anteil seines gebuchten Volumens am Gesamtvolumen der gewünschten Platzierung nennt. Nehmen wir an, eine Superbannerposition erreicht in der Woche ein Gesamtvolumen von 100.000 Adimpressions bei einer fixen Platzierung. Werden zwei Bannerkunden auf diesen Platz in Rotation gestellt und jeder Kunde erhält 50.000 Adimpressions, so hat jeder Kunde einen Anteil von 50 % am Gesamtvolumen, also einen SOV von 50 %.

Native Ads

Native Ads gelten aktuell als die Zukunft der digitalen Werbung und werden in der Fachpresse entsprechend gehypt. Unterstellt man den Display-Kampagnen, dass sie störend und langweilig seien, so fügen sich Native Ads mehr oder weniger unauffällig in das Website-Umfeld ein und überzeugen durch relevante Inhalte für den User. Im Grunde funktionieren sie ähnlich wie Advertorials, die gerade auf Webangeboten von Verlagen häufig in Erscheinung treten. Werbebotschaften werden dabei in das Umfeld eingebunden, welche dem User geläufig sind. Wie bei vielen neuen Werbeformaten für digitale Kanäle sind auch hier bisher noch keine Standards veröffentlicht. Wie Sponsored Posts oder Advertorials können Native Ads jedoch von Adblockern nicht unterdrückt werden.

Real-Time-Advertising, Programmatic Advertising, Real-Time-Bidding

All diese Begriffe beschreiben einen in Deutschland noch in den Kinderschuhen steckenden neuen Vermarktungsansatz. Zusammenfassend beschreiben diese Schlagworte den Echtzeithandel von Werbeinventar im Internet. Eine bestimmte Anzeige wird einem bestimmten User in einem bestimmten Umfeld angezeigt, welches er in diesem Moment online ansteuert. Die Aussteuerung der Kampagne wird kurzfristig vorgenommen, dann wenn der User erkannt wird und im Pool eine passende Anzeigenkampagne für genau diese Userspezifikation vorliegt.

Der Handel dieser Werbeflächen wird über Auktionsverfahren geleitet, deren Prozesse nicht mehr von Verkäufern sondern von Maschinen gesteuert werden. Das ermöglicht überhaupt die Schnelligkeit der Werbeaussteuerung. Allgemein wird befürchtet, dass über diese Auktionen zu Echtzeit mit einem enormen Preisverfall zu rechnen ist. Gleichzeitig sinken jedoch die Streuverluste beträchtlich, denn Kampagnen können sehr zielgruppengenau ausgesteuert werden. Die Auktionsverfahren sind vergleichbar mit den Ansätzen, die Google mit Such-Anzeigen verfolgt.

Rotation

Wenn zwei oder mehrere Bannerkampagen auf einem zur Verfügung stehenden Werbeplatz eingestellt werden, so spricht man von einer Rotation der Kampagnen, denn alle eingestellten Banner rotieren untereinander. Das AI-Volumen des Werbeplatzes wird den Kampagnen jeweils zu gleichen Teilen zugeführt. Scheinbar zufällig wird bei einem Besuch eines Users einer der Banner auf der Website angezeigt. Ein Admanagementsystem überwacht, dass jedem Banner der gleiche Anteil am Gesamt-Volumen des Werbeplatzes zugeteilt wird.

Run on Site (ROS)

Auf einer Website ist es für den Werbekunden unerheblich, wo genau der Banner platziert ist. Er schließt somit keine Platzierung aus und ist auch nicht auf eine Position im Besonderen fixiert. Üblicherweise sind ROS-Buchungen günstiger als Kampagnen, die an ein bestimmtes Umfeld bzw. eine bestimmte Platzierung exklusiv gebunden sind.

Bestandteile einer Preisliste für Online-Werbung

Folgenden Komponenten sollten Inhalt einer vollständigen Preisliste für digitale Angebote sein:

Porträt

Die sogenannten (Online-)Mediadaten sollten als Einstieg ein kurzes und prägnantes Porträt des digitalen Angebots beinhalten. Dazu gehören neben Websiteadresse, einer Kurzcharakteristik, einem kompakten Überblick über die Nutzerdaten auch Kontaktangaben zum verantwortlichen Redakteur und Verkäufer.

Größe und Preis

Idealerweise folgen nach dem Portrait mögliche Werbeformate, deren Preise und etwaige Rabatte. Wird ein Crossmedia-Rabatt angeboten, sollte diese Information hier ebenfalls eingebunden werden.

Platzierung

Es ist sinnvoll, Belegungseinheiten und mögliche Rubriken aufzuführen. Besonders anschaulich ist die Abbildung von Screenshots der Platzierungen.

Zahlungsmodalitäten

In jedem Fall müssen Mediadaten die Bankverbindungen und Zahlungsmöglichkeiten sowie Zahlungsziele und mögliche Skonti etc. beinhalten.

Reichweite

Im Folgenden sollten Daten zur Reichweite aufgeführt werden. Das können *IVW-Zahlen* (siehe S. 156) und *AGOF-Ergebnisse* (S. 157) sein (sofern das Angebot bei der IVW gemeldet ist), mindestens jedoch eine Auskunft über Visits und Pageimpressions der digitalen Angebote. Möglich ist die Darstellung in Diagrammform, die einen Verlauf der Entwicklung der Reichweiten zeigt.

Technische Daten und Termine

Abschließend dürfen Informationen zu Dateiformaten, Abgabefristen, Lieferadressen, Ansprechpartnern für Rückfragen und ähnliches nicht fehlen. Je ausführlicher die Angaben sind, umso weniger Missverständnisse ergeben sich bei der Auftragsabwicklung. Die Mediadaten können durch Angaben zu möglichen Reportings, Sonderwerbeformen etc. ergänzt werden.

AGB

Auch Preislisten für Online-Werbung müssen AGB enthalten bzw. einen Hinweis, wo diese nachzulesen sind.

In-Game-Ads

Eine weitere Form der digitalen Werbung, mit welcher sich Verlage mit Fokus auf Unterhaltungselektronik mehr und mehr auseinandersetzen, sind die Komunikationsmöglichkeiten, die unter dem Begriff des In-Game-Advertisings zusammengefasst werden. Dabei werden Werbebotschaften in video-, computer- oder auch webbasierenden Spielen platziert und in der virtuellen Spielwelt integriert. Oftmals ist dabei schon ein ganz allgemeines Product Placement im Spielumfeld gemeint.

Man unterscheidet beim In-Game-Advertising unter statischen In-Game-Ads und dynamischen In-Game-Ads, die im Folgenden beschrieben werden:

Statische In-Game-Ads
Dazu zählt das Product Placement in Form einer im Spiel fest installierten Werbebotschaft oder Produktdarstellung. Das könnte z. B. eine klassische Plakatwand im Spielumfeld einer Stadt sein. Von statischen In-Game-Ads spricht man auch, wenn Requisiten, wie ein Trikot eines Rennfahrers, in einem Racing-Game als vermeintlich echtes Trikot eines Sportartikelherstellers erscheint.

Dynamische In-Game-Ads
Während die statische Form der Game-Ads fest in ein Spiel integriert ist, kann man über dynamische Ads ganz flexibel auf festegelegte Werbeplätze in das Spielumfeld Werbung einsteuern. Man spricht hier von kampagnenfähigen Werbeplätzen, die zum Beispiel nach TKP-Modellen mit Werbekampagnen belegt werden können. Hierbei eröffnen sich ähnliche Targetingmöglichkeiten wie bei den klassischen Display-Ads (Wohngegend des Spielers über die IP-Adresse). Die dynamischen In-Game-Ads können ebenfalls nach den bereits bekannten Reportinginstrumenten gemessen werden.

Fälschlicherweise werden unter den In-Game-Ads oftmals auch Ad-Games verstanden. An dieser Stelle sollte jedoch genau differenziert werden.

Ad-Games
Unter Ad-Games versteht man die Entwicklung eines Spiels, welches ausschließlich dem Zweck der Markenpositionierung dient. Gerade die wachsende Entwicklung der Unterhaltungselektronik im Feld der mobilen Lösungen bietet hier eine Vielzahl an Beispielen:
Der Paketdienst Hermes hat beispielsweise eine Spiele-App entwickelt, in der man als Paketaussteller mit einem Paket zahlreiche Hindernisse überwinden muss, um dieses letztendlich möglichst rasch und geschickt zum Kunden zu bringen.

Das Spiel dient hier als eigenständiges Marketinginstrument in der Kommunikationsstrategie. Der Fokus und die Aufmerksamkeit auf die Marke sind in der Form des Ad-Games unvergleichbar hoch und emotional.

Vermarkter und Vermarkterverträge

Neben der Vermarktung der Werbeflächen durch ein eigenes Verkaufsteam eines Medienhauses besteht auch die Möglichkeit, sich einem Vermarkter anzuschließen und mit diesem einen sogenannten Vermarktervertrag anzuschließen. So können kleinere Medienhäuser ohne den Aufbau einer eigenen Verkaufsabteilung in die Mediapläne auch kleinere Werbekunden kommen, was sonst kostendeckend nicht möglich wäre.

axel springer ■
media impact

Mini-Portrait: Axel Springer Media Impact GmbH & Co. KG

Axel Springer Media Impact bündelt die Vermarktung nationaler Medienangebote der Axel Springer SE und gehört damit zu den größten crossmedialen Vermarktern Deutschlands. Das Portfolio umfasst mehr als 50 Zeitungen (BILD, BILD am SONNTAG, WELT-Gruppe, regionale Abozeitungen), Zeitschriften und digitale Medien.

Die Formen der Vermarkterverträge sind recht vielfältig. Im Folgenden konzentrieren wir uns auf die Grundform eines Vermarktervertrages, bei dem die Vermarktung eines Webangebots dem gewählten Vermarkter obliegt:

Der Werbeträger stellt dem Vermarkter das gesamte Inventar der Werbeflächen zur Vermarktung zur Verfügung. Der Vermarkter verkauft die Werbeplätze an seine Kunden und erhält für jede verkaufte Kampagne eine Provision. In der Regel liegt diese bei mindestens 15%. Vorab können Absprachen über die Konditionen der Werbeflächen getroffen werden und beispielsweise auch Kundengruppen ausgeschlossen werden. Wenn die Vermarktung zu 100% beim Vermarkter liegt, dann übernimmt der Vermarkter im Idealfall auch die Administration der Kampagnen und rechnet darüber hinaus mit den Kunden direkt ab. Dies hat zur Folge, dass es dem Vermarkter technisch ermöglicht werden muss, aktiv auf die Seite des Medienhauses zuzugreifen und die Werbeflächen entsprechend auszuliefern. Vermarkterverträge laufen in der Regel 2 Jahre.

Eine gängige Mischform eines Vermarktervertrags ist, das eigene Salesteam am aktiven Verkauf zu beteiligen. Per Ausschlussverfahren muss im Vertrag geregelt werden, welche Kundengruppen nur vom eigenen Salesteam angesprochen werden.

Restplatzvermarktung

Eine besondere Form der Zweitvermarktung ist die Restplatzvermarktung. Es gibt Vermarkter, die sich darauf spezialisiert haben, freie, nicht gebuchte Werbeplätze „aufzukaufen". Dabei handelt es sich um Zweit- oder Drittplatzierungen oder übriges Inventar aus der TKP-Vermarktung. Man kann in diesem Fall über den Vermarktervertrag regeln, dass entsprechende Plätze an Vermarkter gegeben werden und diese mit beim Vermarkter gebuchten Kampagnen belegt werden. Um die Konditionen transparent zu halten, empfiehlt es sich, auch in diesem Fall über den Vertrag zu regeln, welche Kunden angesprochen werden, wie die Provision festgesetzt wird und zu welchen Konditionen der Vermarkter die Plätze anbieten kann.

Search Engine Marketing (SEM) und Search Engine Optimization (SEO)

Die Begriffe SEM und SEO stehen für Suchmaschinenmarketing und Suchmaschinenoptimierung. Beide Aktivitäten dienen dem Zweck der Reichweitensteigerung einer Website. Streng genommen wird die SEO der SEM untergeordnet und gilt als Teil des SEM.

Ziel der SEM ist es, bei Suchmaschinen wie z.B. *Google*, in den Suchergebnislisten möglichst weit oben in den Trefferlisten zu stehen und die Sichtbarkeit und Auffindbarkeit der eigenen Webangebote für Suchmaschinen zu verbessern. Dabei wird zwischen den bezahlten Optimierungsmöglichkeiten, wie z.B. den Google-AdWords oder allgemein Keyword-Advertising und den Optimierungen, die man an der Website selbst vornehmen kann, unterschieden.

Da die Suchmaschinen, besonders *Google*, aber auch *Yahoo* und *Bing*, eine hohe Marktmacht im Online-Business haben, sind beispielsweise Online-Redaktionen bereits geschult, Seitenaufbau und einzelne Web-Artikel so anzulegen, dass sie den mehr oder weniger bekannten Suchmaschinen-Algorithmen bezüglich einer möglichst guten Listung im Suchergebnis gerecht werden. Unternehmen der Konsumgüterindustrie beschäftigen mittlerweile je nach Größe des Unternehmens eigens eingerichtete Abteilungen, die sich der Thematik SEM und SEO annehmen.

Ziel des SEO ist es, dass die Suchmaschinen eine Website möglichst schnell und gut finden. Folge ist eine gute Platzierung im Pagerank bzw. im Ergebnis der Trefferliste.

On-Page- und Off-Page-Optimierung

Man unterscheidet bei der SEO zwischen

- On-Page- und
- Off-Page-Optimierung.

Zur On-Page-Optimierung gehören beispielsweise die Beachtung der Suchmaschinen-Algorithmen. Die Seite sollte gut zugänglich sein und über Verlinkungen innerhalb der Site verfügen. Auch eine klare Navigation und die sogenannten Meta-Tags (Seitenbeschreibung einer Website, die Kurzinformationen zum Angebot enthält) gehören hierzu.

Verlinkungen anderer Websites auf die eigene Website sind zum Beispiel Bestandteile des Off-Page-Ranking.

Keyword-Advertising

Zum SEM gehört neben der Website-Optimierung auch die Form des Keyword-Advertising. Neben den von den Suchmaschinen generierten Trefferlisten gibt es beispielsweise bei google oberhalb und rechts neben der Trefferliste Anzeigenplätze, also erkaufte „Suchergebnisse" in einer Trefferliste. Bei diesen Platzierungen spricht man von Keyword-Anzeigen (AdWords). Die Unternehmen buchen bestimmte Begriffe. Nach zahlreichen Kriterien werden dann im Suchergebnis auch die gekauften Textlinks ausgeliefert. Sie sind allein durch die Platzierung schon hervorgehoben und auch farblich gekennzeichnet und heben sich dadurch von der Trefferliste ab.

Die Platzierung der Anzeigen untereinander wird nach einem Auktionsmodell vergeben. Hierbei wird nicht nur der höchste gebotene Preis berücksichtigt, sondern auch die Qualität der Seite. Die Abrechnung erfolgt über Pay per Click.

Inter-/Intra-Mediavergleich

Bei der Mediaplanung werden die unterschiedlichen Mediagattungen und Werbeträger von Kampagnen-Planern aus Agenturen oder Marketingabteilungen der Unternehmen in Bezug auf ganz unterschiedliche Gesichtspunkte und Aspekte verglichen. Selbstverständlich stehen beim Vergleich einzelner Online-Angebote die Faktoren Preise und Konditionen an erster Stelle. Damit Preise in Relation gesetzt werden können, sollten die Medienanbieter umfangreiche Informationen zusammenstellen, um das Werbeangebot für Werbe-Interessenten vergleichbar zu machen.

Dazu gehören neben den qualitativen Merkmalen der einzelnen Werbegattungen und -träger auch die quantitativen. Die Medien bedienen sich bei der Aufbereitung und Zusammenfassung dieser Daten unterschiedlicher Instrumente, die im Folgenden einzeln aufgeführt und beschrieben werden.

IVW – Informationsgemeinschaft zur Feststellung der Verbreitung von Werbeträgern e. V.

Neben der Auflagenprüfung der Print-Titel widmet sich die IVW auch der Veröffentlichung von Online-Nutzungszahlen. Die IVW-Zahlen der bei der IVW gemeldeten Websites werden monatlich veröffentlicht. Die Zahlen werden in der Regel am 6. Werktag des Folgemonats bekanntgegeben und können auf der Website der IVW eingesehen werden. Die IVW-Zahlen sind für alle frei zugänglich.

Die IVW veröffentlicht eine Rangliste, die nach der Summe der Visits gerankt wird. Im Detail können für die ausgewiesenen Medien Visits und Pageimpressions in den einzelnen Unterkategorien eingesehen werden. Die Struktur der Themengebiete ist von der IVW festgelegt, so dass alle gemeldeten Sites in den Kategorien vergleichbar sind. Ebenso werden die Pageimpressions in den einzelnen Kategorien ausgewiesen.

In der Zwischenzeit ist die IVW-Zählung um mobile Webseiten und auch Apps erweitert worden. Online-Angebote können also ihre Zugriffsausweisung um mobile Medien ergänzen, um somit Traffic der mobilen Kanäle separat auszuweisen. Gleichzeitig werden auch Gesamtsummen für einzelne Titel, bestehend aus stationärer Website, mobiler Website und Smartphone-App veröffentlicht.

Es ist für Online-Medien ab einer gewissen Reichweite empfehlenswert, an der IVW-Zählung teilzunehmen. Dadurch wird eine unabhängige Erfassung der Reichweite gewährt, die eine bessere Vergleichbarkeit der Werbeträger ermöglicht.

Damit die IVW ein Webangebot zählen kann, müssen in den Quellcodes der einzelnen Seiten des gemeldeten Online-Angebots entsprechende IVW-Zählpixel eingebaut werden.

AGOF – Arbeitsgemeinschaft Online-Forschung e. V.

Als weitere Instanz bei der Web-Analyse spielt die *AGOF (Arbeitsgemeinschaft Online-Forschung e. V.)* eine große Rolle, da sie unter anderem die immer wichtiger werdende Internetwährung des Unique User ermittelt.

Die AGOF hat wie auch die IVW das Ziel, für Transparenz und Standards bei der Bewertung von Werbeträgern zu sorgen. Sie veröffentlicht in der aktuell monatlich erscheinenden Markt-Media-Studie *internet facts* ihre Ergebnisse. In den *mobile facts* werden mobile-optimierte Websites und – Smartphone-Apps erfasst. Die *digital facts* fasst in einem Prototypen 2014 erstmals internet facts und mobile facts 2014 als Gesamtstudie zusammen.

Die AGOF bietet den Mediaplanern darüber hinaus ein Planungs- und Auswertungstool namens TOP (= Transparenz für Onlineplanung). Basis dieses Tools sind die Ergebnisse aus den Studien der internet facts.

Die AGOF möchte damit die Planung von klassischer Onlinewerbung unterstützen. Neben den AGOF-Ergebnissen können die Medienanbieter im oben genannten Tool zudem ihre Preise und Belegungseinheiten hinterlegen. Dadurch können über das Tool diverse Auswertungen generiert werden, die den Planern in Agenturen Überblick über die bei der AGOF gemeldeten Seiten verschaffen.

Neben der Auswertung von Netto-Reichweiten bieten die *internet facts* auch Informationen zur Zielgruppe. Dabei ist die Grundgesamtheit die deutschsprachige Wohnbevölkerung in Deutschland 10 oder wahlweise 14 Jahre.

Nahezu alle großen Medienanbieter wie *Axel Springer* und *Bauer Media* sowie zahlreiche große Vermarkter wie *IP Deutschland, Tomorrow Focus Media* etc. sind Teilnehmer der AGOF-Studien.

Über die IVW und die AGOF hinaus ergeben sich natürlich noch weitere Zählverfahren.

Da die Kategorienzuordnungen der Websiteinhalte bei der IVW recht starr sind und von der IVW festgelegt werden, empfiehlt es sich parallel dazu, eine interne Zählung vorzunehmen oder beispielsweise das weit verbreitete Tool *google analytics* für die Website zu aktivieren.

Interne Zählverfahren

Über die sogenannten Logfiles können Websitebetreiber Auskunft über die Abrufe auf ihren Angeboten bis hin auf Artikelebene erhalten. Online-Redakteuren ist es durch diese Zählung beispielsweise möglich, zu beobachten, welche Artikel wie oft gelesen wurden und wohin sich die Userströme auf der Website bewegen. Interne Zählverfahren oder Reporting-Tools liefern also fundiertes Zahlenmaterial über alle Ressorts und Teilbereiche der Website. Diese Ergebnisse können selbstverständlich auch für die Vermarktung eingesetzt werden. Oftmals weichen die Ergebnisse der eigenen Zählung von der IVW-Zählung ab. Eine Abweichung von +/-10 % oder mehr ist dabei nicht ungewöhnlich.

Wenn eine Website über einen geschlossenen Bereich verfügt, einen sogenannten Login-Bereich, dann ist es möglich, über die User-Profile auch demographische Aussagen über die Nutzer zu treffen. Je umfangreicher das Eingabeformular für den Erstlogin der User ist, umso mehr Ergebnisse lassen sich natürlich im zweiten Schritt herausarbeiten. Doch ist dabei Vorsicht geboten, denn haben die User das Gefühl, ausspioniert zu werden, wirkt sich das Vorgehen schnell negativ auf das Angebot aus.

Parallel dazu kann man in regelmäßigen Abständen User-Umfragen auf der Website durchführen. Das Ergebnis wird jedoch immer nur scheingenau sein, denn die Teilnahme an den Online-Umfragen ist für die User freiwillig, so wird das Ergebnis lediglich ein Gefühl für die gesamte Nutzerschaft liefern und keine Ergebnisse, die aus der Sicht der Marktforschung vorsichtig zu bewerten sind. Da der Aufwand solcher Umfragen eher gering ist, ist ein solcher Abgleich mit der Zielgruppe in jedem Fall in regelmäßigen Abständen zu empfehlen. Üblicherweise handelt es sich bei den Website-Umfragen um einen mehr oder weniger umfangreichen Web-Fragebogen, den der User einfach und schnell durchklicken und beantworten kann. Je kürzer die Fragebögen sind, um so sicherer ist mit Ergebnissen zu rechnen.

Google Analytics

Das kostenfreie Webanalyse-Tool von *Google* bietet zweierlei Nutzen. Es liefert zum einen neben der *IVW*, *AGOF* und internen Zählverfahren weitere zahlreiche Erkenntnisse über die Userströme auf Webseiten. Zum anderen können Marketingabteilungen das Angebot nutzen, um dort die gebuchten Keywords zu verwalten und die entsprechenden Ergebnisse (Conversion-Rates etc.) auszuwerten.

Neben zahlreichen Merkmalen zur Demografie der Websitebesucher liefert das Tool auch Informationen über die Userströme, die von der Google-Suche auf die analysierte Website gelangen.

● Zu den demografischen Merkmalen:
Google Analytics zählt die Seitenabrufe und auch die Anzahl der Besuche (sozusagen Impressions und Visits). Darüber hinaus liefert das Tool Ergebnisse bezüglich der durchschnittlichen Aufenthaltsdauer eines Users sowie die Anzahl der Seitenaufrufe jedes einzelnen Users im Durchschnitt. Über *Google Analytics* kann man zudem Auskunft über die Absprungrate erhalten. Das ist der Prozentsatz der User, die nach einem Klick auf der Seite das Webangebot bereits wieder verlassen.
Diesen Wert kann man dahingehend interpretieren, wie gut der Treffer in der Trefferliste auf den im Suchschlitz eingegebenen Suchbegriff passt. Springt der User ab und geht zurück auf die Trefferliste, wird dieser Userstrom über die Absprungrate gemessen. *Google Analytics* liefert zudem Werte, wie viele User neu und wie viele wiederkehrend sind und gibt Auskunft über die Verteilung der User nach Ländern weltweit. Es liefert Ergebnisse über das Betriebssystem der User und Zugriffsraten von den unterschiedlichen Endgeräten und vieles mehr.

● Weitere Auswertungsmöglichkeiten:
Über die demografischen Merkmale hinaus bietet auch *Google Analytics* zahlreiche Informationen über die Abrufe einzelner Content-Elemente. Man kann Teilbereiche der Website bis hin auf Artikelebene reporten und somit nachverfolgen, auf welchen Unterseiten User z. B. ihren Besuch beenden.

Dadurch erhält man eine umfassende und kostenfreie Analyse der Website, die nicht unerheblich in Hinblick auf eine mögliche Optimierung der Websiteinhalte ist.

Von hohem Interesse ist beispielsweise auch die Liste der Suchbegriffe, die bei *Google* als Suchwort eingegeben wurden und dann auf das analysierte Webangebot führen. Diese Suchwortanalyse hilft ebenfalls bei der Optimierung der Seite.

Das ursprüngliche Ziel von *Google Analytics* ist aber ein anderes. Nutzen Medienangebote das Tool hauptsächlich für das Monitoring der Site, werden über das Web-Angebot aber im Wesentlichen die Ad-Word-Kampagnen eingestellt, verwaltet und reportet, weswegen *Google Analytics* als Tool in Marketingabteilungen im Einsatz ist.

Aus Sicht des Datenschutzes ist der Einsatz des Angebots jedoch umstritten. Es empfiehlt sich, in den Datenschutzerklärungen einer Website auf den Einsatz des Analysetools ausführlich hinzuweisen und Usern das Widersprechen gegen die Datenerhebung auf der Website zu ermöglichen.

KAPITEL 5
VERTRIEB VON MEDIENPRODUKTEN

Unter Vertrieb sind alle Tätigkeiten und Einrichtungen zu verstehen, die dazu dienen, Zeitungen, Zeitschriften, Bücher und digitale Medien am Markt zu entwickeln und abzusetzen.

Dabei spielt die Distribution, das Verteilen von Produkten an die Leser und Nutzer oder an die nächste Handelsstufe eine wesentliche Rolle. Die logistische Umsetzung ist je nach Print- oder Digitalprodukt sehr unterschiedlich.

ZEITUNGEN UND ZEITSCHRIFTEN IM ABONNEMENT

Die Absatzwege für Zeitungen und Zeitschriften sind vergleichbar. Die richtigen Titel müssen zur richtigen Zeit in der richtigen Menge an den richtigen Ort gebracht werden. Dies geschieht auf verschiedenen Absatzwegen:

- Abonnement
- Bahnhofsbuchhandel
- Einzelverkauf über Zeitungs-/Zeitschriftverkaufsstellen
- Lesezirkel
- Wechsel-/Streuversand
- Werbender Buch- und Zeitschriftenhandel (WBZ); seit 2009 Bundesverband der Medien- und Dienstleistungshändler e.V. (BMD)

Das Abonnement

Die Bestellung oder der Kauf einer Reihe künftig erscheinender Nummern eines periodischen Druckwerks zu einem festgelegten Preis ist ein Abonnement (BGB § 433 Sachkaufvertrag).

Der Anteil von Abonnements an der Gesamtauflage fällt segment- und titelabhängig unterschiedlich aus. Im Durchschnitt beträgt die Abonnementquote bei den Publikumszeitschriften rund 45 Prozent, bei den Zeitungen zirka 70 Prozent und bei den Fachzeitschriften 85 Prozent.

Für die Bezieher und Verlage hat der Abonnementsvertriebsweg einige Vorteile.

Für den Bezieher	Für den Verlag
• Regelmäßige Lieferung/Zustellung sofort nach Erscheinen an Empfangsadresse • Bargeldlose Bezahlung • Um bis zu 15 % ermäßigter Bezugspreis gegenüber dem Copypreis im Einzelverkauf	• Keine Remission und damit kein Verkaufsrisiko • Gesicherter, planbarer Absatz • Sofortiger Geldeingang (Liquidität) • Einfachere Auflagenbestimmung und Kalkulation

Abonnementsarten

Die Laufzeiten von Abonnements können sehr unterschiedlich sein und teilen sich in Probeabonnementslaufzeiten, Teilabonnements und Vollabonnements auf.

Unterschiedliche Laufzeiten

	Probeabonnements	Teilabonnements	Vollabonnements
Zeitungen	2 Wochen kostenlos mit Positiv-Option*	Abo eines Teils der Ausgaben (z. B. nur samstags)	Lückenloser Bezug aller Ausgaben
Zeitschriften	3 Monate ermäßigter Bezugspreis mit Negativ-Option**	Abo eines Teils der Ausgaben (z. B. nur bestimmte Themen)	Lückenloser Bezug aller Ausgaben

* *Das Probeabonnement endet automatisch. Der Bezieher wird wegen Fortsetzung des Abonnements vom Verlag kontaktiert.*

** *Das Probeabonnement wird stillschweigend in ein Vollabonnement umgewandelt, wenn binnen einer Frist vor Ablauf nicht gekündigt wird.*

Zugangsarten

Der Zugang von Abonnements kann direkt beim Verlag per Post, Telefon oder Internet **(Direktabonnement)** und bei Filialen von Tageszeitungen erfolgen **(Thekenschein). Geschenkabonnements** werden von einer Person für Dritte bestellt und bezahlt. Bestellt ein Buchhändler beim Verlag ein Abonnement zur direkten Lieferung an den Abonnementsbesteller, handelt es sich um ein **Streckengeschäft.**

Abschlüsse eines Abonnements mit Mindestverpflichtungszeiten durch Mitarbeiter oder Leser gegen Belohnung mit Sach- oder Geldprämien erfolgen im Rahmen von **Werbemaßnahmen** wie „Leser / Mitarbeiter werben Leser" (LWL, MWL).

Der Response aus **Direktwerbeaktionen** wie Post- und E-Mailings oder Telefonmarketing zählt ebenfalls zu den Zugangsarten.

Angebotsformen für Abonnements

Geschenkabonnement

Im Gegensatz zum normalen Abonnement sind hier die Liefer- und Rechnungsadresse unterschiedlich. Geschenk-Abonnements sind in der Regel auf ein Jahr befristet. Für Geschenkabonnements lässt sich am besten in Mailings, Anzeigen (Zeitpunkt: Weihnachten, Jahreswechsel, Ostern) und auf der Homepage der Zeitung/Zeitschrift werben.

Prämienabonnement (LWL)

Hier handelt es sich um ein festes Abo zum Normalpreis, in der Regel mit Mindestlaufzeit, jedoch meist unbefristet. Bei Prämien- oder „Leser-werben-Leser"-Abonnements wird der neue Kunde von einer anderen Person geworben, die für ihre Vermittlung eine Sach- bzw. Geldprämie erhält. Nach den Vertriebsrichtlinien des BDZV und des VDZ (im Anhang) darf der Wert der Prämie den Wert des Abos nicht übersteigen. Die Auslieferung der Prämie sollte erst nach Eingang der Zahlung für die Abo-Rechnung erfolgen.

Probeabonnements mit Negativ-Option

Bei einer „Negativ-Option" wird dem Kunden ein kostenloses oder preisermäßigtes Abonnement angeboten, welches stillschweigend in ein Vollabonnement umgewandelt wird, wenn binnen einer Frist vor Ablauf nicht gekündigt wird.

Probeabonnement mit Positiv-Option

Im Gegensatz zur Negativoption wird die Positiv-Option nicht automatisch in ein Abonnement weitergeführt. Die Belieferung des Kunden endet mit den versprochenen Heften. Der Kunde geht keinerlei Verpflichtungen ein. Diese Kunden müssen durch Call-Center, Außendienst oder durch Direct-Mails nachbearbeitet werden.

Schnupperabonnement (Auch Mini- oder Kennenlern-Abonnement)

Hier handelt es sich um ein zeitlich befristetes, persönliches Abonnement zu einem reduzierten Bezugspreis. In der Regel gibt es für den Kunden eine kleine Zugabe und oftmals eine größere, wenn er sich anschließend zu einem Abonnement entscheidet. Der Rabatt darf maximal 25 % vom Bezugspreis betragen, sonst dürfen diese Abos nicht zur „Abonnierten Auflage" nach IVW addiert werden.

Sammelabonnements

Von Sammelabonnements spricht man, wenn ein Empfänger mehrere Abonnements abschließt. Diese Hefte werden in der Regel an verschiedene Adressen geliefert. Üblicherweise gewährt der Verlag darauf einen Preisnachlass. Denkbar ist auch folgendes Modell: das erste Abo wird voll bezahlt, weitere Abos sind verbilligt. Auch hier ist zu beachten: Der Nachlass darf maximal 25 % betragen, sollen diese Abos zur „Abonnierten Auflage" nach IVW dazugezählt werden.

Verbandsabonnements

Es handelt sich hier um Sammelabonnements, wobei der Rechnungsempfänger ein Verband oder Verein ist. Die Heftlieferung geht (meist) direkt an die Mitglieder. Denkbar ist auch ein Pflichtbezug der Mitglieder (Bezugsgebühr ist im Verbandsbeitrag enthalten). Der Verlag gewährt dem Verband/Verein in der Regel Inhaltsseiten zur Veröffentlichung seiner Verbandsnachrichten.

Studentenabonnements

Studentenabonnements sind Vollabos, die verbilligt an Studenten abgegeben werden. Entscheidend ist die Vorlage einer Studienbescheinigung, die auch zur Anerkennung dieser Abos durch die IVW notwendig ist.

Wiederverkäuferabonnements

Vor allem Behörden oder Firmen bestellen die Abonnements oftmals gesammelt über eine Buchhandlung. Die Rechnung geht an die Buchhandlung, die Belieferung an den Kunden. Die Buchhandlung erhält für ihre Tätigkeit einen Funktionsrabatt, der zwischen 20 und 50 % liegen kann – je nach Abnahmemenge. Diese Abonnements sind in der Regel auf ein Jahr begrenzt und werden jährlich erneuert.

Kombiabonnements

Darunter versteht man das Angebot, zwei oder mehrere unterschiedliche Zeitungs-/Zeitschriften in Print- oder digitaler Form eines Verlages zu einem Sonderpreis abonnieren zu können.

Patenschaftsabonnements

Bei dieser Angebotsform übernimmt ein Unternehmen die Kosten für ein oder mehrere Abonnements an Hochschulen oder ähnlichen Einrichtungen. Die Abos sind befristet.

Zustellungsarten

Postabo	Botenabo	Abholabo	Gutscheinabo
Das Abo wird von der Deutschen Post AG oder alternativen Versendern zugestellt.	Eine Trägerorganisation stellt die Ausgaben zu.	Die Zeitung oder Zeitschrift wird vom Bezieher bei Verlag, Geschäftsstelle oder Buchhandlung abgeholt.	Der Leser bekommt Gutscheine, mit denen er bei Presseverkaufsstellen den Titel abholen kann.

Zustellung über die Deutsche Post AG

Der Versand von Zeitungen und Zeitschriften erfolgt im **Inland** preisgünstig über die Deutsche Post AG, in der Regel mit der „Pressepost". Mittlerweile gibt es auch Alternativen zur Deutschen Post AG durch Privatdienstleister, die entweder bundesweit oder in regional begrenzten Gebieten ihre Dienstleistungen anbieten. Die Sendungen für **Auslandskunden** der Verlage werden zu mehr als 50 % über Alternativ-Anbieter ausgeliefert.

Sendungsarten
Innerhalb der Pressedistribution der Deutschen Post AG stehen verschiedene Sendungsarten zur Verfügung, die sich preislich erheblich unterscheiden:
● Pressesendung
● Postvertriebsstück
● Streifbandzeitung

Voraussetzung zur Nutzung der Pressepost ist der Abschluss eines Vertrages. Alle Regeln sind in der *AGB PD Pressedistribution* zusammengefasst. Allgemein gilt:
● Höchstgewicht: 1000 Gramm
● Zeitschriften müssen eine kontinuierliche innere und äußere Gestaltung aufweisen
● Mindestformat: 9 x 14 cm
● Zusammenhalt durch Falzung oder buchbinderische Verarbeitung (Heftung, Bindung)
● Presseübliches Druckverfahren
● Periodisches Erscheinen (mindestens 1 x pro Quartal)

Pressesendung

Besondere Regeln:

- Herausgabezweck: Information oder Unterhaltung öffentlich zu verbreiten
- Mindesteinlieferungsmenge: 1.000 Exemplare
- Prospekte, Werbepost (Direct Mail) oder Loseblatt-Sammlungen fallen nicht darunter

Postvertriebsstück

Besondere Regelungen:

- Herausgabezweck: Öffentlichkeit über Tagesereignisse, Zeit- oder Fachfragen durch redaktionelle Beiträge ohne Werbung zu unterrichten (presseübliche Berichterstattung = PÜB)
- Mindestumfang PÜB: 30 % des Inhaltes
- Verbreitungsweise muss entgeltlich sein und mindestens 10 % der Druckauflage betragen (oder unentgeltlich, wenn keine geschäftliche Werbung oder bezahlte Anzeigen veröffentlicht werden)

Der Herausgabezweck wird <u>nicht</u> erfüllt:

- Das redaktionelle Konzept dient unmittelbar geschäftlichen Interessen. (Werbesprache, von Firmen herausgegebene Beiträge, Kaufempfehlungen, Ordertipps, Bestellnummern, katalogartige Vorstellung von Produkten)
- Bei Zeitschriften mit Firmen- oder Produktnamen auf der Titelseite (z. B. *Red Bulletin* oder *Colours*, siehe S. 79)
- Bei Kunden- oder Mitarbeiterzeitschriften

Streifbandsendung

Besondere Regeln:

- Pressesendungen und Postvertriebsstücke können als Streifbandzeitung versandt werden.
- Auf der Umhüllung (Umschlag, Streifband oder Folie) muss die Sendungsart „Streifbandzeitung" ersichtlich sein. Hiermit können auch nicht-aktuelle Exemplare distribuiert werden (z. B. Nachlieferungen älterer Ausgaben).

Beilagen

Besondere Regelungen:

- Beilagen können mit Presseerzeugnissen versandt werden.
- Beilagen werden mit dem Gewicht abgerechnet.
- Hauptversandgegenstand muss das Trägerobjekt sein.
- Beilagen müssen inhaltsgleich sein.
- Für Gegenstände über 2 mm Höhe werden Zusatzentgelte berechnet.

Zustellnetze

Die Deutsche Post AG stellt drei Zustellnetze mit unterschiedlichen Laufzeiten zur Verfügung:
- Second-Day-Service (E + 2, Express-Logistik-Netz)
- Next-Day-Service (E + 1, Schnellläufernetz)
- Same-Day-Service (E + 0, Regelnetz)

Pressesendungen werden wie gewöhnliche Briefsendungen zugestellt. Keine Nachsendung, auch nicht bei Nachsendeaufträgen. Rückmeldungen von Adressänderungen bzw. Unzustellbarkeitsanzeigen nur über das Produkt PREMIUMADRESS.

Die vollständigen Allgemeinen Geschäftsbedingungen zu „Presse Distribution National" befinden sich auf der Website der Deutschen Post.

Alternative Zustellung von Presse

Inland

Verlagseigene Trägernetze oder Zustellgemeinschaften liefern regionale und lokale Tageszeitungen an Abonnenten morgens per Boten aus. Überregionale Zeitungen kooperieren in Ballungsräumen mit den ansässigen Verlagshäusern bei der Zustellung ihrer Titel.

Für die bundesweite Zustellung von Zeitungen und Zeitschriften haben sich seit Wegfall des Postmonopols alternative Zustellfirmen im Markt etabliert, die bis zu 90 % Flächenabdeckung bieten. Beispielsweise liefert der Logistikdienstleister *Medienservice*, Frankfurt, im Frühzustellsystem Wochenzeitungen und -zeitschriften aus. Die *Bauer Postal Network (BPN)*, Hamburg, stellt an 2 Wochentagen vor allem Zeitschriften zu.

Ausland

Unterschiedliche ausländische Postgesellschaften, allen voran die *Swiss Post International (SPI)*, bieten den Versand von Presse ab Deutschland ins Ausland an. Seit über 25 Jahren hat sich der *Presseservice Güll* in Lindau auf den Versand von Zeitungen und Zeitschriften ins Ausland spezialisiert.

Der Versand von Land A (Deutschland) nach Land B (z. B. Schweiz / Österreich) und Zustellung über die Post dieses Landes B zum Ortstarif (ABB-Remailing) und der Versand von Land A (Deutschland) in Land B (z. B.

Schweiz) und von dort in ein weiteres Land C (z. B. USA) (ABC-Remailing) sind statthaft.

Dagegen ist das ABA-Remailing nicht erlaubt. Land A (Deutschland) nach Land B (z.B. Schweiz) und wieder zurück nach Land A (Deutschland).

Wechsel- / Streuversand

- Kostenlose Verbreitung von anzeigenfinanzierten Fachzeitschriften
- Versand an einen unter Zielgruppen-Gesichtspunkten sorgfältig ausge-wählten Leserkreis
- Die Leser qualifizieren sich damit als interessante Zielgruppe für die Anzeigenwerbung

ZEITUNGEN UND ZEITSCHRIFTEN IM EINZELVERKAUF

Unter Einzelverkauf (EV) versteht man den Verkauf einzelner Exemplare über Presseverkaufsstellen.

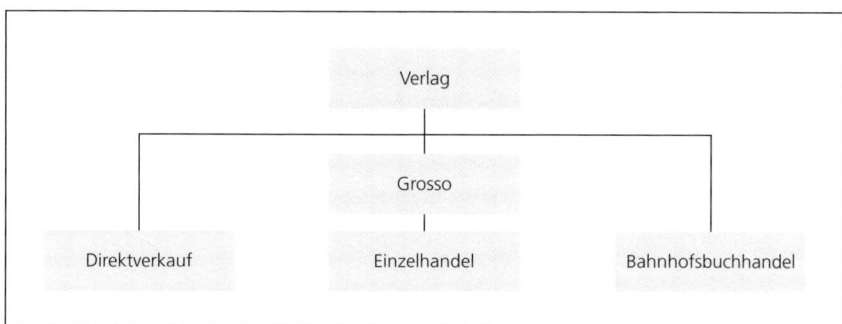

Der Direktverkauf

Der Einzelheftverkauf ohne Remissionsrecht kann vom Verlag selbst betrieben werden. Meist werden zurückliegende Ausgaben direkt an einen Besteller geliefert.

Außerdem werden je nach Publikationstyp
● Straßenverkäufer (Kolporteure) und
● Stumme Verkäufer (Automaten)
eingesetzt.

Der Presse-Grosso

Der Absatzweg über Groß- und Einzelhandel ist von großer Bedeutung. Fast jedes zweite Presseexemplar wird hierüber abgesetzt. Der Grossist ist Bindeglied zwischen Verlag und Einzelhandel. Eine Reihe von Besonderheiten kennzeichnet die Arbeit des Presse-Grosso:

Preisgebunden
Der Presse-Grosso ist horizontal und vertikal preisgebunden. Zunächst ist der Einzelverkaufspreis (EVP) festgelegt *(horizontale Preisbindung)*. Zweitens sind Abgabepreise (AGP) an die beiden Handelsstufen Grosso und Einzelhandel gebunden *(vertikale Preisbindung)*.

Remissionsrecht
Das Remissionsrecht ist rechtlich gesehen eine Option auf einen Rückkaufvertrag. Der Rücklauf und die Gutschrift unverkaufter Zeitungs- und Zeitschriftenexemplare werden in zwei Stufen vom Einzelhandel an den Grosso und danach vom Grosso an den Verlag durchgeführt.

Gebietsbeschränkung (Monopol)
In einer festgelegten Region ist ein einziger Grossist konkurrenzlos tätig. Im Rahmen dieses Kartells von rund 80 Grossogebieten verzichten die Verlage auf die direkte Belieferung des Einzelhandels.

Belieferungspflicht und Verwendungsbindung
Ebenso ist es beim Gebietsschutz aus Sicht des Einzelhandels notwendig, dafür zu sorgen, dass ein Grossist keinen Einzelhändler von der Belieferung ausschließen kann.

Bezugspflicht
Als Gegenleistung zum Gebietsschutz ist der Grossist verpflichtet, jedem Titel einen ungehinderten Marktzutritt zu verschaffen. Daraus leitet sich eine grundsätzliche Bezugspflicht des Grossisten gegenüber den Verlagen ab. Nur wenn dauerhaft keine Rentabilität des Objektes vorliegt, kann der Grosso den Bezug beenden.

Dispositionsrecht

Die Verlage verfügen im Pressevertriebssystem über das *originäre Dispositionsrecht*, da sie das marktwirtschaftliche Risiko hinsichtlich der unverkauften Exemplare im Handel tragen. Originäres Dispositionsrecht in der praktischen Umsetzung bedeutet, dass die Verlage in den Grundzügen ermitteln und festlegen, welche Exemplarmenge pro Objekt der Grossist erhalten soll. Mit der Übertragung der Vertriebsrechte auf den Grossisten entsteht für diesen allerdings ein *derivatives (=abgeleitetes) Dispositionsrecht*. Der Pressegrossist übt das derivative Dispositionsrecht gegenüber dem Einzelhandel aus.

Marktorientierte Bezugsregulierung (MBR)

Das Pressegrosso muss für jede Verkaufsstelle für jeden Titel die Liefermenge festlegen. Hierbei stehen ihm verschiedene Softwarelösungen zu Verfügung. Einige Beispiele:

- Astra
- Bezugsregulierung kleinauflagiger Objekte (BKO)
- Intermedia Standard Press Code (ISPC) (zwischen Grosso und Verlag)
- Marktorientierte Bezugsregulierung (MBR)
- Vertriebs-Informationssystem (V.I.S.)

Die meistgenutzte ist das MBR-Verfahren. Dies ist ein EDV-gestütztes Verfahren zur Bestimmung der Liefermenge einer Zeitung oder Zeitschrift und ihrer Verteilung auf die vom Grossisten ausgewählten Einzelhändler (Verteiler).

In die Berechnung fließen folgende Variablen und Konstanten ein:

Die Variablen:	Die Konstanten:
VH	= Verkaufsvorhersage
a	= Glättungsfaktor der Vorhersage
D	= Betrag der Differenz von Vorhersage und Verkauf
V	= Letztbekannter Verkauf
MAD	= Mittlere Absolute Differenz / mean absolute deviation (Standardfehler)
b	= Glättungsfaktor des Standardfehlers
LM	= Liefermenge

Der Bezug des Einzelhändlers ergibt sich aus dem zu erwartenden Verkauf, bezeichnet als **Verkaufsvorhersage** (VH), und dem Verkaufsreservezuschlag. In der Regel werden mit dem Verfahren der exponentiellen Glättung die Verkäufe der Vergangenheit fortgeschrieben und in die Zukunft extrapoliert. Durch Auswahl eines für den Titel geeigneten Glättungsfaktors (α) wird die Geschwindigkeit des Systems gesteuert. Je größer α ist, umso mehr wird die neueste Verkaufszahl gewichtet. Je kleiner α ist, desto näher bleibt man bei den Werten der alten Vorhersage:

$$VH_{(neu)} = VH_{(alt)} \times (1-\alpha) + V \times \alpha$$

Da aber natürlich Verkaufsschwankungen eintreten, muss der Grosso eine Reserve einrechnen, wenn das gesamte Verkaufspotential der Ausgabe genutzt werden soll. Für die Festlegung des erforderlichen Verkaufsreservezuschlags gibt es unterschiedliche Methoden. Neben Zuschlagstabellen wird häufig das **MAD**-Verfahren (= mittlere absolute Differenz zwischen den erwarteten und realisierten Verkäufen) angewendet:

$$MAD_{(neu)} = MAD_{(alt)} \times (1-\beta) + |D| \times \beta$$

Diese Reserve berechnet sich aus den Fehlern der Vergangenheit. Je größer die **Verkaufsschwankungen** (D) einer Verkaufsstelle ausschlagen, desto größer muss die Zuschlagsmenge sein. Der Glättungsfaktor (β) steuert die Gewichtung zwischen dem Wert aus den alten Fehlern und dem neuesten Fehler.

Die **Liefermenge** setzt sich jetzt aus der Verkaufsvorhersage und der Zuschlagsmenge zusammen:

$$LM = VH_{(neu)} + MAD_{(neu)}$$

Im Rahmen der MBR wird auch festgelegt, wie die Bezüge der Händler zu bemessen sind, die am Ende der Angebotszeit ausverkauft waren. Ebenso bestimmt das System, wann Händler, die mehrmals von dem betreffenden Titel nichts verkauft haben (= Nullverkäufe), „ausgesteuert", das heißt, nicht mehr beliefert werden.

Festgelegte Verkaufsperiode

Der Verlag entscheidet, wann er sein Produkt vertreiben will (*Erstverkaufstag*) und die Länge der Verkaufsperiode.

Bahnhofsbuchhandel

Die Bahnhofsbuchhandlungen sind Nebenbetriebe der Deutschen Bahn AG, die an selbständige Unternehmer verpachtet sind. Da der Bahnhofsbuchhändler eine hohe Pacht an die DB zahlen muss, erhält er direkt von den Verlagen einen höheren Rabatt. Durch die durchgehenden Öffnungszeiten sind die Personalkosten zusätzlich sehr hoch.

Das Remissionsrecht des Presse Grosso gilt auch für den Bahnhofsbuchhandel. Das KR-Verfahren setzt sich immer mehr durch.

Remissionsarten

Ganzkörper-Remission

Rücksendung des ganzen Heftes und Verpflichtung des Händlers, das Heft in einem guten Zustand zu belassen. Gilt in der Regel für hochpreisige und hochwertige Zeitschriften mit dem Wunsch des Verlages, die Remittenten nochmals dem Verkauf zuzuführen.

Titelseiten/Titelkopf-Remission

Hierbei wird nur die abgerissene Titelseite bzw. der Titelkopf bei Zeitungen zurückgeschickt mit einer Gutschriftanzeige des Händlers. Man spart dadurch erhebliche Versand- und Verpackungskosten.

Körperlose Remission (KR-Verfahren)

Das Grosso meldet dem Verlag die Zahl der Remittenden, die der Verlag dann gutschreibt. Ein lückenloses Warenflussprotokoll und die Überspielung der EDV-Daten über den *Intermedia Standard Press Code (ISPC)* ermöglichen Kontrolle der Grossodaten. Um Kosten zu sparen, wird von einigen Grossisten auch zwischen Einzelhandel und Grossist eine körperlose Remission eingeführt. Besonders bei abgelegenen Verkaufsstellen kann dies ökonomisch und ökologisch sinnvoll sein.

Vertrauensremission

Bei dieser Vereinbarung muss der Verlag dem Grossisten ohne Kontrollmöglichkeiten vertrauen. Lediglich eine Mitteilung über die Zahl der verkauften Exemplare geht an den Verlag und wird damit zur Grundlage der Abrechnung. Dies ist häufig im Exportgeschäft in ausländische Feriengebiete anzutreffen.

Lesezirkel

Lesezirkel sind selbständige Unternehmen, die von den Verlagen Teilauflagen zu sehr günstigen Konditionen beziehen.

Unterschiedliche Titel stellt der Lesezirkel zu „Lesemappen" zusammen, die er an Abonnenten vermietet.

Werbender Buch- und Zeitschriftenhandel

Rund 200 Unternehmen, auch die Deutsche Post AG mit Ihrem „Leserservice", beziehen Bücher und Zeitschriften zu günstigen Konditionen ohne Remissionsrecht.

Der *WBZ* – jetzt *Bundesverband der Medien- und Dienstleistungshändler e.V. (BMD)* – vertreibt Periodika im Abonnement an von ihm geworbene Abonnenten. Die Rechnungslegung erfolgt durch den *WBZ (BMD)* oder seinen Dienstleister, die Lieferung kann direkt ab Verlag per Post oder mittels Zustellorganisation erfolgen.

BÜCHER, KALENDER UND SPIELE

Marketinglogistik der Verlage

Um Leser und Buchhandlung zufriedenzustellen, muss der herstellende Buchhandel (Verlage, Buchgemeinschaften usw.) nicht nur ein gutes Buch zu einem angemessenen Preis herstellen. Er muss es nach der Bestellung auch möglichst schnell dem neuen Besitzer zukommen lassen.

Drei Faktoren beeinflussen hierbei die Kundenzufriedenheit: Die Lieferzeit, die Lieferzuverlässlichkeit und die Lieferbereitschaft. Gerade im Buchbereich sind die Entscheidungen auf diesem Gebiet besonders wichtig, da durch die große Anzahl der verschiedenen Titel und die im Vergleich zu anderen Zweigen geringen Bestellmengen hohe Kosten anfallen. Die Entscheidungen auf Verlagsebene sind zu treffen zur Lagerhaltung (z.B. VA oder Eigenlager), zum Transport (z.B. Büchersammelverkehr oder Eigentransport) und zur Auftragsabwicklung von der Bestellannahme bis zur Kommissionierung.

Wenn auf allen Ebenen die richtigen Entscheidungen getroffen werden, ist die Marketinglogistik ein relevantes Kriterium, um sich Wettbewerbsvorteile gegenüber anderen Verlagen zu verschaffen.

Zwischenbuchhandel

Dem Zwischenbuchhandel gehören neben Kommissionären der Vertragsparteien die verschiedenen Großhandelsformen an.

Kommissionäre
Die Verlagsauslieferungen sind Dienstleister der Verlage (Verlagskommissionäre). Sie bieten in der Regel die Einzelbausteine Lagerung, Bestellannahme, Kommissionierung, Rechnungsstellung, Inkasso, Delcredere und Factoring an. Je nach Größe und Konzept des Verlages werden diese Angebote angenommen. Steht beispielsweise die Liquiditätsbeschaffung im Vordergrund, wird der Forderungsverkauf vor Fälligkeit durch Factoring interessant sein. Ist Sicherheit beim Zahlungseingang das Ziel, sollte Delcredere vereinbart werden, bei dem die VA den Zahlungseingang nach Ende aller Mahnverfahren garantiert.

Büchersammelverkehr und Bestellanstalt sind dagegen im Auftrag des verbreitenden Buchhandels tätig. Der Buchhändler kann die meisten seiner Bezüge über preisgünstige Sammeltarife des Büchersammelverkehrs abwickeln. Bestellanstalten ermöglichen den Sortimentern, preisgünstig ihre Bestellungen an Verlage, Auslieferungen oder Barsortimente weiterzuleiten.

Barsortiment

Die meisten Bücher werden von den Buchverkaufsstellen nicht direkt beim Verlag gekauft, sondern beim Zwischenbuchhandel. Die führende Rolle nimmt hierbei das Barsortiment ein. Es kauft auf eigene Rechnung gut laufende Titel in größerer Stückzahl und verkauft sie an den Buchhandel weiter. Der Funktionsrabatt ergibt sich als Differenz von Mengenrabatt und Verlagsgrundrabatt, der an die Sortimenter weitergegeben wird. Vorteile für diesen sind die Schnelligkeit der Lieferung und die Bündelung der Bestellungen an einen Lieferanten. Ähnlich arbeiten Spezialbarsortimente, die sich in Einzelgebieten (Esoterik, Sozialismus usw.) Marktnischen geschaffen haben.

Restauflagen von Büchern, die aus der Preisbindung herausgenommen wurden, können beim Großantiquariat bezogen werden. Läuft ein Buch zu dem günstigeren Preis nun sehr gut, kann es vereinzelt zum Nachdruck des Werkes im Auftrag des Großantiquariats kommen.

Da in einer Reihe von ZZ-Verkaufstellen auch Bücher vertrieben werden, geschieht hier der Bezug häufig über das Pressegrosso. Geschäfte für Bürobedarf beziehen dagegen vom Papiergroßhandel. Da der Anteil im Ausland verlegter Bücher steigt, nimmt die Rolle des Im- und Exportbuchhandel weiter zu.

Eine Sonderform nimmt das Rack-Jobbing (Regalgroßhandel) ein. Hierbei pachten Unternehmen Regalmeter in Kaufhäusern und Supermärkten und bestücken sie mit Titeln eigener Wahl. Die Abrechnung mit dem Einzelhandel erfolgt über Warenwirtschaftssysteme.

Verbreitender Buchhandel

Am Ende der Vertriebskette steht die Aufgabe, dem potenziellen Leser sein Buch zu verkaufen. Hierbei spielt die **klassische Buchhandlung** (Sortimenter) die größte Rolle. Sie bietet dem Kunden neben der Beschaffung die größte Beratungskompetenz. Buchhandelsketten und Buchkaufhäuser versuchen ähnliches mit Mengenvorteilen sowie einem breiten und tiefen Sortiment zu kombinieren.

Wichtige Rollen nehmen heute **Internetbuchhandlungen** und **Versand-buchhandlungen** ein. Sie bieten den Lesern den Vorteil der Auswahl in häuslicher Umgebung. Diese Formen werden ordnungspolitisch problematisch, wenn sie Verlagen oder Unternehmen des Zwischenbuchhandels gehören. Die Auswertung der Kundendaten (Data-Mining/Data-Fishing), besonders deren Bestellungen bei anderen Verlagen, verschafft elementare Marketingvorteile in allen Sub-Mix-Bereichen.

Der **Reisebuchhandel** (WBZ) besetzt heute Nischen in Bereichen Bürovertrieb (z. B. Kochbücher) oder auch Kindergärten (Kinderbücher).

Eine Weiterentwicklung des Rack-Jobbing ist das **Shop-in-Shop-Konzept.** Hierbei pachtet ein Verlag oder eine Großbuchhandlung innerhalb eines Kaufhauses eine nur von ihm genutzte Vertriebsfläche. Die Abrechnung erfolgt auch hier über Warenwirtschaftssysteme.

Sonstige Verkaufsstellen

Welche weiteren Verkaufsstellen in das Vertriebskonzept einbezogen werden, ob und wie weit sie genutzt werden, liegt zum einen am Verlagsprogramm und zum andern an der kaufmännischen Phantasie der Vertriebsmitarbeiter. Prinzipiell ist hier noch Absatzpotenzial festzustellen. Hier können nur einige Beispiele genannt werden.

- Antiquariate
- Autoersatzteilhandel
- Bahnhofsbuchhandel
- Computer-Shops
- Eine-Welt-Läden
- Fotofachgeschäfte
- Fahrradläden
- Kioske
- Kunsthandel
- Musikalienhandel
- Sex-Shops
- Tierhandlungen

Kommunikation

Die dargestellten Strukturen haben als Konsequenz, dass Bücher einen anderen Kommunikations-Mix haben müssen, zum einen als Problem der Einmaligkeit, zum zweiten, dass für das Einzelbuch nur ein geringes Kommunikationsbudget zur Verfügung stehen kann. Hier wird die Verlagsseite der Kommunikationspolitk vorgestellt, die der Autor aus seiner Interessenlage massiv unterstützen kann.

Konsumentenverhalten

Im Bemühen, die Buchkäufer exakt zu untersuchen, wird besonders der Lebensstil immer relevanter. Methodisches Problem dabei ist, dass sich die seelischen Faktoren (Einstellungen, Wünsche, Ängste) nur über das Selbstbild der Konsumenten erfassen lassen. Um dennoch die marketingrelevanten Aspekte des Innenlebens genau messen (operationalisieren) zu können, wurde der **AIO-Ansatz** entwickelt. A steht für Aktivitäten in Beruf und Freizeit, I für Interessen und O für Meinungen (engl.: Opinions).

Der Ansatz geht davon aus, dass ein bestimmter Lebensstil mit einem bestimmten Medienkonsum zusammenhängt. Da der Kauf von Büchern sehr stark vom Lebensstil und von Einstellungen abhängt, eignen sich Typologien nach dem AIO-Ansatz gut, um die Zielgruppen von verschiedenen Verlagsprogrammen abzugrenzen.

Dieser Ansatz kann ebenso auf Buchhandlungen übertragen werden, da auch bei der Wahl des Einkaufsortes AIO-Aspekte eine große Rolle spielen.

Klassische Werbung

Neben den Standardinstrumenten der klassischen Werbung, die natürlich auch hier gelten, werden spezielle Möglichkeiten des Buchmarktes erörtert. Wenn ein Verlag oder eine Buchhandlung klassische Werbung schaltet, hat der Planer häufig ein Lieblingsmedium oder ein Medium, welches mit Abstand die besten Werte bei der Mediaauswahl erzielt hat.

Untersuchungen ergaben, dass die Werbewirkung erhöht wird, wenn in zwei unterschiedlichen Medien, wie einer Zeitschrift und im Internet geworben wird. Diese positive Wechselwirkung und die Transfer-Effekte, die beim Zusammenspiel im Rahmen einer Mixkampagne entstehen, werden Multiplikationseffekte (multiplier-effects) genannt. Schwerpunktmäßig sind dies drei Effekte:

- Zum einen verbessert sich die Werbeerinnerung durch die verschiedenen Mediagattungen.
- Zum zweiten verstärkt sich besonders das Markenbild des Verlags oder der Buchhandlung.
- Und drittens verbessert sich die Werbelernleistung der Kunden. Dies gilt besonders für Details und Zusammenhänge, die so besser kommuniziert werden.

So gilt auch in diesem Bereich, dass das Ganze mehr ist als die Summe seiner Teile.

Personality-Marketing

Dass Verlage in der Öffentlichkeit nicht nur durch ihre Autoren, sondern auch durch ihre Lektoren, Geschäftsführer oder Inhaber wahrgenommen werden, ist eine alte Beobachtung. Bei großen Medienhäusern oder Buchhandelsketten waren die Geschäftsführungsfunktionen früher anonymisiert. Erst seit einem Jahrzehnt werden auch diese Unternehmen stärker über ihre Führungskräfte bewertet. So werden Autor und Führungskraft als Menschen zum Mittel der Unternehmenskommunikation. Personality-Marketing entwickelt hierfür Ansätze und Maßnahmen, beispielsweise eine Autorenmarke aufzubauen.

In Medienunternehmen müssen darüber hinaus auch die Führungskräfte ein hohes Maß an Authentizität haben. Beliebtheit oder Perfektion spielen dagegen im Buchbereich eine geringere Rolle. So geht das Personality-Marketing über Maßnahmen der Mitarbeiterschulung (Medientraining, Rhetorikkurs) hinaus. Da eine Reihe von sogenannten „weichen Faktoren", wie Kreativität, Ethik oder die Fähigkeit zum Zuhören erfüllt werden müssen, greift dieser Ansatz in die Autoren- und Personalauswahl mit ein. Personality-Marketing geht davon aus, dass 50 % des Unternehmenserfolgs durch das Image der handelnden Personen bei Lesern, Handel, Mitarbeitern und Investoren beeinflusst werden.

Internal Branding

Eine weitere Maßnahme im PR-Innenbereich (Human Relations) eines Verlages ist das Internal Branding. In vielen Verlagen herrscht die Vorstellung, dass Marken ausschließlich für den Buchhandel und vielleicht noch für die Leser entwickelt und gepflegt werden.

Der Ansatz der internen Markenführung geht einen Schritt weiter. Er besagt, dass allen Mitwirkenden am Prozess der Buchschöpfung (vom Autor bis zum Außendienst) die Markenpersönlichkeit des Verlages vertraut sein sollte. Um dies zu erreichen, muss jedem Mitwirkenden die Verlagsphilosophie und die Unternehmenskultur vermittelt werden.

Doch nur die theoretische Ebene allein bringt wenig Erfolg. Damit die Markenführung für die Mitarbeiter glaubwürdig wird, muss diese auch praktisch erlebbar sein. Besonders Verlagsmitarbeiter ohne Kundenkontakt haben hier in der Regel Defizite. Deshalb sollten auch sie von Zeit zu Zeit in Treffen mit Autoren, Zwischenbuchhandel und dem verbreitenden Buchhandel einbezogen werden, auch dann, wenn dies vordergründig nicht notwendig erscheint. Aber nur so können sie sich selbst von der Wichtigkeit ihrer Arbeit überzeugen.

Event-Marketing

Kaum ein Marketingbegriff wurde in den letzten Jahren so inflationär benutzt wie der des Event-Marketings, und kein Segment der Kommunikationspolitik hat ein so großes Ausgabenwachstum gehabt wie dieses.

Zwei unterschiedliche Elemente spielen im Event-Marketing eine Rolle:
- Präsentation eines Buches, einer Buchhandlung oder eines Verlages,
- Initiierung einer erlebnisorientierten Kommunikation.

Ziele können aktive Ansprache, Eintreten in einen Dialog, Motivation oder auch Imagefestigung sein. Zielgruppen dieser Maßnahmen sind auf drei Ebenen zu finden:
- Zunächst *interne Zielgruppen,* wie Vertreterkonferenzen oder Jubiläen.
- Als zweite Zielgruppe *Zwischenbuchhandel* oder *Medienvertreter*, die zwar extern sind, aber auf die Buchkäufer einwirken. Hier werden beispielsweise Pressekonferenzen oder Fachkongresse eingesetzt.
- Die sogenannten *Handelsevents,* wie das Aufstellen einer Hüpfburg oder Auftritte von Künstlern, zielen auf den letztendlichen Buchkäufer.

Marketeasing

Ein weiteres Instrument der Verlagsdarstellung ist Marketeasing. Viele Verlage sind mit dem Kosten-Nutzen-Verhältnis der Kommunikation unzufrieden oder haben nur kleine Werbebudgets.

Besonders die klassische Werbung wird bei emotionsgeladenen Medien, wie Büchern oder DVDs oft als langweilig und zum Teil nutzlos angesehen. Deshalb versuchen Verlage, mit verblüffenden, spektakulären oder spaßigen Aktionen für ihre Kunden einen Werbedruck aufzubauen. Sie kopieren die Prinzipien der Kommunikation von Umweltorganisationen, Sponti-Gruppen aus den 60er-Jahren oder der amerikanischen Kommunikationsguerilla und adaptieren sie für die Produkte ihrer Kunden.

Marketeasing nennt sich der Ansatz, der Verlag, Autor, Leser und Buchhandel mit ausgefallenen Ideen im Marketing verzahnen möchte. Das Kunstwort aus Market und Teaser (wörtlich: Reizer) steht für diese Art der werblichen Kommunikation, die das Budget nicht in Anzeigen, sondern Aktionen stecken möchte, die den emotionalen Gehalt der Werbebotschaft effektiv transportieren kann. Damit können z. B. auch Trennungen von Reaktion und Inhalt in Zeitschriften umgangen werden oder Werbebeschränkungen und Werbeverbote ausgehebelt werden.

ONLINEPRODUKTE

Die Distribution von Digitalmedien ist nach wie vor stark von technischen Voraussetzungen der Hardware bzw. des Betriebssystems und der Software bzw. des jeweiligen Distributionskanals abhängig. Insgesamt funktioniert der Vertrieb von Digitalprodukten fast ausschließlich in geschlossenen Systemen, die einen Registrierungsprozess als Voraussetzung für den mit dem Kauf verbundenen Bezahlprozess erforderlich machen.

Online / Internet

Das Internet ist die technische Voraussetzung für die Distribution digitaler Medien. Alle Plattformen sind mit dem Internet verbunden und dadurch online erreichbar. Damit bildet das Internet im wahrsten Sinne des Wortes die Datenautobahn für die Online-Aktivitäten von Medienunternehmen. Dabei besteht heute kein Unterschied mehr zwischen den sogenannten proprietären Online-Diensten und dem mobilen Zugang zum Web. Der Marktanteil des mobilen Zugangs wächst seit einigen Jahren beständig.

Print on Demand

Dieser Begriff beschreibt das Geschäftsmodell und das damit verbundene Verfahren zugleich. Hierzu werden die bestellten Printprodukte – meist handelt es sich dabei um Bücher oder Broschüren – erst nach Eingang einer Bestellung in der Auflage der Höhe der Bestellmenge gedruckt, gebunden und ausgeliefert.

Infolge des Fortschritts beim Digitaldruck und der buchbinderischen Verarbeitung hat sich dieses Geschäftsmodell beispielsweise für Fachbücher nach langem Vorlauf etabliert. Aus betriebswirtschaftlicher Sicht reduziert der Verlag damit das wirtschaftliche Risiko bzw. die erforderliche Kapitalbindung.

E-Paper

Die Distribution von E-Papers erfolgt in unterschiedlicher Art und Weise. Entweder versenden die Verlage per Mail einen Link zum Download der jeweiligen Ausgabe an die Leser. Oder die Leser laden sich im Shop des Anbieters nach dem Bezahlprozess die Ausgabe herunter.

App-Store/iTunes

Hinter beiden Begriffen stehen Angebote von *Apple*. Im App-Store können die Benutzer von Apple-Produkten alle Apps in der Übersicht sehen, suchen und auswählen und anschließend bezahlen und herunterladen. Der App-Store ist ein geschlossenes System, das ausschließlich mit *iTunes* aufgerufen und in dem ausschließlich mit einem iTunes-Account bezahlt werden kann. iTunes ist das Verwaltungsprogramm für Musik, Apps, Movies, Fotos von Apple, das auch auf PCs mit einem Betriebssystem von *Windows* funktioniert.

Was bedeutet dies für Verlage? Die Distribution von Verlagsprodukten über iTunes erfolgt entweder über den Store oder das Kiosksystem. In jedem Fall erhält Apple 30 Prozent vom Verkaufswert und behält sich vor, Publikationen von der Distribution auszuschließen, wenn diese gegen die Regeln von Apple (z. B. Pornografie etc.) verstoßen.

Kiosk für Tablets / Android

Die Verbreitung des Betriebssystems *Android* für Smartphones und Tablets steigt kontinuierlich an. *Google Play* bietet ein umfassendes Angebot an Medien-Apps an. *Springer* und die *Deutsche Post (eKiosk)* bieten auch Einzelausgaben an.

Online-Abo

Das Online-Abo ist eine besondere Form des Digital-Abonnements. Im Normalfall versteht man darunter den kostenpflichtigen Bezug von Produkten wie dem eines Newsletters oder den Zugang zu einer Website. Damit ist das Online-Abo – neben dem kostenpflichtigen Einzelverkauf – das entscheidende Geschäftsmodell für Paid-Content.

Crossmedia-Publishing

Der Begriff Crossmedia-Publishing fasst das medienübergreifende Publizieren auf der Grundlage von medienneutralen Daten zusammen. Beim Crossmedia-Publishing werden Medienprodukte produziert, die zu unterschiedlichen Medienausprägungen gehören können, wie Print, Online, Mobile etc. und dabei aus einer medienneutralen Datenbasis stammen (Single-Source-Publishing). Dabei werden die Inhalte medienneutral verwaltet und gespeichert. Meist werden diese Daten im XML-Format gespeichert.

User-Generated-Content

Das Zauberwort im *Web 2.0* beschreibt die Produktion von Inhalten durch die User. Das reicht vom Kommentar in einem Blog oder die Produktbewertung bei *Amazon* über den Status in einem Sozialen Netzwerk, die Leser-Journalisten bei Tageszeitungen bis zum Kommentar mit eigenen Fotos auf einem Beurteilungsportal für Hotels. Damit beschreibt der Begriff User-Generated-Content (UGC) Medieninhalte, die nicht von Anbietern von Websites, sondern von deren Nutzern erstellt wurden. Dabei muss der Inhalt laut OECD folgenden Kriterien genügen: Die publizierten Inhalte müssen eine kreative Eigenleistung erkennen lassen und außerhalb von professionellen Arbeitsabläufen entstanden sein.

Paid-Content

Hierunter wird der kostenpflichtige Vertrieb von digitalen Inhalten in elektronischen Medien verstanden. Dies können beispielsweise kostenpflichtige Newsletter oder der Zugang zu geschlossenen Informationen auf Websites sein. Sind Inhalte auf einer Website nur entgeltlich – zum Beispiel im Rahmen eines Abonnements – zugänglich, dann wird auch von sogenannten Paywall-Geschäftsmodellen gesprochen. Hier ist ein Login erforderlich.

Die IVW hat mit dem Meldeverfahren *Paid Content* das bestehende Verfahren in den Bereichen Print und Online ergänzt. Damit besteht für Medienunternehmen eine ergänzende Option für die Darstellung ihrer Leistungswerte.

VERANSTALTUNGEN UND DIENSTLEISTUNGEN

Medienhäuser tun gut daran, ihr Produktportfolio durch das Anbieten von Veranstaltungen, Seminaren, Messen oder Reisen über das hier vorgestellte klassische Angebot hinaus abzurunden. Dies gilt sowohl für den Bereich Business-to-Consumer (B-to-C) als auch für den Bereich B-to-B.

Aber auch in der Vermarktung von Dienstleistungen besteht noch erhebliches Potenzial. So kann beispielsweise im Bereich der E-Book-Produktion von der Konvertierung bis zur Verteilung Folgendes angeboten werden:

- Anbindung an verschiedene Vertriebskanäle
- Distribution von Katalogdaten
- Integrative Lösung aus einer Hand, in einem System
- Umsetzung von DRM (weich bis hart)
- Uploading und Hosting der Inhalte
- Verteilung von Master-Copies
- Verteilung von Tokens (Remote-Digital-Warehouse)
- Verwaltung von Lieferrechten

KAPITEL 6

HERSTELLUNGS- UND PRODUKTIONSPROZESSE VON DIGITAL- UND PRINTMEDIEN

CORPORATE IDENTITY, TYPOGRAFIE, LAYOUT

Corporate Identity

Unter **Corporate Design** sind visuelle und akustische Gestaltungsmuster zu verstehen, die ein Medienformat im Erscheinungsbild unverwechselbar machen. Die aus diesen Teilen zusammengesetzte Wahrnehmung (im Zusammenspiel mit weiteren Komponenten) ergibt die **Corporate Identity**. Diese positioniert das Unternehmen und transportiert die strategisch geplante Identität. Die Gestaltungsregeln dazu werden in sogenannten Styleguides schriftlich festgelegt.

Ein periodisch erscheinendes Medienprodukt mit gleichem Erscheinungsbild, aber wechselnden Inhalten, wird als Format bezeichnet. Dabei sind wiedererkenn- und unverwechselbare Gestaltungselemente und Abfolgeprinzipien verankert (Produktbeispiele Print: *FAZ, BILD, Spiegel, Cosmopolitan*; Audiovisuell: *Hitparade, Mittagsmagazin*; TV: *Tagesschau*).

Layout

Das Layout ist das „Drehbuch" eines Druckerzeugnisses oder Digitalproduktes. Es bestimmt mit detaillierten Anweisungen die Seitendramaturgie und berücksichtigt alle gestalterischen Eventualitäten.

Typografie

Die Typografie ist die Umsetzung der Copy-Strategie, die über das Layout transportiert wird. Das bedingt komplexe Gestaltungs- und Abstimmungsprozesse, die den Charakter und die Besonderheiten des jeweiligen Print- oder Digitalproduktes bestimmen. Typografie realisiert, organisiert und harmonisiert die Tonality mit den im Layout vorgegebenen Bestandteilen und Stilmitteln.

Die Mittel der Typografie werden im Layout umgesetzt und die Komponenten einer **Druck- oder Digitalseite** organisiert. Dazu gehören z. B.

- Seitenformat
- Satzspiegel
- Schriften
- Zeilenabstände
- Satzarten
- Spaltigkeit
- Farbigkeit
- Bildgrößen
- Weißräume.

Analog zur Typografie sind dies bei **Audio** je nach Format und Einsatzzweck:

- Jingle
- Trailer
- Soundlogo
- Klangfarben (hölzern – warm – kalt)
- Frequenz-Differenzierung (Bass – Mitten – Höhe)
- Rhythmen (getrieben – beschwingt – getragen)
- Rhythmus-Intervalle (Beat)
- Rhythmus-Auslassungen (Break)
- dynamische Entwicklung (Lautstärkenanstieg/-abfall bei Spots)
- Tonhöhen-Intervalle (Melodie).

Die Stilmittel bei **Bewegtbild** sind u. a.

- Bild-Seitenverhältnis (4:3, 16:9, Cinemascope 2.35:1)
- Einstellungsgröße (Weite, Totale, Halbtotale, Halbnahe, Nah, Groß, Detail)
- Kamerastandpunkt (Normal-, Frosch-, Vogelperspektive)
- Kamerabewegung (Schwenk, Fahr, Zoom)
- Brennweiten-Schärfeneinstellung der Kamera
- Farbigkeit/Färbung des Bildes
- Schnitt/Montage
- Blue-/Green-Screen Aufnahmen
- Compositing (Trickmontage).

SCHRIFTEN

Historie

Schrift visualisiert Sprache durch Schreiben, Drucken und in digitaler Anwendung. Die Geschichte der von uns angewandten lateinischen Schrift hat ihre Anfänge im 9. Jahrhundert v. Chr. mit der Entwicklung des griechischen Alphabetes. Lautwerte wurden nun in Einzelzeichen (**Buchstaben**) darstellbar. Durch das römische Imperium fand das Alphabet größte Verbreitung. Die geometrischen Grundelemente der Schriftzeichen waren der Kreis, das Dreieck und das Quadrat. Die römische Kapitalis wurde ausschließlich mit **Versalien** (Großbuchstaben/**Majuskeln**) geschrieben. In der Zeit Karl des Großen (800 n. Chr.) entstanden Kleinbuchstaben (**Minuskeln**/Gemeine). Später wurden Versalien und Kleinbuchstaben gemischt.

Die gesamte Entwicklung der Schrift im europäischen Sprachraum ist eng verbunden mit den Menschen und ihren Lebensumständen. Sie spiegelt in ihren Erscheinungsformen den Zeitgeist der jeweiligen Epoche wider. Die Erfindung der beweglichen **Letter** (Buchstabe) durch Johannes Gutenberg im 15. Jahrhundert war die Geburtsstunde der Druckschriften, und bis heute bemühen sich Gestalter um dem Zeitgeist angepasste Schriftdarstellungen.

Fonts

Je nach Sprache stehen unterschiedliche Zeichensätze (Schriftfonts) zur Verfügung. Richtig angewandt ist es so möglich, einem Medienprodukt einen prägnanten Stil zu verleihen.

Das wahrnehmbare **Schriftbild** ist eine individuelle Gestaltung mit besonderen Merkmalen. Diese reichen von einem klaren und nüchternen Ausdruck in einem technischen Sachbuch über den Mix von aufeinander abgestimmten Schriften, die ein Journal ausmachen, bis zum textlichen Vorspann eines Horrorfilms.

Um Ordnung und Übersicht in diese Vielzahl zu bringen, wurde eine international verbindliche Klassifikation geschaffen und in die Deutsche Industrienorm aufgenommen. Nach DIN 16518 werden die Druckschriften nach historischen und formalen Gesichtspunkten in 11 Gruppen klassifiziert.

Hier ist festgelegt, welche unverkennbaren Merkmale **Schriftschnitte** haben müssen, um sie zweifelsfrei einzuordnen.

In der Praxis finden vier **Schriftklassen**, die jeweils eine große Auswahl von Schriftschnitten bieten, die meiste Anwendung:

Antiqua-Schriften haben Serifen.	flexibel gestalten
Grotesk-Schriften haben keine Serifen.	flexibel gestalten
Bei **gebrochenen Schriften** sind die Schriftlinien des Buchstaben gebrochen.	flexibel gestalten
Schreibschriften sind der Handschrift nachempfunden.	*flexibel gestalten*

flexibel gestalten *flexibel gestalten*	GESTALTUNG GESTALTUNG

Echte und unechte Kursivstellung (links), echte und unechte Kapitälchen (rechts)

Schriftschnitte sind Variationen eines Schriftbildes, die den **Duktus**, d. h. die Eigenarten der Schrift verändern, ohne den individuellen Charakterzug abzulösen. Im Folgenden sind einige Möglichkeiten aufgeführt, wie sich **Strichstärke**, **Dickte** (Schriftbreite) und **Neigung** (Kursivstellung) der Schnitte verändern können.

deutsch	englisch	Merkmal
normal	regular	Das Ausgangsdesign.
fett	**bold**	Die Strichstärke ist dicker.
mager	light	Die Strichstärke ist dünner.
breit	wide	Die Schrift wird verbreitert.
schmal	condensed	Die Schrift wird verschmälert.
licht	outline	Nur die Kontur der Schrift bleibt stehen.
Schatten	shadow	Die Schrift erhält eine Schattierung.
kursiv	*italic*	Die Schrift neigt sich nach rechts.

Die Summe aller Schnitte ergibt die **Schriftfamilie**.

Beispiele für die Schriftfamilie Garamond.

Regular	Condensed Regular	Extended Regular	Wide Regular
Italic	*Condensed Italic*	*Extended Italic*	*Wide Italic*
Bold	**Condensed Bold**	**Extended Bold**	**Wide Bold**
Bold Italic	***Condensed Bold Italic***	***Extended Bold Italic***	***Wide Bold Italic***

Lizenzen

Jede Schrift ist gemäß dem Urheberrecht ein Werk, das mit einer Frist von 70 Jahren post mortem geschützt ist. Sie besteht aus einem **Font** mit ca. 220 Schriftzeichen. Schriftfonts unterteilen sich in Lizenzschriften, Systemfonts und softwareinkludierte Fonts.

Lizenzschriften dürfen nur nach Erwerb genutzt werden. Bei **Systemfonts** sind bereits mit dem Kauf eines Betriebssystems Nutzungsrechte beinhaltet. Auch mit dem Kauf von Software können Schriftfonts inkludiert sein. Die Praxis von Verlagen, Grafikern und Agenturen, Schriftfonts aus Sicherheitsgründen einfach eingebunden in die finalen Daten an die Druckerei zu senden, bewegt sich rechtlich in einer Grauzone, da die Druckerei die Schrift für weitere Zwecke benutzen könnte. Deshalb ist die Weitergabe von PDFs hier eine Lösung, da die Fonts im Dokument eingebettet sind und nicht mehr gesondert verwendet werden können.

Fontformate

Mit Aufkommen von Textverarbeitungsprogrammen und den Möglichkeiten, Druckvorlagen vom PC aus herzustellen (DTP, DeskTopPub-
lishing), wurde das Akronym **WYSIWYG** für „**W**hat **Y**ou **S**ee **I**s **W**hat **Y**ou
Get" ein fester Begriff für die Anwender in Agenturen, Verlagen und der
grafischen Industrie. Zum ersten Mal war es möglich, schon auf dem Bildschirm zu sehen, was beim Drucken auf das Papier kommt. Durch stetige
Neuentwicklungen der verschiedensten Ausgabegeräte und -formate war
es jedoch nicht mehr möglich, lupenreines „WYSIWYG" zu realisieren. Die
Abweichungen von der Bildschirmansicht zum Ausdruck eines Tinten-
strahl- oder Laserdruckers oder die anschließende Ausgabe durch einen
Belichter auf die Druckplatte waren immens.

Heutzutage ist die Installation eines geeigneten Druckertreibers, der in der
Lage ist, eine Seitenbeschreibung auszugeben, die Voraussetzung für
„WYSIWYG". Für die Druckindustrie ist seit Jahren die Seitenbeschrei-
bungssprache **PostScript** ein Standard. Hiermit ist es realisierbar, alle
Informationen eines digitalen Dokumentes, inklusive Schrift, 1:1 zu ver-
arbeiten und auszudrucken.

Mit diesen Möglichkeiten wurde Ende der 80er Jahre die Ablösung des
klassischen Fotosatzes durch DTP eingeleitet. Das heute in der Praxis an-
gewandte **PDF** (Portable Document Format) ist auf PostScript aufgebaut.

Zusätzlich wurden **PostScript**-Fontformate entwickelt, die wie **TrueType-
Fonts** nach der Methode der **Vektordarstellung** eine Schrift aus Konturen
aufbauen und erst bei der Ausgabe mit **Bildpunkten** (s. Pixel) verfüllen.
Der Vorteil ist, dass Schriften bei Größenänderungen randscharf bleiben.
PostScript- und TrueType-Fonts sind Standards für die Ausgabe von
Schriftdarstellung und können in den gängigen Betriebssystemen (Mac,
Windows, Unix) eingebettet sein.

Bitmap-Schriften sind eine weitere Möglichkeit und zudem die älteste der
digitalen Schriftdarstellung. Hier ist jedes Zeichen eines Fonts in einer
Rastergrafik gespeichert. Somit ist keine unbeschränkte Skalierung mög-
lich, da es durch den Bildpunktaufbau zu Randschärfenverlusten kommt.
Auch der Speicherbedarf ist bei Bitmap-Schriften erheblich höher. Ihre
Anwendung beschränkt sich heute oft nur noch auf LCD-Displays.

*TrueType (links) und
Bitmap (rechts)*

BILD UND RASTER

Bildvorlagen

„Ein Bild sagt mehr als 1.000 Worte". Dieser Sinnspruch bezieht sich auf die hohe Aussagekraft von Bildern gegenüber rein textlichen Informationen. Kein Seitenelement in Druck, Screen und Bewegtbild kann Emotionen besser transportieren und ist inhaltlich aussagekräftiger. Grundvoraussetzung für die Reproduzierbarkeit ist die Art und Qualität des Ausgangsmaterials. Grob unterscheiden sich

- Digitalfotografie (Datei) sowie
- Aufsichts- (Fotoabzug).

Die Informationsträger unterteilen sich in

- Vollton-,
- Halbtonvorlagen und
- Bilddateien.

Volltonvorlagen sind zum Beispiel Federzeichnungen, Linol- und Holzschnitte mit gleichmäßig gedeckten Flächen und Linien.

Halbtonvorlagen lassen unser Auge Farbabstufungen in dunklere oder hellere Nuancen erkennen, z. B. schwarz-weiße Portraitfotografie und farbiges Urlaubsfoto. Graustufen sind tatsächlich visuell erfassbare Tonabstufungen zwischen weiß und schwarz oder z. B. auch die Abstufungen von hellblau und dunkelblau.

Um physikalische Vorlagen (Voll- und Halbtonvorlagen) in **Bilddateien** zu wandeln, müssen sie gescannt werden. Ein **Scanner** tastet die analogen Vorlagen nach ihren Helligkeits- und Farbinformationen ab. Dabei werden sie in die Grundfarben zerlegt (separiert) und sind dann im Computer bearbeitbar.

Bilddaten, die mit einer professionellen **Digitalkamera** aufgenommen werden, werden in einem hardwareabhängigen RAW-Format gespeichert. Die Rohdaten werden dann mit einer Software aufbereitet.

Bilddateien bestehen aus **Bildpunkten**. Die Gesamtheit der Bildpunkte bestimmt die **Bildauflösung**. Die optimale Auflösung richtet sich nach den Ausgabegeräten wie z.B. Bildschirm, Tintenstrahl- oder Laserdrucker, Beamer und Plattenbelichter für Druckplatten.

Zusammengesetzt aus den englischen Worten *picture* und *elements* ist das **Pixel** (Bildpunkt) die kleinste Darstellungszelle einer digital abgespeicherten Abbildung inklusive der Farbeigenschaften.

Die **Punktdichte** des Darstellungsverfahrens (z.B. Offsetdruck) ist maßgeblich für die letztendliche Wiedergabe von Details, Schärfe und Farbkontrast. Sie wird in **dpi** (dots per inch), **ppi** (pixel per inch) oder **lpi** (lines per inch) angegeben. Ist die Dateiauflösung in einzelne Pixel zu gering, kann trotz ausreichender Punktdichte ein Bild pixelig aussehen (gezackte Randlinien) oder unscharf sein.

Farbraum

Für **Bildschirmansichten** wird der **RGB-Farbraum** mit den Grundfarben Rot, Grün, Blau genutzt. Nach dem Prinzip der **additiven** Farblehre ergeben die drei Farben zusammen im richtigen Verhältnis Weiß.

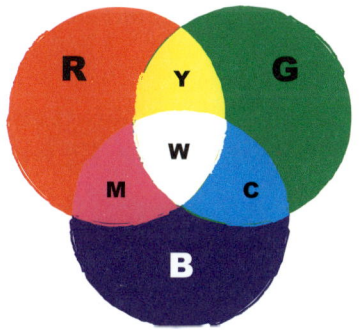
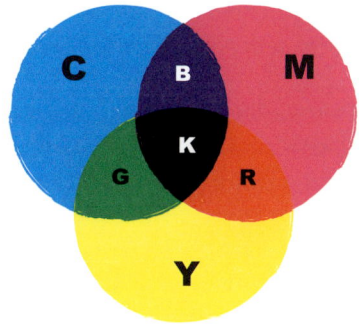

RGB- (links) und CMYK-Farbraum (rechts)

Um bunte Bilder druckbar zu machen, müssen die farbigen Bildinformationen in die Grundfarben der **subtraktiven** Farbmischung zerlegt werden (Farbseparation).

CMYK bezeichnet die Buntfarben **C**yan (Blau), **M**agenta (Purpur), **Y**ellow (Gelb) und **K**ey als ergänzendes Schwarz. Die prozentualen **Tonwerte** jeder einzelnen Farbe können in Stufen von 0 bis 100 % abgebildet werden. Theoretisch ergeben jeweils 100 % der Buntfarben übereinander gelegt eine 400%ige **Farbdeckung**. In der Praxis ist jedoch nur eine maximale **Tonwertsumme** von ca. 300 % (z. B. im Offsetdruck) für alle Farben realisierbar, da das Papier nicht mehr Farbe aufnehmen kann. Dieses Wissen muss schon bei der Anlage farbiger Layouts berücksichtigt werden.

Rasterung

Außer im Tiefdruck werden Halbtöne im Druck immer durch einzeln sichtbare Rasterpunkte wiedergegeben. Es wird zwischen

● amplitudenmodulierten (AM) und
● frequenzmodulierten (FM) Rasterungen

unterschieden.

AM-Raster

Das AM-Raster zerlegt das Bild in zeilen- und spaltenförmig angelegte Rasterpunkte. Tonwertabstufungen stellen sich durch in der Größe variierende Rasterpunkte dar, die je nach Helligkeitswert des Halbtons unterschiedlich groß sind. Somit ist der Tonwert der Prozentsatz einer Fläche (ausgehend vom Vollrasterpunkt mit 100 %), der im Druck mit Farbe bedeckt sein soll.

Der Rasterpunkt setzt sich bei der Druckplattenherstellung (Offset) aus Pixeln zusammen. Dies können z. B. 16 x 16 Pixel sein, die dann 256 Tonwertabstufungen ermöglichen.

Je nach Druckverfahren und Papierqualität werden verschiedene Rasterweiten eingesetzt. Ein 60er Raster z. B. gibt an, dass 60 Rasterpunkte auf der Strecke von einem Zentimeter aneinander gereiht sind. Je feiner die Rasterung, desto mehr Tonstufen und Details können wiedergegeben werden. Die Form der Rasterpunkte kann unterschiedlich sein (elliptisch, rund, quadratisch).

FM-Raster

Bei der FM-Rasterung (stochastische Rasterung) werden zur Wiedergabe von Halbtönen sehr kleine, gleichgroße Bildpunkte nach dem Zufallsprinzip verteilt. Je nach Tonwert des wiederzugebenden Bildes variiert die

Anzahl der 10 bis 20 Mikrometer großen Punkte in dunklen und hellen Partien. Feine Bilddetails können im FM-Raster (Offsetdruck) besonders gut wiedergegeben werden.

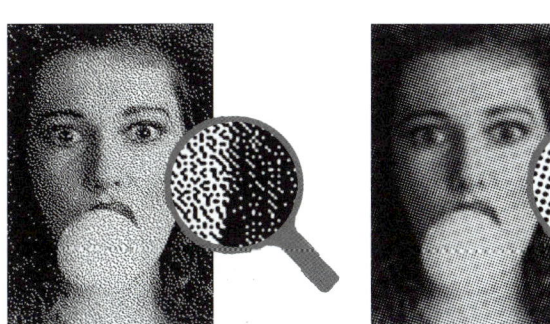

FM-Raster (links) und AM-Raster (rechts)

Beide Verfahren werden datentechnisch über ein PDF-/PostScript-**RIP** (**R**aster-**I**mage-**P**rozessor) umgesetzt, d. h., die Daten werden in eine Rastergrafik umgerechnet. Die dabei ablaufenden Programme separieren zudem die Farbauszüge nach dem CMYK-Farbmodell und geben die Winkelung bei der AM-Rasterung vor.

Farbseparation nach dem CMYK-Farbmodell

Die **Rasterwinkelung** verhindert, dass sich beim Druck die Gitterstruktur der Rasterpunkte einzelner Farben ungünstig überlagern. Falsche Winkelung ergibt im Zusammendruck ein **Moiré**. Das ist ein unerwünschter

Effekt, der zudem noch durch Doppelrasterung (Vorlage war schon gerastert) oder Motive mit feinen Linien oder Punkten (z. B. Bekleidung: Karos, Pepita, Glencheck) vorkommt.

Eine Möglichkeit der Rasterwinkelung beim Vierfarbdruck ist: Gelb 0°, Magenta 45°, Schwarz 75° und Cyan mit 15° zum Bildfuß (Bezugslinie).

Rasterwinklung im Vierfarbdruck (links) und Moiré (rechts)

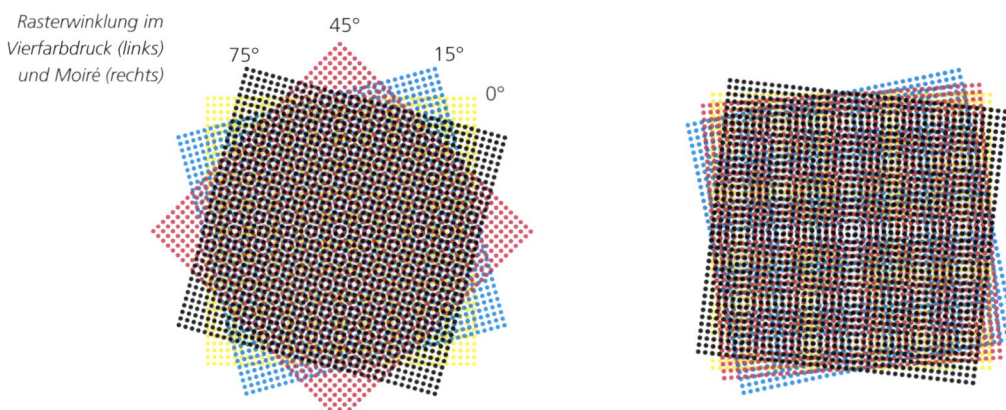

Bei passergenauem Druck und normalem Leseabstand wird das menschliche Auge ab der Verwendung einer 54er Rasterweite beim Betrachten einer farbigen Abbildung „echte" Mischfarben sehen. Bei der FM-Rasterung ist verfahrensbedingt keine Winkelung der Bildpunkte nötig und somit kommt es auch zu keinem Moiré.

Dies sind gängige Rasterweiten, die bei den Druckverfahren und aufgrund von Papierbeschaffenheit technisch realisierbar sind:

Druckverfahren	Raster
Zeitungsdruck Offset (Coldset)	bis 54er
Rollendruck Offset (Heatset)	60-80er
Bogenoffset	54-120er
Tiefdruck	70er
Siebdruck	48er
Flexodruck	40er

Papiersorten	Raster
Zeitungspapier	36er
Zeitungspapier aufgebessert	54er
Maschinenglattes Papier	48er
Satiniertes Papier	54er und 70er (Tiefdruck)
Leicht gestrichenes Papier	60-80er
Gestrichenes Papier	60-120er

PROGRAMME IM DIGITALEN WORKFLOW

Übersicht über Software im digitalen Herstellungsprozess

Um Seitenlayouts oder Anzeigen für die verschiedenen Medienkanäle zu realisieren, wird von Grafikern, in Agenturen und Verlagen eine Seitenlayoutsoftware genutzt. Damit können das Anlegen der Seitenverhältnisse und das Zusammenstellen von Fotos, Grafiken und Texten in den gewählten Fonts von einer Bedienoberfläche aus erfolgen.

Zweck / Inhalt	Beispielprogramm	Dateiendung
Bildbearbeitung	Adobe Photoshop	*.PSD *.RAW *.JPG
Druckprofile	ProfileMaker	*.ICC
Grafikerstellung	Adobe Illustrator	*.AI
Layouterstellung	Adobe InDesgin	*.IND
Reinlayout	Adobe Acrobat	*.PDF
Schriften	Font Viewer	*.FNT *.TTF *.OTF
Tonbearbeitung	Sound Forge	*.WAV *.OGG
Videobearbeitung	AVID	*.AVI
Websiteerstellung	Adobe Dream Weaver	*.HMTL *.CSS

Weltweit sind hier *QuarkXPress* und *InDesign* führend im Einsatz, die durch Programme zur Funktionsanreicherung ergänzt werden. Für Quark-XPress sind das die *Xtensions* und für Adobe InDesign die *Plugins*.

Verlage mit Tageszeitungen, Magazinen und größeren Web- und Tablet-auftritten nutzen meist Redaktions- und Umbruchsysteme, die sich immer mehr zu **Content-Management-Systemen (CMS)** weiterentwickeln. Klassische Print-Redaktionssysteme sind etwa *NGen (Multicom)*, *Newsgate (CCI)*, *Atex*, *Funkinform* oder *QPS (Quark)*. Die Redaktion wird hierbei schon bei Themenplanung- und Terminplanung, Recherche (etwa in den Feeds der Nachrichtenagenturen) sowie Textlegung unterstützt und die Inhalte werden medienneutral (zumeist im XML-Format) gespeichert. Alle modernen CMS bieten dabei die Voraussetzung zum Multichannel-Publishing in Print, Online und Mobile an. Da die digitalen Produkte immer stärker auf die Nutzer zugeschnitten und veredelt werden, geschieht dies meist über Schnittstellen zu speziellen Web-CMS.

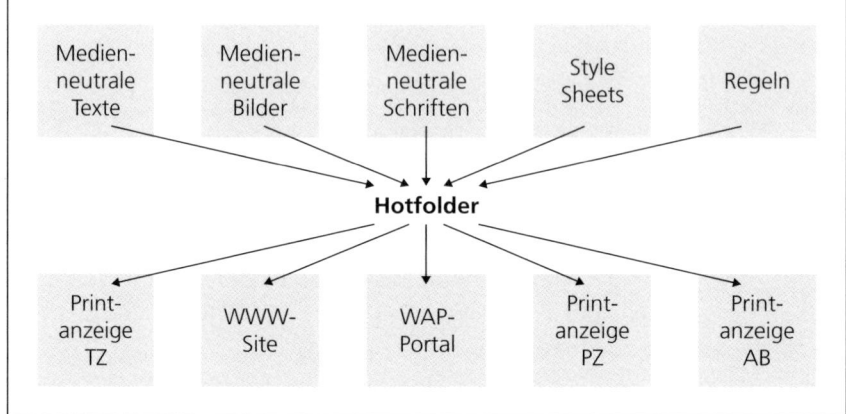

CMS intern für Agentur oder Verlag.

Die Seitenherstellung im Print erfolgt mit systemeigenen Editoren oder über angeschlossene Seitenlayoutsoftware und Zusatzprogramme wie zuvor beschrieben. Solche Systeme können mehrere hundert vernetzte Arbeitsplätze haben, die über Hierarchien (Rechteverwaltung) die jeweilige Funktion unterstützen. So wird festgelegt, wer wie viel Platz für einen Artikel festlegen darf, wer Texte einstellen darf, wer Bilder einfügen darf, und wer am Ende des genau abgestimmten Zusammenspiels z. B. eine Zeitungsseite zur Belichtung freigeben darf.

Zur Produktion von **Websites** greifen die meisten Redaktionen auf Online-CMS wie *CoreMedia, Polopoly, Typo3, Wordpress* oder hausintern programmierte Systeme zurück. Integriert oder angedockt sind dabei Funktionen wie Bildbearbeitung, Videoplayer, Schlagwortvergabe und -erstellung und die Einbettung von externen Inhalten wie Tweets, Facebook-Posts etc. Zahlreiche frei verfügbare Tools wie etwa *Storify* machen es möglich, Artikel einfach multimedial aufzubereiten. Auch für die Erstellung von digitalen Grafiken greifen einige Redaktionen auf Freeware wie etwa *Datawrapper* zurück.

Mobile Websites oder **Apps** werden in den meisten Fällen automatisch aus dem Online-Prozess bestückt. Entweder werden die Inhalte über spezielle Feeds aus dem Online-Prozess in ein mobiles, optimiertes Layout gelenkt. Dies bietet die Möglichkeit, die Smartphone-Präsenz unabhängig von der Website strategisch zu entwickeln und eigens zu vermarkten. Wird die Website im Responsive Design erstellt, passen sich die einzelnen Elemente automatisch an die Größe von Tablet- oder Smartphone-Bildschirmen an.

Kontrollsysteme

Zur Kontrolle der Seitenelemente ist der Papierausdruck über Tinten-strahldrucker oder Laserdrucker üblich. Für besonders bildlastige oder farbintensive Seiten, z.B. Anzeigenseiten, können **Proofs** gefertigt werden, die hochauflösend und in CMYK konvertiert, das angestrebte Druckresul-tat (fast) verbindlich simulieren.

Ist die verlagsinterne Seitenprüfung durchgeführt, können die Daten via VPN (Virtual Private Network), DVD, E-Mail oder FTP-Server (File Trans-fer Protocol) zur Weiterverarbeitung in die Druckerei übertragen werden.

Das Überprüfen von Seitenstrecken erfolgt über webbasierende Programm-me, die so die Freigabe erheblich erleichtern, da **Plots** (Kontrollausdrucke von Druckformen über Tintenstrahldrucker) nicht mehr hin und her trans-portiert werden müssen.

Ist für finale Dateien die **Imprimatur** (lat. für „Es werde gedruckt", ver-bindliche Freigabe) erteilt, bedeutet dies für die Druckerei den Startschuss.

Alternativ zum physischen Proof können auch farbverbindliche **Soft-proofs** aus den Dateien generiert werden, die auf Bildschirmen an der Druckmaschine den gesamten farbigen Eindruck der Seite und die jeweili-ge Farbseparation einzeln überprüfen lassen und somit die Farbsteuerung für den Druckbogen erleichtern.

Ausschießen

Beim Druck von mehrseitigen Printprodukten muss das Druckmaschinen-format und die anschließende buchbinderische Weiterverarbeitung be-stimmt und berücksichtigt werden.

Das nach diesen Kriterien vorbestimmte Anordnen des korrekten Seiten-stands im Endformat, der richtigen Reihenfolge und der Seitenränder mit Beschnittzugabe, nennt man **Ausschießen**.

Gedruckt wird je nach Endformat meist in 4-, 8-, 16- und 32-seitigen Bögen (bezogen auf DIN A4), im Rollendruck sind 16-, 32-, 48-, 64- oder 96-seitige Maschinen im Einsatz. Im Tiefdruck sind je nach Zylinderbreite der Maschine und dem Endformat des Produktes noch mehr Seiten möglich.

Ausschießmuster für 16 Seiten (oben) und die entsprechende Falzlage (unten)

Ausgabe

Ist ein Druckbogen z. B. für den Offsetdruck ausgeschossen und für die Fertigung freigegeben, wird die Datei zur Ausbelichtung auf ein Ausgabegerät geschickt. Das kann für **Film** ein **Laserbelichter** oder, wie heute üblich, für **Computer to Plate** (CTP) ein **Plattenbelichter** sein.

Beide Ausgabegeräte werden vom RIP angesteuert und geben die Bildinformationen mit einer Auflösung von 1.200 bis 2.400 dpi aus. Somit ist die Übertragung von feinsten Bildpunkten gewährleistet.

Es werden bei CTP alle Seiteninformationen direkt auf die Druckplatte belichtet (pro Farbe eine Platte).

DRUCKVERFAHREN

Drucken im herkömmlichen Sinne ist eine mechanische Übertragung von Schrift und Bild auf einen **Bedruckstoff** (z.B. Papier) mit dem Zweck der **Vervielfältigung**. Hierbei handelt es sich um einen Prozess, der in seinen Anfängen schon in der Antike praktiziert wurde und in seinen Auswirkungen prägend für Kulturen Asiens (Japan, China, Korea), den Zwischenstromländern (Assyrien, Sumer, Babylon) und im alten Rom war.

Wurden die **Druckstöcke** meist in einem Stück aus Holz oder aus Stein geschnitten, revolutionierte die Erfindung der **beweglichen Letter** durch Gutenberg die Möglichkeiten der maschinellen Vervielfältigung. Nun wurden Druckstöcke aus vielen Einzelteilen zusammengesetzt.

Gedruckte Bücher lösten die aufwändig handschriftlich kopierten Werke ab. Die erste regelmäßige und zeitnahe Berichterstattung wurde 1609 mit einer Wochenzeitung (Aviso) in Wolfenbüttel verwirklicht. Über ganz Europa breitete sich der **Buchdruck** in atemberaubendem Tempo aus.

Weitere Druckverfahren wurden entwickelt. Alle sind heute mehr oder weniger für industrielles Vervielfältigen auf den unterschiedlichsten Bedruckstoffen ausgerichtet.

In der DIN 16500 werden vier Hauptdruckverfahren spezifiziert:
- Hochdruck,
- Tiefdruck,
- Durchdruck und
- Flachdruck/Offset.

Ihre Bezeichnung lässt auf die Art des Druckstockes (erhaben, vertieft, durchdruckend) und die Methode der Farbübertragung auf das Druckgut schließen.

Hochdruck

Der Buchdruck oder **Hochdruck** basiert auf dem Prinzip, dass erhabene Teile einer Druckform mit Druckfarbe eingefärbt werden und dann mit dem Bedruckstoff **direkt** und unter Krafteinwirkung in Berührung kommen. Durch Pressung (Druck) wird die Farbe übertragen. Die Druckform ist flach oder zylindrisch und aus hartem, starren Material (Bleilegierung oder Kunststoff). Da es sich um einen Direktkontakt handelt, müssen die zu druckenden Teile (Schrift und Bild) **spiegelverkehrt** angelegt sein. Bis in die 1970er Jahre war der Buchdruck das meist eingesetzte Druckverfahren für Bücher, Geschäftsdrucksachen und Tageszeitungen.

Hochdruck

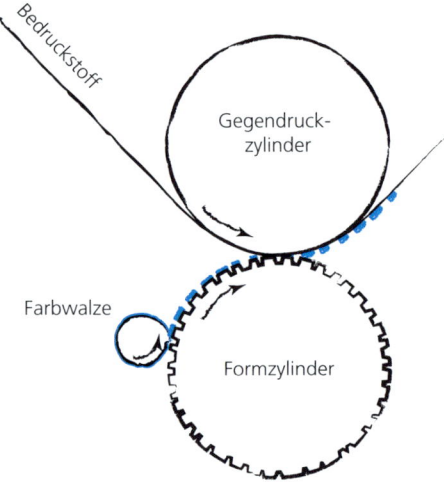

Optische Erkennungsmerkmale von Hochdruckerzeugnissen sind, unter Vergrößerung erkennbar, die sogenannten Quetschkanten (Farbwulste) bei Schrift und die nicht gleichmäßige Farbdeckung der Rasterpunkte bei Bildmotiven.

Mit den gleichen Erkennungszeichen wie im Hochdruck sind Produkte versehen, die im **Flexodruck** hergestellt werden. Von einer flexiblen Druckform, die aus weichem Kunststoff (Fotopolymer) besteht, wird auch hier von erhabenen Teilen direkt gedruckt. Ursprünglich für den Verpackungsdruck eingesetzt (z.B. Bedrucken von Metall- und Kunststofffolien) ist **Zeitungsflexodruck** heute vor allem in Großbritannien, USA und Italien vertreten.

Als weitere Variante des Hochdrucks zählt der **Letterset**, auch **indirekter Hochdruck** genannt. Der flexible, seitenrichtige Druckstock gibt die Einfärbung an einen Gummizylinder weiter. Das nun seitenverkehrt übertragene Motiv wird dann an den Bedruckstoff wieder seitenrichtig weitergegeben. Durch die Beschaffenheit der Farbe eignet sich der Letterset für den Druck von Verpackungen (Blechdruck, Tuben, Becher, CDs) und dem Dokumenten- und Wertpapierdruck.

Tiefdruck

Das Prinzip des industriellen **Tiefdruckverfahrens** entwickelte sich nach und nach aus dem handwerklichen Verfahren des **Kupferstichs**.

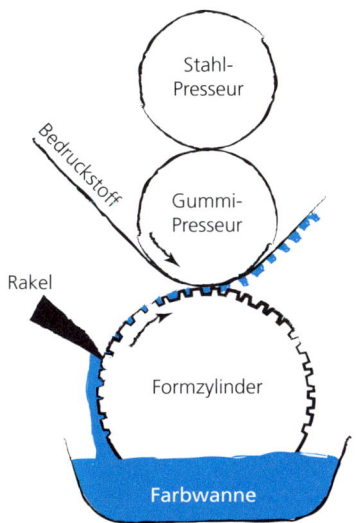

Tiefdruck

Der moderne Tiefdruck druckt von Metallzylindern, in welche die zu druckenden Teile mit einem elektromechanisch gesteuerten Diamantstichel oder per Laser spiegelverkehrt eingraviert werden. Dabei entstehen tiefen- und flächenvariable Näpfchen, die durch feinste Stege getrennt sind. Beim Druckvorgang werden diese Vertiefungen komplett mit Farbe verfüllt. Ein Rakel entfernt die überschüssige Farbe von den Stegen (nichtdruckende Teile). Die Papierbahn wird gegen den Druckzylinder geführt und das Papier nimmt die Farbe durch Anpressdruck und Saugwirkung aus den Näpfchen auf.

Tiefdruckrotationen sind für die Realisation von großen Auflagen konstruiert und können mit hoher Geschwindigkeit Druckbögen von bis zu 168 Seiten DIN A4 produzieren.

Ein Erkennungsmerkmal von Tiefdruckprodukten ist der „Sägezahneffekt", der in der Vergrößerung von Buchstaben oder Linien zu erkennen ist. Er entsteht durch die näpfchentrennenden Stege.

Siebdruck

Der **Siebdruck** ist ein weiteres Druckverfahren, das sich für Verpackungen anbietet. Es findet in der Werbung, der Beschriftung und beim Bedrucken fast aller Materialien (Textil, Keramik, Holz und vieles mehr) industriellen Einsatz.

Siebdruck

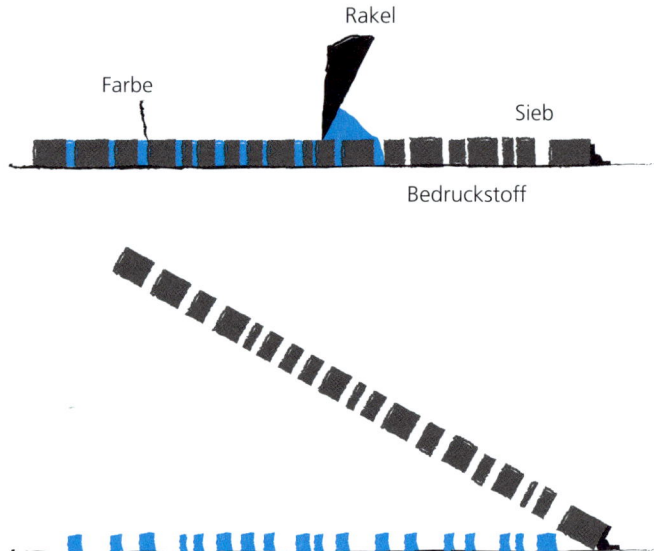

Das Vervielfältigungsprinzip basiert auf **Durchdruck**, d.h. Farbe wird durch ein Sieb gepresst, das an den zu druckenden Stellen offen ist, nicht zu druckende Stellen hingegen werden **abgedeckt**. Das Motiv wird durch eine Schablone, heute meist digital, auf das Sieb übertragen.

Es ist wohl das vielseitigste Druckverfahren, da das **Sieb** sich einer Vielzahl von Formen und Oberflächen anpassen kann – vom dünnsten Papier über metallene Schalttafeln bis zur bauchigen Flaschenform.

Bei klassischen Verlagsobjekten ist der Einsatz begrenzt, doch werden Sonderbögen in Spezialpublikationen und -büchern oder zusätzliche Ausstattung auf aufwändigen Umschlägen durchaus im Siebdruck realisiert.

Offsetdruck

Das Urprinzip des **Offsetdrucks** wurde von Alois Senefelder, einem Theaterschriftsteller, Ende des 18. Jahrhunderts entwickelt. Er suchte eine Möglichkeit, Notenblätter zu vervielfältigen und zeichnete mit Fettstift seitenverkehrt auf einen polierten Kalkstein (Solnhofener Kalkstein, auch Lithografischer Schiefer), den er so chemisch behandelte (mittels einer leichtsauren Lösung mit Gummiarabikum), dass nur das gezeichnete Motiv beim Druckvorgang auf das Papier übertragen wurde. Das Verfahren basiert auf der Abstoßreaktion von Fett und Wasser. Zu druckende Partien sind Farbe annehmend, nichtdruckende Partien, durch einen Wasserfilm geschützt, Farbe abstoßend.

Der **Steindruck** war damit erfunden. Es entwickelten sich maschinelle Verfahren des Steindrucks (Handpresse, Schnellpresse) und ermöglichten somit, dass Motive von einem kleinen Stein auf einen größeren übertragen werden konnten. So wurden Druckbogen mit mehr als einer Seite zusammengestellt. Die Grundlage für eine gewerbliche Nutzung war gelegt.

Die Weiterentwicklung ist der **Flach-** oder **Offsetdruck**. Er stellt seit den 1960er Jahren zunehmend das dominierende Druckverfahren für den Druck von Büchern, Zeitungen, Magazinen, Geschäftsdrucksachen und Verpackungen dar.

Es wird von einer flexiblen Metall- oder Kunststoffplatte gedruckt. Hier gibt es keine signifikant erhabenen oder vertieften Druckpartien. Die chemisch-physikalischen Wechselwirkungen gleichen dem des Steindrucks.

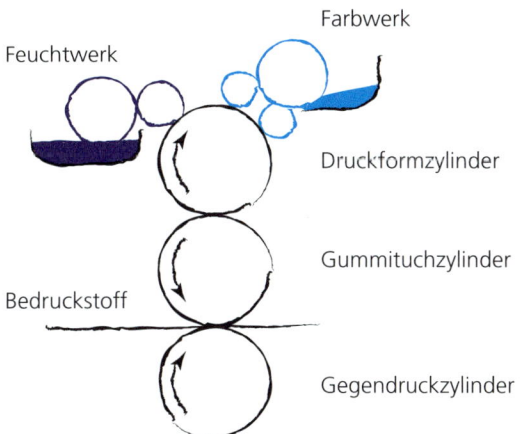

Offsetdruck

Es ist ein **indirektes** Druckverfahren, d.h. die motivtragende Druckplatte ist seitenrichtig und überträgt, „off-settet", auf einen Gummizylinder. Das nun seitenverkehrte Druckbild wird auf das Papier seitenrichtig übertragen. Die nötige Presswirkung wird von einem Gegendruckzylinder erzeugt (Dreizylindersystem). Ein sicheres Erkennungsmerkmal sind randscharfe Ränder bei Linien und Schrift, zudem sind Farbflächen gleichmäßig gefärbt.

Digitaldruck

Die Ansteuerung eines Tintenstrahl- oder Laserdruckers direkt vom PC und der nachfolgende Ausdruck einer Datei mit Schrift- und Bildinhalten in sehr kleiner Auflage ist im Alltag eine unverzichtbare Selbstverständlichkeit.

Nach dem gleichen Prinzip verfahrend entwickelte sich für die industrielle Nutzung der **Digitaldruck**. Unter dieser Bezeichnung sammeln sich Vervielfältigungstechniken, die ohne klassische Druckform auskommen und das Druckbild direkt aus einer Datei über eine Druckanlage auf das Papier übertragen (Computer to Press). Von Ausdruck zu Ausdruck lassen sich dateigesteuert alle Elemente der Seite individuell verändern (z.B. Adressen, Textblöcke, Abbildungen). Solche Anlagen können auf der Basis von Hochleistungslaserkopierern arbeiten oder digitale Tintendrucksysteme sein.

Die Möglichkeit der direkten Verbindung mit Weiterverarbeitungsmodulen (Lochen, Stanzen, Zusammentragen, Heften, Binden) zu kompletten Fertigungsstraßen macht sie hochinteressant für Spezialpublikationen. Ein weiterer Vorteil ist die Realisation von kleinen Auflagen oder die bedarfsgesteuerte Fertigung von Drucksachen, wenn nur wenige Exemplare benötigt werden (**Print on Demand**).

Die Ausdruckqualität unterscheidet sich qualitativ noch von den klassischen Verfahren, wird aber ständig verbessert.

Drucktechnik

Die Druckverfahren können auch anhand der technisch-mechanischen Art der Farbübertragung auf das Papier unterschieden werden.

Wird eine flache Druckform auf einen glatt liegenden Papierbogen gepresst oder durchgedrückt – **Flach auf Flach** (z. B. Hochdruck, Steindruck, Siebdruck) – ist das ein langsamer Druckprozess, jedoch mit hohem Qualitätslevel.

Bei **Rund auf Flach** gibt es zwei Varianten. Zum einen wird die Druckform auf einen Zylinder gespannt und über den flach liegenden Papierbogen gerollt. Bei der zweiten Variante wird über eine flache Druckform ein Zylinder abgerollt, der einen Papierbogen mit sich führt. Eingesetzt wird dieses Verfahren vor allem bei Bogenhochdruckpressen und bei Andruckmaschinen für den Flachdruck.

Der industriell meistgenutzte Maschinentyp für hohe Auflagen ist **Rund auf Rund**. Sowohl Druckträger als auch Gegendruck sind zylindrisch.

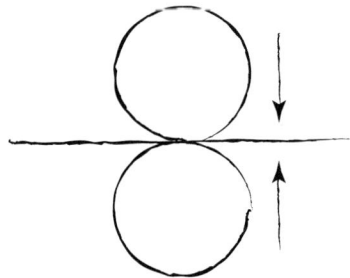

Hier ist zusätzlich noch zu unterscheiden, ob
- im Bogendruck oder
- im Rollendruck

produziert wird.

Der industrielle **Bogendruck** findet seinen Einsatz z. B. im Offsetdruck. Von Visitenkarten, Werbefoldern über Hochglanzbroschüren bis zur Kunstbuchproduktion ist alles möglich. Dabei werden einzelne Papierbogen bedruckt und anschließend weiterverarbeitet.

Beim **Rollendruck** wird von einer Papierrolle gedruckt, anschließend werden in einem Arbeitsgang die Druckprodukte getrennt und gefalzt. Dieses Verfahren ist der Klassiker für Zeitungen im Hoch-, Flexo- und Offsetdruck. Den Markt für Werbung, Zeitschriften, Magazine und Kataloge in hoher Auflage und großer Seitenzahl teilen sich Rollentiefdruck und der Rollenoffset.

PAPIER

Historie

Beschreib- und Bedruckstoffe waren die Basis aller Kulturen, um Gedachtes und Gesprochenes aufzuzeichnen und zu bewahren.

Ritzten Sumerer und Assyrer in Tontafeln, wurde in Ägypten schon in der Frühdynastischen Zeit (ab 3.000 v. Chr.) aus dem Mark der Papyrusstaude beschreibfähige Blattware erzeugt. **Papyrus** war neben dem **Pergament**, das aus geglätteten Tierhäuten hergestellt wurde, der Werkstoff der Antike. Papyrus verlor an Bedeutung und Pergament war bis ins Mittelalter führendes Schreib- und Bedruckmaterial und findet bis heute noch in exklusiven Nischen der Buchherstellung Anwendung.

Im ersten Jahrhundert n. Chr. wurde in China das Papier erfunden. Von dort aus gelangte es Jahrhunderte später über die Seidenstraße nach Arabien. Über Ägypten bis Marokko ging die Verbreitung Richtung Westen weiter.

Im 12. Jahrhundert wurde dann zum ersten Mal in Spanien eine Papiermühle in Betrieb genommen. Die Kunst der Papiermacher verbreitete sich langsam und kam über Italien dann nach Deutschland. 1390 begann die Gleismühle bei Nürnberg mit der Herstellung. Schnell hatten Handelshäuser die Bedeutung von Papier zur Nachrichtenübermittlung und das „Führen" von Büchern erkannt und so wurde es für den praktischen Alltag immer bedeutsamer.

Als Rohstoffgrundlage für die Papiergewinnung dienten zersetztes und fein gemahlenes Gewebe (**Hadern** und **Lumpen**). Das wurde mit Wasser in einer Schöpfbütte zu einem dünnflüssigen **Faserbrei** vermengt.

Beim anschließenden **Schöpfen** wurde ein Sieb in die Bütte getaucht, das Wasser lief ab und durch leichtes Schütteln bildete sich eine hauchdünne Faserablage, die zu einem **Blatt** verfilzte. Es folgte eine Reihe von Trocknungs- und Bearbeitungsgängen, die ihren Abschluss in beschreib- und bedruckfähigen **Papierbögen** hatten.

Papierherstellung

Die Papierherstellung ist in der Gegenwart ein höchstkomplexer Industriezweig. Hauptanwendung findet Papier zwar nach wie vor beim **Beschreiben** und **Bedrucken**, ist aber längst auch in vielen anderen Bereichen ein vielgenutztes Produkt geworden. Auch die Verwendung im **Verpackungs-** und **Hygienesegment** steigt stetig an.

Heute wird Papier zu 95 % aus pflanzlichen Faserstoffen – Holzstoff oder Zellstoff (Primärstoffe) – hergestellt. Dabei kommt es je nach Zusammensetzung und späterer Verwendung der Endqualität zu einem Gemisch von Rohstoffen, die zum ersten Mal eingesetzt werden und recycelter Anteile (Sekundärstoffe), die aus Altpapier gewonnen wurden.

Zusätzlich werden dem Papierbrei Füllstoffe zugeführt:
- Kaolin (Porzellanerde) oder Calciumkarbonat für die Pigmentierung,
- Gips, Asche und andere Mineralien zum Verfüllen zwischen den Fasern,
- Leimstoffe für weniger Saugfähigkeit des Papiers,
- Farbstoffe (z. B. optische Aufheller) und
- Nassfestmittel für einen notwendigen Zusammenhalt des Faserbreis während des Fertigungsprozesses.

Zur Veredlung des Materials kann der Grundstoff anschließend mit einem Auftrag (Strich) versehen werden, der die Oberfläche schließt und glättet, sowie weißer und stabiler macht.

Eine moderne Papiermaschine kann je nach Einsatz und Bauart in enormer Geschwindigkeit endlos über 10 Meter breite Papierrollen produzieren. Der auf ein Sieb aufgebrachte Rohstoff (1 % Gemisch, 99 % Wasser) wird nach Ablauf des Wassers von einem Walzensystem zur Press- und Trockenpartie übergeben, geglättet und anschließend auf den sogenannten Tambour (Mutterrolle) aufgewickelt.

Während des Auftragens des Papierrohstoffs richtet sich ein Großteil des Faseranteils, bedingt durch die Geschwindigkeit des rotierenden Siebes, an der Laufrichtung der Maschine aus. Die **Laufrichtung** des Papiers gibt an, in welche Richtung die Papierfaser verläuft und hat Einfluss auf die Bedruckbarkeit und die Weiterverarbeitung der Druckbögen.

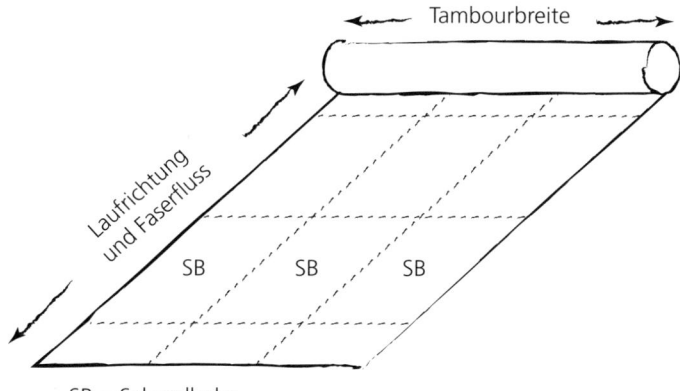

Laufrichtung des Papiers

SB = Schmalbahn

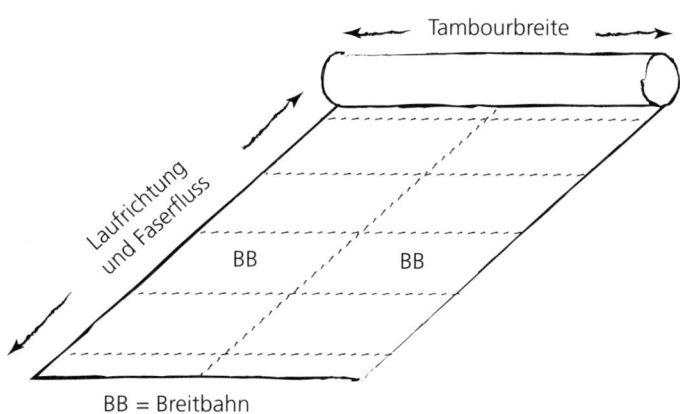

BB = Breitbahn

Das unveredelte Rohpapier steht für weitere **Glättung** (Kalandrierung) oder **Streichung** (Bindemittelauftrag) bereit. Anschließend wird beim Verarbeiten im Rollenschneider die Großrolle auf gewünschte kleinere Rollenbreiten gebracht, die dann ggf. in Spezialaggregaten zur benötigten Bogengröße geschnitten werden.

Tipps aus der Praxis

Laufrichtung des Papiers

Bei Büchern, klebegebundenen Zeitschriften und Foldern muss die Laufrichtung parallel zum Bund liegen. Lediglich bei rückendrahtgehefteten Zeitschriften ist eine Ausnahme möglich (wenn auch nicht ratsam).

Bestimmung der Laufrichtung

Fingernagelprobe: Zwischen den Nägeln von Daumen und Zeigefinger wird über die Kante der Breite, dann über die Kante der Länge eines Papierbogens gezogen. An einer der Kanten entstehen Wellen. Mit der glatten Kante verläuft der Faserverlauf.

Reißprobe

Ein Blatt Papier wird erst von der Breite, dann von der Länge her eingerissen. Einer der beiden Einrisse verläuft einigermaßen parallel zur Reißrichtung (Laufrichtung), während der andere Einriss ungleichmäßig und zackig verläuft.

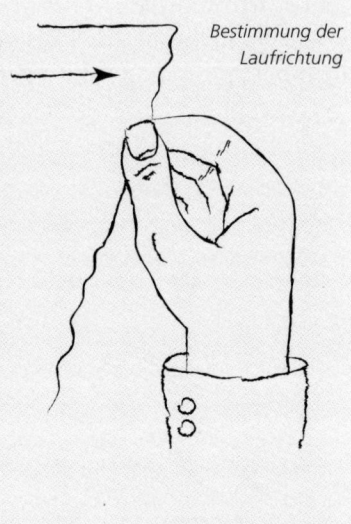

Bestimmung der Laufrichtung

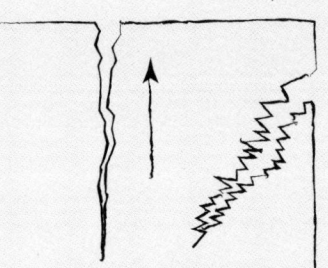

Reißprobe

Nachhaltigkeit

Die schon erwähnte weltweite Mehrnachfrage nach Druckpapier und die Vielzahl von Produkten aus Papier wirft unweigerlich die Frage nach **Ressourcensicherung** des Grundrohstoffes Holz und der Umweltverträglichkeit der Herstellungskette auf. Um hier den verarbeitenden Betrieben und dem Endverbraucher Orientierungshilfe für **schonenden** und **nachhaltigen** Umgang im gesamten Produktionsprozess zu bieten, wurden zahlreiche Zertifizierungssysteme entwickelt und eingeführt.

Das ist beispielhaft **Der Blaue Engel**, eine 1978 in Deutschland und dann auch international übernommene Kennzeichnung für nach Umweltschutzrichtlinien hergestellte und ausgeführte Produkte und Dienstleistungen. International etablierten sich speziell für die Papierbranche **FSC** (Forest Stewardship Council) und **PEFC** (Program for the Endorsement of Forest Certification Schemes), die heute hoch anerkannt sind und dem Verbraucher in seiner Produktwahl gewährleisten, dass die definierten Anforderungen vom Rohstoffgeber Wald bis zum ausgelieferten Erzeugnis eingehalten werden.

Zertifizierungen: Der Blaue Engel, FSC und PEFC

Papierauswahl

Welcher Wein zu welchem Anlass? Eine Frage, die wohlbedacht sein sollte, und sie kann ohne Bedenken auf die Papierauswahl übertragen werden.

Es sind viele wirtschaftliche und technische Anforderungen zu beachten, aber auch Emotionen, ausgelöst durch Optik und Haptik (gefühlter Eindruck) kommen ins Spiel, die unabhängig vom Inhalt darüber entscheiden, ob der Leser gerne zu einem bestimmten Buch oder Magazin greift. Druckpapiere lassen sich grob einteilen:

- Zeitungspapier,
- ungestrichen holzhaltiges,
- gestrichen holzhaltiges und
- Feinpapier.

Der Unterschied zeigt sich in der Zusammensetzung der jeweiligen Anteile des Grundstoffes (Holzstoff, Zellstoff, Recycling). Dazu kommt die Oberflächenbeschaffenheit (maschinenglatt, kalandriert, matt, seidenmatt oder glänzend gestrichen) und die technische Eignung für das jeweilige Druckverfahren. Auf der Suche nach dem richtigen Papier hilft eine Reihe von international geltenden Abkürzungen, die über den Charakter und den Verwendungszweck Aufschluss geben können.

Je nach Verwendungszweck wird Papier in den verschiedensten Gewichten gefertigt. Die sogenannte **Grammatur** gibt das Gewicht in Gramm pro Quadratmeter (g/m^2) an. Für den Umschlag eines Magazins kann z.B. ein 200 g/m^2, holzfrei, weiß, glänzend gestrichenes und für den Inhalt ein 90 g/m^2, matt gestrichenes Papier eingesetzt werden.

Tipps aus der Praxis

Kriterien für Papierauswahl können sein:
- Eignung für das Endprodukt (Bücher, Geschäftsdrucksachen, Verlagsobjekte, Kopier- oder Beschreibfähigkeit usw.)
- Auflagenhöhe (Bogen- oder Rollenware)
- Grammatur (Papiergewicht; gemessen in g/m^2),
- das Volumen (Papierdicke; angegeben als 1,0- bis 2,5-fach)
- Weiße (grünlich, gelblich, bläulich, rötlich)
- Glätte
- Oberflächenbeschaffenheit (matt, seidenmatt, glänzend, hochglänzend)
- Opazität (Blickdichte; abhängig von Fasergemisch, Strich und Grammatur)
- Laufrichtung (Komfort beim Blättern)
- Druckverfahren (Eignung für das Druckverfahren: Bogen-, Rollen-, Offset- oder Tiefdruck)
- Veränderung nach dem Druckvorgang (Trocknung, Farbabrieb, Kräuselung, Welligkeit, evtl. Volumenverlust usw.)
- Veredlung (Heißfolienkaschierung, Lackierungsart usw.)
- Weiterverarbeitung (Falzen, Nuten, Rillen, Prägen)
- Bindung (Klebebindung, Faden-, Rückendraht-, Spiralheftung usw.)
- Versand- und Zustellungsart (Gewichts- und Preisstaffeln für Zustellung, z.B. für Brief- und Werbesendungen, Abozustellung von Zeitschriften)

Veredlung

Die Druckindustrie bietet eine Fülle von Möglichkeiten, um Gedrucktes oder Verpackungen so aufzuwerten, dass es optisch und haptisch zu Anreizen beim Zugreifen kommt – selbst Düfte können transportiert werden.

Das Einsatzgebiet für Druckveredlung ist riesig: Einbände von Büchern, Hochglanzumschläge bei Magazinen und Katalogen, Broschüren, Speisekarten, papierne Spiele, Lern- und Kartenmaterialien, Visitenkarten und Briefbögen können mit den verschiedensten Arten von Lacken, Prägungen und Kaschierungen zusätzlich versehen werden.

Lacke werden vollflächig oder partiell direkt in der Druckmaschine mit einem oder mehreren zusätzlichen Farbwerken auf die Druckbögen gebracht.

Prägungen können „blind", also ohne zusätzlichen Effekt als Vertiefung oder Erhöhung in Papier oder Karton gebracht werden oder bei der Heißfolienprägung mit Glanz oder Farbe versehen sein. Das können alleinstehende Motive, aber auch flächige Strukturen sein.

Besonderen Schutz vor Schmutz oder Verkratzung erhalten Druckprodukte und Verpackungen mit einer **Kaschierung**. Dabei werden Papiere oder Kartons mit Folie, die matt, glänzend oder strukturiert sein kann, verbunden.

WEITERVERARBEITUNG

Alle Verlagserzeugnisse müssen nach dem Druck je nach Verwendungszweck in einzelnen technischen Arbeitsschritten in ihre endgültige Form gebracht werden. Das heißt, alle Bögen werden gefalzt, kollationiert (zusammengebracht), gebunden, beschnitten, verpackt und versandfertig gemacht.

Der handwerklich ausgerichtete Buchbinder, der Bücher mit individuellen Einbänden und kunstvollen Appliken versieht, ist bis auf Ausnahmen der industriell ausgerichteten Buchbinder- und Fertigmacherei gewichen. Diese kann direkt am Druckhaus angeschlossen sein oder als eigenständiges Unternehmen agieren.

Ob handwerklich oder industriell, die exakte Ausführung und der Einsatz der gewählten Materialien entscheiden über anwenderfreundliches Handling und Haltbarkeit des verlegerischen Endproduktes.

Falzen und binden

Nach dem Druck werden die **Planobögen** gefalzt. Das schon beschriebene Ausschießen, also die Anordnung der einzelnen Seiten zueinander, gewährleistet deren richtige Reihenfolge und berücksichtigt auch die **Bindungsart**.

Bei Fadenheftung und Klebebindung werden die einzelnen gefalzten Bögen **hintereinander zusammengetragen**, bei der Rückendrahtheftung **ineinander gesteckt/gesammelt**. Bei 64 Seiten, in 16er Bögen gedruckt, sind die Bögen bei Fadenheftung und Klebebindung wie folgt angeordnet: Bogen 1: Seite 1-16, Bogen 2: Seite 17-32 usw., während für Rückendrahtheftung die Seiten 1-8 und 57-64 auf Bogen 1 belegt sind, für Bogen 2 die Seiten 9-16 und 49-56, usw.

Bei der **Rückendrahtheftung** ist zu beachten, dass es je nach Anzahl der ineinander gesteckten Bögen und der Papiergrammatur zu einer **Verdrängung** der inneren Bögen kommt. Das führt dazu, dass nach Endbeschnitt die inneren Seiten schmaler sind. Durch einen automatischen

Verdrängungsausgleich beim Ausschießen können jedoch alle Seiteninformationen erhalten bleiben (geringfügige Verkleinerung der Seite).

Gefalzt werden in der Regel 4-, 8-, 16- und 32-seitige Druckbögen.

1-Bruch gefalzter Bogen
2 Blatt = 4 Seiten

2-Bruch gefalzter Bogen
4 Blatt = 8 Seiten

 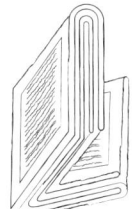

3-Bruch gefalzter Bogen
8 Blatt = 16 Seiten

4-Bruch gefalzter Bogen
16 Blatt = 32 Seiten

Rillen, Nuten, Perforieren

Bei Umschlägen für Magazine und Broschuren oder in der Verpackungsindustrie bei der Herstellung von Faltschachteln müssen, bedingt durch die Biegefestigkeit des Papiers oder Kartons mit höherer Grammatur, vor dem Falzen/Umlegen an der gewünschten Stelle **Rillen** angebracht werden. Diese Rillen verhindern, dass der Werkstoff bei der Weiterverarbeitung bricht oder platzt (Oberfläche bei gestrichenen Papieren).

Zudem wird so ermöglicht, dass der **Buchblock** (die zusammengetragenen, geklebten oder fadengehefteten Bögen) exakt und passgenau mit dem Umschlag verbunden werden kann. Hierfür werden Rilleinrichtungen (Rillleisten oder Rillräder) eingesetzt, die linienförmige Vertiefungen in den Werkstoff pressen.

Dieser Arbeitsvorgang wird auch als **Nuten** bezeichnet. Beim Nuten wird im Gegensatz zum Rillen ein Materialspan aus dem Papier herausgetrennt.

Eine weitere Möglichkeit, um das Falzen oder Biegen des Werkstoffs zu erleichtern, ist eine **Perforation**, das heißt, eine Schlitz- oder Lochstanzung an den gewünschten Stellen anzubringen. Dieser Arbeitsschritt ist als zusätzliche Einrichtung direkt in der Druckmaschine, in der Falzmaschine oder in einem separaten Arbeitsgang möglich.

Erzeugnisse mit nur einem Druckbogen werden **beschnitten, gefalzt** und **verpackt** und stehen für die Auslieferung bereit.

Häufige Falzarten von Flyern, Postern, u. ä.

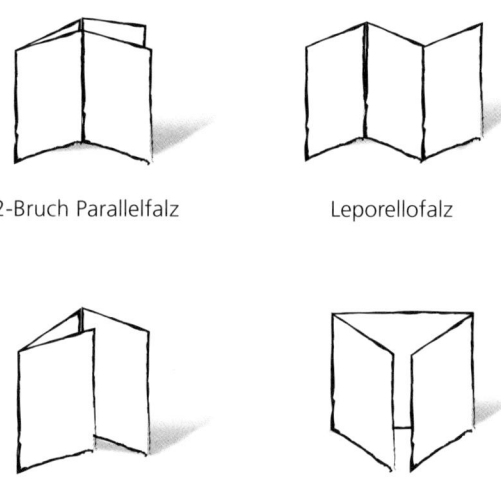

2-Bruch Parallelfalz   Leporellofalz

Wickelfalz   Altarfalz

Für Produkte mit mehr als einem Druckbogen und/oder mit Umschlag werden die zueinander gehörenden Teile (Umschlag, Druckbögen und einzubringende Beilagen oder Beihefter) in der vorgegebenen Reihenfolge **zusammengetragen**, der Umschlag und der Inhalt miteinander verbunden (bei Büchern sind dies die Buchdecke und der Buchblock) und in einem Arbeitsgang dreiseitig auf Endformat beschnitten.

Bindung

Die Entscheidung, nach welcher Art ein Buch, ein Magazin oder Katalog gebunden wird, richtet sich nach den Anforderungen, die das Produkt zu erfüllen hat.

Fadenheftung kommt hauptsächlich bei der Buchproduktion zum Einsatz. Statt Draht wird ein Faden an mindestens zwei Stellen durch den gefalzten Druckbogen geführt und mit dem jeweils folgenden Bogen verknotet, bis der Buchblock vollständig ist. Vorsatzblätter, meist aus Spezialpapier, helfen als Verbindungsträger beim Verkleben von Buchdeckel und Buchblock. Diese klassische Bindeart steht für Wertigkeit oder erfüllt einen besonderen Anspruch (sehr hoher Umfang, Haltbarkeit, etc.).

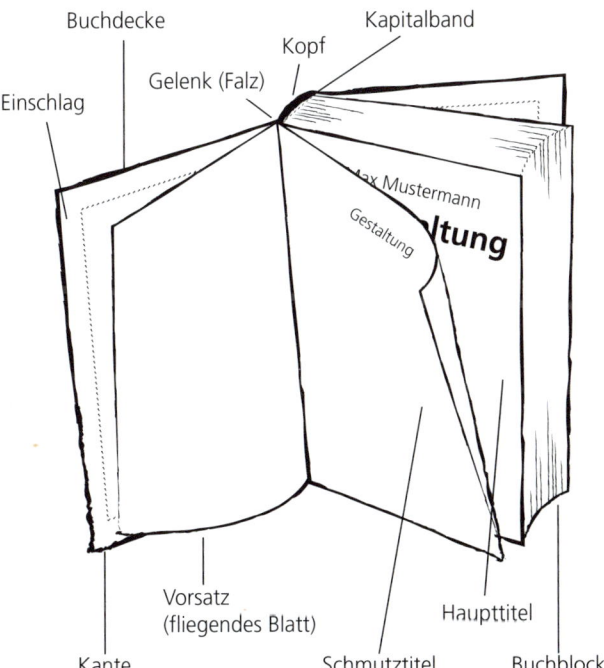

Teile des Buches

Rückendrahtgeheftete Magazine oder Zeitschriften können nur bis zu einer bestimmten Produktdicke verarbeitet werden. Je nach Papiergrammatur von Umschlag und Inhalt kann der Heftdraht, durch die Dicke und Festigkeit des Papiers bedingt, nicht mehr durch den Rücken dringen. Solche

Erzeugnisse sind jedoch schnell zu verarbeiten und können direkt nach Fertigstellung in den Versand (Vorteil: Aktualität).

Die **Klebebindung** ist eine Erfindung von Emil Lumbeck. Lange Zeit war „Lumbecken" das Insiderfachwort für diese Bindeart, die wohl wegbereitend für die schnelle und kostengünstige Herstellung von Taschenbüchern war. Heute stehen drei Klebearten zur Verfügung:

- Hotmelt,
- Dispersionskleber und
- PUR.

Welche Art zum Einsatz kommt, entscheiden die Papierqualität, das gewünschte Aufschlagsverhalten und der Anspruch an die Haltbarkeit.

Zeitschriften und Magazine, die schnell, also mit kurzer Abbindezeit (Aushärten des Leims), und auf den verschiedensten Papieren gedruckt werden, sind meist mit **Hotmelt** verarbeitet.

Der **Dispersionskleber** findet seinen Einsatz bei Broschuren. Der Einsatz von gestrichenen Papieren ist hierbei nicht ratsam. Dafür hat das Produkt ein besonders gutes Aufschlagsverhalten und eine lange Lebensdauer.

Produkte, die auf gestrichenen Papieren gedruckt sind und einen erhöhten Anspruch an das Handling haben, werden mit **PUR** (Polyurethan-Schmelzklebstoff) gebunden. Durch die relativ lange Abbindezeit von 24 bis 48 Stunden ist keine „Tagesaktualität" möglich. Diese hat jedoch bei Tages- und Wochenzeitungen oder Werbemitteln, die ohne separate Bindung im Rollendruck gefertigt werden, höchste Priorität. Die einzelnen Abrisse (Druckbögen oder auch Lagen) werden dabei in der Rotation mit einer integrierten Falzapparatur auf Format geschnitten und die Lagen in der richtigen Reihenfolge lose hintereinander gebracht.

Für den täglichen Gebrauch, wie zum Beispiel technische Handbücher, Materialverzeichnisse, Tischkalender oder Notizbücher, können **mechanische Bindungen** eingesetzt werden. Darunter fallen die verschiedensten Arten von Kunststoff- oder Drahtspiralen („Wire-O-Bindung"), die durch den vorher gestanzten Umschlag und Inhalt gezogen werden. Dabei kann der Umschlag durchaus aus Materialien, wie z.B. dünnem Metall, Holzdeckel oder Kunststoff bestehen.

KAPITEL 7

MEDIENRECHT FÜR MEDIENKAUFLEUTE

So bunt wie das „eigentliche" Medienrecht, so vielfältig sind die rechtlichen Probleme, mit denen sich der Medienkaufmann in der Praxis konfrontiert sieht. Der Bogen reicht von typischen Fachfragen der jeweiligen Branche (Print, Hörfunk / TV, Plakat, Direktwerbung, Online-Aktivitäten) bis hin zu allgemeinen Fragen des Wirtschafts-, Steuer-, Handels-, Sozial- und Arbeitsrechts. Dies vertiefend zu erläutern, sprengt den Rahmen eines allgemeinen Prüfungstrainers. Nicht alle branchenspezifischen Probleme des Medienrechts können – auch nur stichwortartig – erläutert werden. Folglich wird der Versuch unternommen, die medienrechtlichen Problemstellungen herauszufiltern, die für das Alltagsgeschäft besonders relevant erscheinen.

Da „das" Medienrecht selbst kein in sich geschlossenes Rechtsgebiet darstellt, sondern oftmals branchenbezogen normiert ist (Presse-, Rundfunk- und Online-Recht als Beispiele), aber gleichzeitig branchenübergreifende Normen gelten (Wettbewerbs-, Urheberrecht als Beispiele), wird auf eine in sich geschlossene Abhandlung verzichtet. Die Themen sind daher in einer „lexikalischen" Form aufbereitet, damit sie je nach Lernfeld und Stoffkatalog in den Bereichen Vertrieb, Mediaverkauf und Redaktion / Lektorat eingesetzt werden können und Dopplungen vermieden werden.

In alphabetischer Reihenfolge werden folgende Themen behandelt:
- Abonnementsvertrag
- Abonnementswerbung
- Allgemeines Gleichbehandlungsgesetz (AGG)
- Datenschutzrecht
- Direktmarketing
- Eigenwerbung der Medienunternehmen
- Gegendarstellung
- Gesetz gegen den unlauteren Wettbewerb (UWG)
- Kartellrecht
- Kennzeichnungspflicht
- Kontrahierungszwang
- Kopplung Text / Anzeige
- Medien-Werberecht (Übersicht Landespressegesetze)
- Online-Werbung und Crossmedia-Marketing
- Prüfungspflicht
- Schleichwerbung
- Titelschutz
- Urheber-/Lizenzrecht
- Verantwortlichkeit bei der Veröffentlichung von Werbung
- Verkaufsförderungsmaßnahmen

ABONNEMENTSVERTRAG

Vertriebsrichtlinien

Eine ganze Reihe von Fragen, die die Vertriebswerbung von Printmedien betreffen, werden in den Vertriebsrichtlinien des *Bundesverbandes Deutscher Zeitungsverleger (BDZV)* und den Wettbewerbsregeln für den Vertrieb von abonnierbaren Publikumszeitschriften des *Bundesverbandes Deutscher Zeitschriften Verleger (VDZ)* behandelt. Nach der Rechtsprechung des *Bundesgerichtshof (BGH)* kommt den Standesrichtlinien allenfalls noch eine Indiz-Wirkung dafür zu, ob ein Verhalten als wettbewerbswidrig anzusehen ist.

Rechtliche Grundlagen

Es gibt kaum ein Rechtsgebiet, das dermaßen zersplittert ist, wie das der Regeln, die im Rahmen des Verbraucherschutzes bei (Abonnements-)Verträgen zu beachten sind. Die Vorschriften finden sich – zudem auch noch verstreut und mit vielen Rückverweisungen versehen – sowohl im *Bürgerlichen Gesetzbuch (BGB)* wie auch in dessen *Einführungsgesetz (EGBGB)*. Eine klare Systematik ist nicht zu erkennen. Es würde den hier zur Verfügung stehenden Raum sprengen, alle Einzelheiten – und dann auch noch jeweils verständlich nachvollziehbar – darzustellen, so dass es bei einer kursorischen Übersicht bleiben muss.

Zu unterscheiden ist, ob
- es sich um einen entgeltlichen oder um einen unentgeltlichen Abonnementsvertrag handelt (§ 312 Abs. 1 BGB),
- der Abonnementsvertrag
  - in den eigenen Geschäftsräumen (z.B. Verlagsgeschäftsstelle),
  - *oder* außerhalb der eigenen Geschäftsräume (z.B. Haustürgeschäfte, Messestand)
  - *oder* als Fernabsatzvertrag (z.B. als Brief, Telefon, E-Mail)
  - *oder* als Unterfall des Fernabsatzes im elektronischen Geschäftsverkehr (z.B. Online-Angebote) abgeschlossen wird.

Abschluss des (entgeltlichen) Abonnentenvertrages in den eigenen Geschäftsräumen

1. Begriff „Eigener Geschäftsraum"

Unter den Begriff „eigene Geschäftsraum" fallen etwa die Geschäftsstellen der Verlage, deren Service-Center oder Media-Stores (§ 312 b BGB).

2. Informationspflichten

Dem zukünftigen Abonnent müssen vor dem Vertragsschluss eine Fülle von Informationen zur Verfügung gestellt werden (§ 312 a BGB i.V.m. Art. 246 EGBGB). Zu den wesentlichen Informationspflichten gehören:

a. Bezeichnung des Titels, der abonniert werden soll.
- Angabe von Name, Anschrift und Telefonnummer des Unternehmens (Verlages), mit dem der Abonnementsvertrag geschlossen werden soll.
- Angabe des kompletten Bezugspreises.
- Angabe der Zahlungs- und Lieferbedingungen.
- Angaben zur Laufzeit des Vertrages und den Kündigungsbedingungen.

b. Schriftform

Es sind folgende Rahmenbedingungen zu beachten:

Formvorschriften gelten nur, wenn der Abonnent „privater Verbraucher" ist, nicht jedoch, wenn das Abonnement für eine gewerbliche / selbständige berufliche Tätigkeit bestimmt ist.

> Der Begriff „Verbraucher" ist in § 13 BGB wie folgt definiert:
> *„Verbraucher ist jede natürliche Person, die ein Rechtsgeschäft zu einem Zweck abschließt, der weder ihrer gewerblichen noch ihrer selbständigen beruflichen Tätigkeit zugeordnet werden kann."*

Formvorschriften gelten zudem immer dann, wenn die Abo-Gebühr in Raten zu zahlen ist. Ein entsprechender „Ratenlieferungsvertrag" liegt vor, wenn die Lieferung „in Teilleistungen" und die Bezahlung in „Teilzahlungen" erfolgt.

Dies ist bei dem Medien-Abonnement regelmäßig der Fall: Der Verlag liefert z.B. täglich, wöchentlich, 14-tägig oder monatlich den abonnierten Printtitel bzw. dessen e-paper-Ausgabe (also in „Teilleistungen"), der Abonnent zahlt dafür monatlich oder halbjährlich die Abo-Gebühr („Teilzahlungen").

c. Ist vereinbart, dass der Abonnent mitteilen muss, dass er nach Ablauf des Bezugszeitraums keine Belieferung mehr wünscht (Negativoption), sind die Formvorschriften ebenfalls zu beachten. Denn bis dahin erfolgen „Teillieferungen" und „Teilzahlungen".

d. Die Formvorschriften sind weiter dann anzuwenden, wenn das Probeabonnement zu vergünstigten Bedingungen („besonderer Normalpreis") angeboten wird.

e. Die Formvorschriften brauchen <u>nicht</u> beachtet zu werden, wenn
- das Abonnement für einen fest begrenzten Bezugszeitraum vereinbart und keine weitere Verlängerung vorgesehen ist *und* die Abo-Gebühr (vollständig) im Voraus oder (später) in einer Summe gezahlt wird (fällig ist),
- wenn ein kostenloses Probeabonnement vorliegt, für das ein fester Bezugszeitraum vereinbart wurde.

f. Die Formvorschriften sind weiter dann <u>nicht</u> zu beachten, wenn der Wert des Abonnements (bis zum Zeitpunkt der nächstmöglichen Kündigung) unter € 200,00 liegt (§ 491 Abs. 1 Nr. 1 BGB). Da es aber kaum Abonnementsverträge geben dürfte, bei denen bis zur erstmöglichen Kündigung mehr als € 200,00 zu zahlen sind, können fast alle Abonnementsverträge formfrei abgeschlossen werden.

g. Sind die Formvorschriften zu beachten (Wert des Abonnements bis zum Zeitpunkt der nächstmöglichen Kündigung über € 200,00), so müssen Abonnementsverträge schriftlich abgeschlossen werden (§ 510 BGB). Sie sind vom Abonnenten und dem Verlag auf derselben Urkunde „eigenhändig" zu unterschreiben (§ 126 BGB).

3. Widerrufsrecht

Zu unterscheiden ist nach dem Wert des Abonnements bis zum Zeitpunkt der nächstmöglichen Kündigung.

a. Wert unter € 200,00:

Es besteht kein Widerrufsrecht. Es muss auch nicht über das Nichtbestehen des Widerrufsrechts belehrt werden (Art. 246 Abs. 3 EGBGB).

b. Wert über € 200,00:

Es besteht ein Widerrufsrecht (§ 510 Abs. 2, Abs. 3 i.V.m. § 491 BGB). Es gibt für diese Fallvariante (Abschluss des Abonnementsvertrages in den eigenen Geschäftsräumen) kein verbindliches gesetzliches Muster.

Die Widerrufsbelehrung muss <u>mindestens</u> enthalten:
● Hinweis auf das Bestehen eines Widerrufsrechts.
● Hinweise zur Ausübung des Widerrufsrechts gegenüben dem Vertragspartner, insbesondere der Notwendigkeit der ausdrücklichen Erklärung des Widerrufs, allerdings ohne dass ein Begründungszwang besteht.
● Abgabe des Namens und der Adresse des Vertragspartners.
● Hinweis auf Dauer und Beginn der Widerrufsfrist.
● Hinweis, dass zur Fristwahrung die rechtzeitige Absendung des Widerrufs ausreicht.

Eine Belehrung über die Widerrufsfolgen ist gesetzlich nicht vorgeschrieben. Die Widerrufsfrist beträgt 14 Tage, gerechnet ab dem Tag, an dem der Abonnent über das Widerrufsrecht belehrt wurde (§ 356 c Abs. 1 BGB).

Abschluss des (entgeltlichen) Abonnentenvertrages außerhalb der eigenen Geschäftsräume

1. Begriff „außerhalb des eigenen Geschäftsraums"

Wird der Abonnementsvertrag nicht direkt innerhalb der Geschäftsräume, sondern an einem anderen Ort unmittelbar zwischen dem Unternehmen (Verlag) und dem zukünftigen Abonnenten abgeschlossen (sog. Haustürgeschäfte, Standwerbung, Messen usw. – § 312 b BGB), so sind die strengeren, den Verbraucher noch mehr schützenden Bestimmungen über den Geschäftsabschluss außerhalb der eigenen Geschäftsräume anzuwenden.

Gleichwohl gelten zunächst die Regeln, die bereits im Abschnitt „Abschlusses des Abonnementsvertrages in den eigenen Geschäftsräumen" ab Seite 226 aufgelistet sind, jedoch mit den nachfolgend dargestellten Abweichungen.

2. Informationspflichten

Die Erfüllung der Informationspflichten ist in der Weise präzisiert worden, dass die Informationen dem Abonnenten auf Papier oder mit dessen Zustimmung auf einem dauerhaften Datenträger (in „wiedergabefähiger Form") vor Vertragsabschluss zur Verfügung stehen müssen (§ 246 a BGB), wobei der Zugang per Internet nicht ausreicht (§ 126 b BGB).

Zudem muss dem Abonnenten alsbald nach Vertragsschluss auf einem der genannten Wege eine **Abschrift des Abonnementsvertrages** bzw. eines Bestätigungsschreibens, das den Inhalt des Abonnementsvertrages wiedergibt, übermittelt werden, sofern diese Inhalte dem Abonnenten nicht schon im Rahmen der vorausgehenden Informationspflichten zugegangen sind (§ 312 f BGB).

Die Informationspflichten sind in der Weise erweitert, dass der Preis des Abonnements pro Abrechnungszeitraum auszuweisen ist (§ 246 a BGB, § 1 Abs. 1 EGBGB).

Zudem ist ausdrücklich der Termin zu nennen, bis zu dem das abonnierte Medium zu liefern ist (§ 246 a BGB, § 1 Abs. 1 EGBGB). Was zu geschehen hat, wenn kein fester Termin genannt werden kann, ist im Gesetz nicht geregelt. Es sollte jedoch zumindest ein „ca.-Termin" angegeben werden.

Wird ein digitales Medium abonniert, so müssen die Funktionsweise der digitalen Inhalte einschließlich anwendbarer technischer Schutzmaßnahmen für die Inhalte erläutert werden.

Zur Informationspflicht bzgl. des Widerrufsrechts siehe nachfolgender Punkt 4.

3. Schriftform

Keine Abweichungen gegenüber den Ausführungen zu „Abschlusses des Abonnementsvertrages in den eigenen Geschäftsräumen" auf Seite 226 unter Buchst. 2b).

4. Widerrufsrecht

Bis auf wenige unbedeutende Ausnahmefälle (siehe Absatz „Ausnahme vom Widerrufsrecht") hat der Abonnent dann, wenn es zu dem Vertragsschluss außerhalb der Geschäftsräume kommt, stets ein Widerrufsrecht (§ 510 BGB).

Der Abonnent ist in dem Umfang zu informieren, wie dies in § 355 Abs. 1 BGB bestimmt und in der nachfolgend eingeblendeten gesetzlichen Widerrufsbelehrung ausformuliert ist (wobei der Inhalt der Widerrufsbelehrung nicht zwingend vorgegeben ist, es können auch eigene Texte verwendet werden)

Widerrufsrecht

Sie haben das Recht, binnen vierzehn Tagen ohne Angabe von Gründen diesen Vertrag zu widerrufen. Die Widerrufsfrist beträgt vierzehn Tage ab dem Tag, an dem Sie oder ein von Ihnen benannter Dritter, der nicht der Beförderer ist, die Waren in Besitz genommen haben bzw. hat.

Um Ihr Widerrufsrecht auszuüben, müssen Sie uns (Name, ladungsfähige Anschrift, Telefonnummer, Telefaxnummer und E-Mail-Adresse sind anzugeben) mittels einer eindeutigen Erklärung (z.B. ein mit der Post versandter Brief, Telefax oder E-Mail) über Ihren Entschluss, diesen Vertrag zu widerrufen, informieren. Sie können dafür das beigefügte Muster-Widerrufsformular verwenden, das jedoch nicht vorgeschrieben ist. Sie können das Muster-Widerrufsformular oder eine andere eindeutige Erklärung auch auf unserer Webseite (Internetadresse ist einzufügen) elektronisch ausfüllen und übermitteln. Machen Sie von dieser Möglichkeit Gebrauch, so werden wir Ihnen unverzüglich (z.B. per E-Mail) eine Bestätigung über den Eingang eines solchen Widerrufs übermitteln.

Zur Wahrung der Widerrufsfrist reicht es aus, dass Sie die Mitteilung über die Ausübung des Widerrufsrechts vor Ablauf der Widerrufsfrist absenden.

Folgen des Widerrufs

Wenn Sie diesen Vertrag widerrufen, haben wir Ihnen alle Zahlungen, die wir von Ihnen erhalten haben, einschließlich der Lieferkosten (mit Ausnahme der zusätzlichen Kosten, die sich daraus ergeben, dass Sie eine andere Art der Lieferung als die von uns angebotene, günstige Standardlieferung gewählt haben), unverzüglich und spätestens binnen vierzehn Tagen ab dem Tag zurückzuzahlen, an dem die Mitteilung über Ihren Widerruf dieses Vertrags bei uns eingegangen ist. Für diese Rückzahlung verwenden wir dasselbe Zahlungsmittel, das Sie bei der ursprünglichen Transaktion eingesetzt haben, es sei denn, mit Ihnen wurde ausdrücklich etwas anderes vereinbart; in keinem Fall werden Ihnen wegen dieser Rückzahlung Entgelte berechnet. Wir können die Rückzahlung verweigern, bis wir die Waren wieder zurückerhalten haben oder bis Sie den Nachweis erbracht haben, dass Sie die Waren zurückgesandt haben, je nachdem, welches der frühere Zeitpunkt ist. Sie haben die Waren unverzüglich und in jedem Fall spätestens binnen vierzehn Tagen ab dem Tag, an dem Sie uns über den Widerruf dieses Vertrages unterrichten, an uns zurückzusenden oder zu übergeben. Die Frist ist gewahrt, wenn Sie die Waren vor Ablauf der Frist von vierzehn Tagen absenden. Sie tragen die unmittelbaren Kosten der Rücksendung der Waren. Sie müssen für einen etwaigen Wertverlust der Waren nur aufkommen, wenn dieser Wertverlust auf einen zur Prüfung der Beschaffenheit, Eigenschaften und Funktionsweise der Waren nicht notwendigen Umgang mit ihnen zurückzuführen ist.

Ausnahme vom Widerrufsrecht: Werden z.B. Hörbücher im Abonnement bezogen, so erlischt das Widerrufsrecht, wenn der Abonnent die Versiegelung entfernt (§ 312 g BGB).

Die Widerrufsfrist beträgt ebenfalls 14 Tage. Sie beginnt beim Vertragsabschluss außerhalb der Geschäftsräume jedoch erst mit der Unterrichtung über das Widerrufsrecht und den Erhalt des ersten abonnierten Exemplars (§ 356 Abs. 2 Nr. 1 d BGB)

Abschluss des (entgeltlichen) Abonnentenvertrages im Wege des Fernabsatzes

1. Begriff „Fernabsatz"

Kommt der Vertragsabschluss per Brief, Kataloge, Telefon, Telefax, E-Mail, SMS, Internet zustande (also nicht unmittelbar zwischen dem zukünftigen Abonnementen und einem Verlagsmitarbeiter), so liegt ein Fernabsatzvertrag vor (§ 312 c BGB).

Zum Sonderfall des Abschlusses des Abonnementsvertrages über Telemedien (Online-Portale) siehe nachfolgender Abschnitt „Abschluss des (entgeltlichen) Abonnentenvertrages im elektronischen Geschäftsverkehr".

2. Informationspflichten

Sie entsprechen dem, was zuvor im Abschnitt „Abschluss des (entgeltlichen) Abonnentenvertrages außerhalb der eigenen Geschäftsräume" unter Punkt 2 (Seite 229) dargestellt wurde.

3. Schriftform

Es gelten die Ausführungen zu Punkt b) auf Seite 226.

4. Widerrufsrecht

Es gelten die Ausführungen zu Ziff. 4 auf Seite 230. Bei telefonischem Abschluss des Abonnementsvertrages ist während des Telefonats auf das Widerspruchsrecht hinzuweisen.

Abschluss des (entgeltlichen) Abonnentenvertrages im elektronischen Geschäftsverkehr

1. Begriff „elektronischer Geschäftsverkehr"

Der Vertragsabschluss im Wege des elektronischen Geschäftsverkehrs (im Rahmen von Online-Portalen) erfolgt zwar auch im „Fernabsatz" (siehe oben Ziff. 5), weist jedoch einige weitere Besonderheiten auf. Ein wirksamer Vertragsschluss setzt – sowohl gegenüber Verbrauchern wie Gewerbetreibenden – generell voraus, dass Korrekturmöglichkeiten vor dem Abschluss des Bestellvorganges vorhanden, die Informationen zum Bestellvorgang vorab abrufbar sind, die elektronische Bestellung unverzüglich bestätigt wird, die Möglichkeit gegeben ist, die Vertragsbestimmungen incl. AGB abzurufen und zu speichern (§ 312 i BGB).

Zudem müssen die Pflichten aus § 312 j BGB ebenso erfüllt sein (z. B. die zweifelsfrei Kennzeichnung des Bestellbuttons) wie die, die in Artikel 246 a § 1 Absatz 1 Satz 1 Nummer 1, 4, 5, 11 EGBGB aufgeführt sind und nochmals deutlich über die Informationspflichten hinausgehen, die bereits für Abschlüsse inner- als auch außerhalb der eigenen Geschäftsräume (Seiten 226 und 229) aufgelistet wurden.

2. Informationspflichten

Es gelten die Ausführungen auf Seite 229, Ziff. 2. Zudem sind die in Art. 246 c EGBGB festgeschriebenen Informationen zu vermitteln (u. a. Hinweis auf die technischen Schritte zum Vertragsschluss, Speichermöglichkeiten für den Vertragstext, Hinweise zur Korrektur von Eingabefehlern).

3. Schriftform

Es gelten die Ausführungen zu Ziff. 3 auf Seite 228.

4. Widerrufsrecht

Es gelten die Ausführungen zu Ziff. 4 auf Seite 230.

Werden digitale Inhalte geliefert (z. B. e-Paper-Abo), so beginnt die Widerrufsfrist mit dem Vertragsabschluss (§ 356 Abs. 2 Nr. 2 BGB), wobei der Abonnent allerdings über das Bestehen des Widerrufsrechts zuvor informiert sein muss, damit die Frist überhaupt zu laufen beginnen kann (§ 356 Abs. 3 BGB). Das Widerrufsrecht bei digitalen Medienprodukten erlischt jedoch dann, wenn der Abonnent seine Zustimmung gegeben hat, dass vor Fristablauf mit der Lieferung begonnen werden darf und der Abonnent bestätigt, dass damit das Widerrufsrecht erlischt (§ 356 Abs. 4 BGB).

AGB und Laufzeiten, Kündigungsfristen, Vorauszahlungen, Preisanpassungen

Nach AGB-Recht sind längere **Laufzeiten** als 2 Jahre unzulässig; gleiches gilt bei einer stillschweigenden Verlängerung um mehr als 1 Jahr.

Längere **Kündigungsfristen** als 3 Monate vor Vertragsablauf sind nach AGB-Recht ebenfalls unzulässig.

Werden „maßvolle" **Vorauszahlungen** (3-4 Monatsraten) verlangt, ist dies nicht zu beanstanden.

Pauschale Preisanpassungsklauseln sind per se unzulässig. Eine zulässige Preisanpassungsklausel liegt dann vor, wenn z.B. die maßgebenden Erhöhungsfaktoren genannt werden (z.B. Anpassung in Höhe des Inflationsindex, der Kostensteigerung bei Löhnen und Druckpapier).

Kostenlose Probeabonnements

Der kostenlose Vertrieb von Waren ist wettbewerbsrechtlich nur zulässig, soweit nicht der Bestand des Wettbewerbs gefährdet oder ein Wettbewerber gezielt behindert wird. Es widerspricht nicht der Preisbindung, durch kostenlose Probestücke für das Eingehen eines Abonnements zu werben. Die einschlägigen Verbandsregelungen haben nur noch Empfehlungscharakter (kein Wettbewerbsverstoß mehr bei Nichteinhaltung).

Folgende Grundsätze sind zu beachten:
Erfolgt die kostenlose Abgabe nur zu „Erprobungszwecken" und ist durch Art, Umfang und Dauer der Maßnahme sichergestellt, dass dieser Zweck auch eingehalten wird, darf eine Ware, die sonst nur gegen Entgelt abgegeben wird, befristet kostenlos verteilt werden.

1. Zu dem Erprobungszweck kann ein weiterer Anlass hinzukommen (kostenloses Probe-Abo für „Neu-Vermählte" oder als Preis in einem Gewinnspiel).

2. Eine Probeabonnementsaktion darf auch in kürzeren Abständen gegenüber den „Empfängern" wiederholt werden, die kein Abonnement bestellt haben, wenn es für diese neue kurzfristige Aktion besondere Gründe – z.B. Neugestaltung der Zeitung – gibt. Unzulässig wäre es jedoch, durch die Abgabe von kostenlosen Probeabonnements praktisch zu einer dauerhaft unentgeltlichen Abgabe der Zeitung zu kommen.

3. Die Werbung für das Probeabonnement selbst darf nicht wettbewerbswidrig sein. So ist es unzulässig, dem Interessenten die Möglichkeit zu eröffnen, ein kostenloses Probeexemplar einer Zeitung / Zeitschrift anzufordern und erst in einem, dem Probeexemplar beigefügten Schreiben darauf hinzuweisen, dass entgeltliche Folgelieferungen kommen, wenn der Empfänger nicht in bestimmter Frist nach Erhalt des Probeexemplars widerspricht. Deshalb muss schon in der Werbung für den Bezug eines kostenlosen Probeexemplars (auch auf der Anforderungskarte) unübersehbar darauf hingewiesen werden, dass der „Besteller" bereits durch die Anforderung des Probeexemplars mit der kostenpflichtigen Weiterbelieferung einverstanden ist, falls er nicht fristgerecht widerspricht (Negativoption). Gleiches gilt, wenn ein „Gutschein" für zwei kostenlose Probeexemplare ausgegeben und nur versteckt darauf hingewiesen wird, dass es sich in Wirklichkeit um eine Bestellung mit Widerrufsfrist handelt.

ABONNEMENTSWERBUNG

Abonnements werden als neue, selbständige „Leistung" (Verkaufseinheit) neben dem Einzelverkauf eines Printproduktes gesehen, so dass es gerechtfertigt ist, einen niedrigeren Abo-Preis als die Summe der Einzelausgaben festzulegen.

Abo-Preis

Hinsichtlich der *Höhe des normalen Abo-Preises* (also nicht bei kostenpflichtigen Probeabonnements) hat sich auch mit Blick auf das Institut der Preisbindung bei **Zeitschriften** ein Standard in der Weise entwickelt, dass der Abo-Preis rund 15 % unter der Summe der Einzelverkaufspreise liegt.

Bei **Tageszeitungen** darf die Abweichung deutlich größer sein (durch die Abonnementszustellung gerechtfertigt).

Selbst wenn es „keine" festen gesetzlichen Grenzen mehr für die Rabattierung von Preisen gibt, gewinnen jedoch zugleich die Kriterien des „übertriebenen Anlockens" und des „Verschenkens von Originalware" erheblich an Bedeutung. Beispiel: Es gilt immer noch als unzulässig, „meinungsbildende" Tageszeitungen kostenlos zu vertreiben.

Deshalb kann es eine wettbewerbswidrige Umgehung darstellen, wenn in Folge einer „überdimensionalen" Rabattierung von Abonnementspreisen (z.B. für bestimmte Kunden, Branchen oder Zeiträume) diese Printmedien praktisch kostenlos abgegeben werden.

Rabattformen und -kombinationen

Es gibt keine Begrenzung (mehr) auf bestimmte Rabattformen und Rabattkombinationen. Dies bedeutet unter anderem:

1. Neben dem z. B. heute schon möglichen Barzahlungs- bzw. Verwerter-rabatt (für bestimmte Berufsgruppen) kann jede andere Rabattform „kreiert" werden.

2. Der Phantasie sind – lässt man zunächst das Problem der Preisbindung von Printerzeugnissen außer Acht – künftig keine Grenzen mehr gesetzt:

3. Es dürfen nicht nur, wie bisher auch schon für „Studenten" (bzw. Zivil-dienstleistende / Wehrpflichtige), sondern für jede andere (definierbare) „Gruppe" unterschiedlich rabattierte Abonnementspreise festgelegt wer-den: Frauen, Männer, Alte, Junge, Leser im Verbreitungsgebiet der Zeitung und „außerhalb" (= regionale Differenzierung), Schüler, Arbeitslose, Mit-glieder von Vereinen usw.

4. Es ist auch statthaft, den Abopreis z. B. eines Treuerabatts so auszuge-stalten, dass der Preis des Abos mit zunehmender Bezugsdauer sinkt wie z. B. ein „Eltern-Kind"-Rabatt, wenn die Eltern des Neuabonnenten auch schon Abonnenten sind.

5. Umgekehrt wäre es auch vorstellbar, dass Neuabonnenten zunächst mit deutlich rabattierten Bezugspreisen „angelockt" werden, um sie dann, wenn sie (vermutlich) zu Stammlesern geworden sind, behutsam an höhe-re Bezugspreise heranzuführen.

Auch bei derartigen Planspielen gilt es stets zu bedenken, dass die Abo-Werbung – bei aller Freiheit in der Rabattfrage – nicht irreführend sein darf. Wer also mit „aufsteigenden" Bezugspreisen wirbt, muss dies un-missverständlich deutlich machen, damit der Abonnent weiß, dass die Zei-tung „später" für ihn teurer wird.

6. Ein Medienunternehmen darf nach seiner Kontrahierungspolitik be-liebig viele – bekannte oder auch neu entwickelte – Rabattformen neben-einander anbieten. Beispiel: Kombination eines Rabattes für „Junge Leser" und „Arbeitslose Leser".

> **Beispiel:** Der Leser, der auch Anzeigenkunde ist, bekommt ein – zeitweise oder dauerhaft – verbilligtes Abonnement (bzw. umgekehrt: Abonnenten erhalten rabattierte Anzeigenpreise).

7. Insoweit ist auch die Gewinnung von „Abonnenten" von unterschiedlichen (kostenpflichtigen) Medienangeboten der Verlagshäuser – z. B. Print und Internet – weitaus besser rabattierbar als bisher, indem z. B. den Printabonnenten ein verbilligter Zugang zu entgeltspflichtigen Internetangeboten der Verlage eröffnet wird (und umgekehrt).

Gleichwohl ist auch hier an die Verbandsregelungen zu erinnern:
- Verbilligte Abonnements für Studenten, Zivis und Wehrpflichtige sind zulässig.
- Regelmäßige Überprüfung der Berechtigung ist notwendig.
- Verbilligte Schülerabos nur, wenn der Schüler einen eigenen Haushalt führt.

8. Die Verbandsregelungen haben einen Empfehlungscharakter (verbilligte Abonnements für Schüler, Studenten, Zivis; kostenlose Mitarbeiterexemplare und Mengennachlässe für Großverbraucher).

Anbieten unter Einstandspreis

In Ausnahmefällen kann die Rabattierung unter dem Gesichtspunkt des „Anbietens unter Einstandspreis" wettbewerbsrechtlich fragwürdig sein. Zunächst muss bedacht werden, dass die Preisbindung von Presseerzeugnissen nach § 30 GWB in Gefahr geraten könnte, wenn die Lückenlosigkeit der Preisbindung nicht mehr gewährleistet ist.

So zutreffend diese Feststellung ist, so sind dennoch Zweifel an der Prognose angebracht, dass die Lückenlosigkeit der Preisbindung nur dann gewährleistet ist, wenn rabattierte (= Sonder-) Abonnements nur in dem „bisherigen" Umfang fortgeführt, also nicht (wesentlich) erweitert werden.

Selbstverständlich können Preisbindungsvereinbarungen das Verbot enthalten, Rabatte zu gewähren. Andererseits folgt aus der kartellrechtlich zulässigen Preisbindung von Verlagserzeugnissen jedoch kein generelles Rabattverbot, so dass derjenige, der Rabatte einräumt, nicht automatisch wettbewerbswidrig handelt.

Es steht außer Frage, dass ein faktisch nicht mehr überschaubares Geflecht an Rabattierungen ein deutliches Signal dafür ist, dass die Lückenlosigkeit der Preisbindung nicht mehr gegeben ist, vor allem nicht mehr überprüft (= eingehalten) werden kann. Davon dürften Verlage jedoch noch entfernt sein, wenn sie sich aus eigenem Interesse bzw. aufgrund des Drucks des Marktes / der Konkurrenz dazu entschließen, ihre Rabattierungspalette für Vertriebsgebühren zu erweitern und darin auch ein nachvollziehbares, überschaubares und kontrollierbares System liegt.

Werbung mit Selbstverständlichkeiten

Wird bei der Abonnementswerbung gegenüber Verbrauchern angegeben „einschließlich MWSt und Inlandsporto", so entspricht dies § 1 Abs. 1 PAngV (Preisangabenverordnung). Wird dieser Hinweis „blickfangmäßig" herausgestellt, so stellt dies einen Verstoß gegen das Verbot der Werbung mit Selbstverständlichkeiten dar (§ 5 Abs. 1 Nr. 2 UWG). Ist der Hinweis jedoch klein gehalten und wird er erst beim sorgfältigen Lesen wahrgenommen, fehlt es an einer Wettbewerbswidrigkeit.

Werden durch die Vertriebswerbung nur „Letztverbraucher" angesprochen, die das Printobjekt „beruflich verwenden" (trifft regelmäßig allein auf bestimmte Fachzeitschriften zu), so können die Vertriebspreise auch ohne MWSt-Anteil ausgewiesen werden (§ 7 Abs. 1 PAngVO).

Abo-Preis-Werbung

Bei der *Abo-Preis-Werbung* kann entweder
- auf den Preisvorteil des Abonnements hingewiesen werden
  oder
- der Preis des Abonnements der Summe des Kaufpreises der Einzelausgaben gegenübergestellt werden.

Bei der Werbung für Abonnements muss weiter darauf geachtet werden, dass diese nicht irreführend ist:

> **Beispiel:** Eine Tageszeitung inseriert: „Das Ganze Wissen zum Halben Preis", und stellt in Aussicht, dass für einen Monat nur der halbe Bezugspreis zu zahlen ist. Nur „ganz klein" wird darauf hingewiesen, dass der Bezug in ein Vollabonnement übergeht, falls nicht die Bestellung widerrufen wird. Diese Werbung ist irreführend, da in Wahrheit ein Vollabonnement (mit Widerrufsklausel) angeboten wird und nur die Besonderheit besteht, dass der Abonnent im 1. Monat den halben Bezugspreis zu zahlen hat.

Geschenkabonnements

Bei Geschenkabonnements sollen die „Umworbenen" veranlasst werden, einem Dritten ein Abonnement zu schenken (Vertrag zugunsten Dritter). Der Abonnementsvertrag kommt zwischen dem Verlag und dem Schenker zustande – mit dem Bezugsrecht des Beschenkten.

Zugaben

Werden Zeitschriften Zugaben beigelegt (einer Musikzeitschrift eine CD, einer Filmzeitschrift ein Video, einer Kochzeitschrift ein Kochlöffel, eine Sonnenbrille einer Jugendzeitschrift), so ergeben sich insbesondere dann, wenn die Zugabe teurer ist als die Zeitschrift (Einzelverkaufspreis), Probleme vor allem mit Blick auf die Frage der Preisbindung (§ 30 GWB).

Nach der Rechtsprechung ist maßgebend, ob sich das Printprodukt „nach Ankündigung, Aufmachung und Vertriebsweg aus Sicht des Verbrauchers insgesamt noch als Presseerzeugnis darstellt". Selbst wenn die Zugabe mehr wert ist als die Zeitschrift, bleibt die Zugabe gleichwohl „Nebenware", solange das Printmedium immer noch wie eine Zeitschrift vertrieben wird, die Zugabe „nur" dazu dienen soll, die Attraktivität der Zeitschrift zu erhöhen.

Zuwendungen für Neuabonnenten

Oftmals erhalten Neuabonnenten (bzw. werden damit geworben) ein „Begrüßungsgeschenk". Für diese gelten die allgemeinen Regelungen des Wettbewerbsrechts.

1. Die Verlage dürfen dann, wenn sie es denn wollen, der Markt es „verlangt" oder die Konkurrenz es „erzwingt", mit Geschenken aller Art, wenn es Sinn macht, auch mit **Geldgeschenken**, potenzielle Abonnenten „anlocken".

2. So dürfen etwa neben den bekannten „Begrüßungsgeschenken" für Neuabonnenten kostenlose **Eintrittskarten** zu allgemein zugänglichen „Events" (Theater, Kino, Fußballspielen oder anderen Veranstaltungen) als „Zugabe" versprochen werden.

3. Man dürfte sogar **Anzeigenschaltungen** verschenken oder – z. B. im Anzeigenblattbereich – den Abdruck von Pressetexten (so sie denn inhaltlich in Ordnung sind).

4. Zumindest rechtlich denkbar ist es, wenn der Kauf von Printmedien mit einem **Gutschein**-System (z. B. Rabatt-Marken) verbunden wird, so dass sich der Käufer dann, wenn er z. B. genügend Gutscheine gesammelt hat, einen bestimmten Gegenstand beim Verlag (kostenlos) bestellen kann.

5. Selbstverständlich gilt auch weiterhin bzgl. des „Streuens" von Zugaben – ohne dass dazu jedoch generalisierende Aussagen möglich sind – der Grundsatz des Verbots des übertriebenen Anlockens (Stichwort „psychologischer Kaufzwang").

6. Wie hoch der Wert eines Geschenks an einen potenziellen Abonnenten/Käufer einer Einzelausgabe sein darf, ehe derartige Praktiken unlauter werden, lässt sich nur im Einzelfall sagen. Ist das Geschenk – jedenfalls bezogen auf den Bereich meinungsbildender Tageszeitungen – jedoch so wertvoll, dass es den Preis des Abonnements/der Einzelausgabe der Zeitung fast aufwiegt, dürfte dieses Verhalten wettbewerbsrechtlich unzulässig sein, weil dann die (meinungsbildende) Tageszeitung letztlich im wahrsten Sinne des Wortes „verschenkt" wird.

7. Regelungen der Verbände für den Fall der **Eigenbestellung**:
a. Tageszeitungen:
- Von Prämien darf kein wettbewerbswidriger Lockeffekt ausgehen.
- Bei 12-monatiger Bezugsdauer oder länger darf der Wert der Prämie (Marktpreis) den dreimonatigen Bezugspreis nicht übersteigen.
- Sowohl Sach- wie Bargeldprämien sind erlaubt; ebenso Sachprämien mit Zuzahlung.

b. Zeitschriften:
- Es können ausschließlich Sachprämien als Abschlussprämien an den Abonnenten gewährt werden.
- Eine Abschlussprämie im Wert von bis zu 10,00 € ist stets zulässig; die Obergrenze bilden 25 % des Bezugspreises für den Verpflichtungszeitraum des Abonnements.
- Bei kündbaren Abonnements muss die Erstverpflichtungsdauer 6 Monate betragen.

Das „Geschenk", mit dem der potenzielle Abonnent / Käufer von Einzelexemplaren geködert werden soll, darf – so lange dies kein übertriebenes Anlocken darstellt – auch als das beworben werden, was es in Wirklichkeit auch ist und was seine Faszination ausmacht, nämlich als eine „Gratis Zugabe". (Vorsicht: Wer im Gegenzug für ein Abonnement „Freiraum" für redaktionelle Selbstdarstellung verspricht, muss vorsichtig sein, denn dafür darf nie ein Entgelt genommen werden.)

Aber auch ist darauf zu achten, dass die Werbung um Abonnenten nicht dadurch irreführend wird, dass der umworbene „Kunde" glaubt, nur seine Adresse anzugeben, um ein „Geschenk" zu erhalten, in Wahrheit aber zugleich in einen Abo-Vertrag einwilligt.

Laienwerbung

1. Person des Laienwerbers:
Der Einsatz von Laienwerbern beim Vertrieb von Zeitungen / Zeitschriften ist üblich und im Grundsatz unbedenklich (Leser-werben-Leser).

Laienwerber können sowohl Abonnenten wie Nicht-Abonnenten sein.

2. Der Wert der Geld-/Sach-Prämie richtet sich nach folgendem Grundsatz: Die Prämie für den Laienwerber darf in jedem Fall höher sein als das Begrüßungsgeschenk für den Neuabonnenten, aber nicht höher als der Bezugspreis des vermittelten Abonnements. Im Übrigen kann man sich an den Wettbewerbsregeln der Verbände orientieren, die aber nach der Rechtsprechung heute nur noch indizielle, keine bindende Wirkung mehr haben.

3. Werbeprämien

Nach den BDZV-Regeln gilt: bei einer *Abo-Verpflichtungszeit von unter 12 Monaten* darf der Wert der Laienwerbeprämie die Hälfte des zu entrichtenden Abonnementsgeldes nicht übersteigen; bei einer über 12 Monaten liegenden Abo-Verpflichtung darf der Wert der Prämie den sechsfachen monatlichen Bezugspreis nicht übersteigen. Für den Wert der Prämie gilt der Marktpreis.

Bei *(Publikums-)Zeitschriften* liegen die Wert-Grenzen für Prämien für Laienwerber höher.

a. Grenzen:
- wöchentliche Erscheinungsweise: Höchstwert der Prämie ist der Bezugspreis für ein Jahresabo
- 14-tägige Erscheinungsweise: Höchstwert der Prämie ist der Bezugspreis für ein Abonnement mit 18 Monaten Laufdauer
- monatliche Erscheinungsweise: Höchstwert der Prämie ist der Bezugspreis für ein zwei Jahres-Abonnement

b. Bedingungen:
- Prämie sollte verloren gehen, wenn der Laienwerber während des Verpflichtungszeitraumes sein eigenes Abonnement kündigt.
- Prämie darf weder vom Werber noch vom Verlag an Neuabonnenten weitergegeben werden.

ALLGEMEINES GLEICHBEHANDLUNGSGESETZ (AGG)

Das im *Allgemeinen Gleichbehandlungsgesetz (AGG)* enthaltene Verbot von Benachteiligungen in (Fremd-) Anzeigen aus Gründen der Rasse, der ethnischen Herkunft, des Geschlechts, der Religion, einer Behinderung, des Alters, der sexuellen Identität, gilt zwar auch bezogen auf das Anzeigengeschäft (als Massengeschäft), richtet sich jedoch ausschließlich an die Inserenten, nicht an die Verlage.

Die Prüfungspflicht der Medienunternehmen bzgl. der Veröffentlichung von Fremdanzeigen beschränkt sich auf offensichtliche, eindeutige und schwerwiegende Rechtsverstöße. Selbst wenn man in Anzeigen, deren Inhalt gegen die Antidiskriminierungstatbestände des AGG verstoßen, (stets) einen „schwerwiegenden Verstoß" sehen würde, besteht gleichwohl für die Medienunternehmen eine Prüfungspflicht nur dann, wenn der Verstoß offensichtlich und eindeutig ist.

Aus dem AGG ergibt sich u.a. auch die Pflicht zur geschlechtsneutralen Ausschreibung von Stellenanzeigen. Gleichwohl sind Abweichungen dann zulässig, wenn ein „bestimmtes Geschlecht" unverzichtbare Voraussetzung für die ausgeschriebene Tätigkeit ist. Auch insoweit trifft die Mitarbeiter der Anzeigenabteilungen keine Prüfungspflicht; allein der Inserent ist gehalten, die zitierten Anforderungen bei der Abfassung von Stellenanzeigen zu beachten.

Aus dem AGG lässt sich kein Kontrahierungs-Zwang mit Blick auf die Veröffentlichung von Anzeigen ableiten. Selbst wenn die Abschlussverweigerung eine Diskriminierung des Inserenten darstellt, bringt das AGG keine Veränderung gegenüber der bisherigen Rechtslage, die von dem Grundsatz der Vertragsfreiheit bestimmt wird und der deshalb ein Kontrahierungszwang wesensfremd ist.

DATENSCHUTZRECHT

Aus dem Gesamtbereich des Datenschutzrechtes werden nachfolgend die Vorschriften behandelt, die für die Medien von Bedeutung sind, wenn sie selbst Daten potenzieller Kunden für eigene Werbezwecke generieren und nutzen wollen.

„Daten"-Begriff

Als datenschutzrechtlich relevant sind folgende persönliche Daten von Interesse:
- Vor- und Nachnahme
- Wohnanschrift
- Telefonnummer, Fax-Nummer, E-Mail-Adresse
- Geschlecht
- Alter
- Beruf
- Interessensgebiete / Hobbys

Erhebungsarten

Als Mittel der Datengenerierung bieten sich an:
- Ausschreibung von Gewinnspielen/Preisrätseln mit entsprechenden Teilnahmekarten,
- Meinungs-/Marktumfragen,
- Angebot der Zusendung von kostenlosen elektronischen News-Lettern mit entsprechendem Anforderungsschein,
- Angebot von „hohen Verdienstmöglichkeiten" in Postwurfsendungen oder Inseraten, auf die die Interessenten ihre Daten „preisgeben".

Rahmenbedingungen für die Erhebung persönlicher Daten

- Es darf nicht verschleiert werden, wenn die Erhebung geschäftlichen Zwecken dient.
- Wird mehr abgefragt, als nach dem Sachzusammenhang notwendig, muss darauf hingewiesen werden, dass die Angaben freiwillig sind.

● Erfolgt die Abfrage im Rahmen von Gewinnspielen, muss darauf hingewiesen werden, dass die Beantwortung von als freiwillig gekennzeichneten Fragen nicht Voraussetzung für die Teilnahme am Gewinnspiel ist und die Gewinnchancen nicht beeinflusst.

Nutzung personenbezogener Daten

Wer potenzielle Interessenten ansprechen will, braucht personenbezogene Daten wie Name, Anschrift, Telefonnummer, Internet- und E-Mail-Adresse.

Um Daten nutzen zu können, die nicht allgemein zugänglich sind, braucht man die schriftliche Einwilligung des Betroffenen. Wird die Einwilligung zusammen mit anderen Erklärungen eingeholt (z. B. im Rahmen eines Gewinnspiels, des Abschlusses eines Abo-Vertrages), so ist die Einwilligungserklärung drucktechnisch hervorzuheben. Vorformulierte Einwilligungserklärungen sind erlaubt, auch in der Form, dass sie bei mangelndem Einverständnis zu streichen sind (Achtung: dies gilt so nur im Datenschutzrecht, nicht aber im Wettbewerbsrecht, wenn es um die Einwilligung für die Zusendung unaufgeforderter Werbung geht). Zudem darf der Vertragsabschluss nicht von der Einwilligung in die Datennutzung abhängig gemacht werden.

Form der Einwilligungserklärung

Auf Abo-Bestellscheinen für Werbeanrufe / Werbefaxe findet sich oftmals folgende Formulierung: „Ich bin (auch) damit einverstanden, dass der Verlag meine Daten für Zwecke der Werbung, Marktforschung und Beratung nutzt und selbst oder durch Dritte verarbeitet und dass ich schriftlich, telefonisch und per E-Mail über weitere Angebote informiert werde."

Eine entsprechende Form der Einwilligungserklärung ist nur zulässig, wenn
● diese Einwilligungserklärung deutlich herausgehoben ist,
● der potenzielle Abonnent dieses Einverständnis abwählen kann,
● der Einwilligungsumfang inhaltlich begrenzt und folglich überschaubar ist.

DIREKTMARKETING

Generelles Verbot der Verschleierung von Werbemaßnahmen

§ 7 Abs. 1 UWG bestimmt:

„Eine geschäftliche Handlung, durch die ein Marktteilnehmer in unzumutbarer Weise belästigt wird, ist unzulässig. Dies gilt insbesondere für Werbung, obwohl erkennbar ist, dass der angesprochene Marktteilnehmer diese Werbung nicht wünscht."

Als Beispiele für die unerlaubte Verschleierung von Werbemaßnahmen lassen sich folgende Aktivitäten auflisten:
- der werbliche Inhalt eines Telefonanrufs wird nicht sofort offenbart,
- eine als „Meinungsumfrage" getarnte Erhebung u. a. von persönlichen Daten des Interviewpartners dient in Wahrheit der Gewinnung von Datenmaterial zu Werbezwecken,
- eine als „Zufriedenheitsumfrage" getarnte Erhebung von Kundenwünschen bezweckt in Wahrheit lediglich die Sammlung sonst nicht zugänglicher persönlicher Daten, die anschließend für die Versendung von Werbung genutzt werden sollen,
- Versendung von „Newslettern", die in Wahrheit nur aus Werbung bestehen.

Zusendung von Werbung trotz erkennbarer Annahmeverweigerung

§ 7 Abs. 2 Nr. 1 UWG lautet:

„Eine unzumutbare Belästigung ist anzunehmen bei Werbung unter Verwendung eines in den Nummern 2 und 3" (Telefon, Fax, E-Mail, Anrufmaschinen) „nicht aufgeführten, für den Fernabsatz geeigneten Mittels der kommerziellen Kommunikation, durch die ein Verbraucher hartnäckig angesprochen wird, obwohl er dies erkennbar nicht wünscht".

Als Beispiele sind zu nennen:

- Einwurf von Werbung in Briefkästen mit Werbeverweigerer-Hinweis (Haftung liegt nicht nur bei der Zustellfirma, ebenso beim Werbenden),
- Zusendung trotz Ablehnungsschreiben des Adressinhabers an den Werbenden und/oder das Zustellunternehmen.

Wichtig: Unternimmt das werbende Unternehmen/das Zustellunternehmen alle zumutbaren Maßnahmen, um gelegentliche Fehlzustellungen zu vermeiden, so müssen diese „Ausreißer" hingenommen werden. Die Zustellung ist noch nicht rechtswidrig, die Abgabe von Unterlassungserklärungen kann nicht verlangt werden.

Briefwerbung

Die Briefwerbung ist generell unproblematisch, soweit Werbeverweigererhinweise beachtet werden (Briefkasten oder auch Mitteilung an das Medienunternehmen).

1. Gleichwohl müssen datenschutzrechtliche Grundsätze gewahrt werden. So dürfen z.B. Verlage die Daten von ehemaligen Abonnenten dazu verwenden, sie per Brief anzuschreiben und für ein neues Abo zu werben. Unzulässig ist es jedoch, wenn in dem Werbeschreiben auch Informationen verwendet werden, zu welchem neuen Printobjekt der alte Abonnent gewechselt ist (und insoweit dann z.B. Preisvergleiche angestellt werden).

2. Ebenfalls unzulässig ist das Zusenden einer „Benachrichtigungskarte", auf der mitgeteilt wird, der Empfänger habe eine Sendung verpasst, er möge eine Telefonnummer anrufen, von der bei Rückruf dann die Zusendung von Werbematerial zugesagt/das Interesse an bestimmten Dienstleistungen abgefragt wird.

3. Briefe an Haushalte, in denen sich ein Verlag für die erteilte „Zustimmung für weitere Kontaktaufnahme per Telefon, E-Mail oder SMS" bedankt, sind unzulässig, wenn es tatsächlich keine Zustimmung gegeben hat und sich diese so erst „erschlichen" werden soll.

Haustürwerbung, Werbung am Arbeitsplatz, Messen

Derartige Direktmarketingaktionen sind unproblematisch, soweit die Aktivitäten die Grenze der Belästigung nicht überschreiten. Insbesondere ist Haustürwerbung ohne vorherige Einwilligung zulässig.

Telefonwerbung

§ 7 Abs. 2 Nr. 2 UWG bestimmt:

"Eine unzumutbare Belästigung ist anzunehmen bei Werbung mit einem Telefonanruf gegenüber einem Verbraucher ohne dessen Einwilligung oder gegenüber sonstigen Marktteilnehmern ohne deren zumindest mutmaßlicher Einwilligung".

Telefonwerbung gegenüber Verbrauchern

1. Werbeanrufe per Telefon gegenüber Verbrauchern sind – dies war früher anders – heute nur noch mit *vorheriger, ausdrücklicher* Einwilligung erlaubt.

2. Verbraucher sind Personen, bei denen die Werbung weder ihrem gewerblichen, noch ihrem selbständigen beruflichen Tätigkeitsbereich zugerechnet werden kann, also den Umworbenen als „Privatperson" anspricht.

3. Die „Einwilligung" von Verbrauchern bzgl. Telefonwerbung muss immer <u>vor</u> der Werbemaßnahme erteilt sein. Es muss sich um eine *ausdrückliche* Einwilligung in der Form handeln, dass der Verbraucher als der Adressat selbst aktiv sein Einverständnis erklärt. Beispiel für die Gestaltung einer Einwilligungserklärung:
richtig: ja, ich will (sogenannte „opt in")
falsch: nein, ich will nicht (sogenannte „opt out")

4. Das Medienunternehmen haftet (auch) für unzulässige Anrufe durch *beauftragte Call-Center*.

5. Ein Anruf, durch den beim Verbraucher nachgefragt wird, ob *Interesse an Werbung* besteht, ist schon ein Werbeanruf, so dass bereits für diesen Anruf eine Einwilligung vorliegen muss.

6. Der Anruf eines Medienunternehmens, um einen *Besuchstermin* für einen Vertragsabschluss mit dem Verbraucher zu vereinbaren, ist ein Werbeanruf, so dass die Einwilligung vorliegen muss.

7. Will ein Verbraucher als Kunde des Medienunternehmens mit Ablauf des bestehenden Vertrages *zum Mitwettbewerber wechseln*, sind unerbetene Anrufe, den Wechsel nicht durchzuführen, unzulässig. Allein aus der bestehenden Geschäftsverbindung kann kein Einverständnis zum Anruf hergeleitet werden.

8. Die schriftliche Bitte eines Verbrauchers um *Übersendung von Informationsmaterial* umfasst nicht die Einwilligung in Werbeanrufe des Medienunternehmens.

9. Zum Nachweis der Einwilligung reicht es nicht aus, wenn lediglich behauptet wird, der Verbraucher habe die Einwilligung zum Telefonanruf im Rahmen eines *Online-Gewinnspiels* erklärt, und bei einer ihm später zugesandten E-Mail per Klicken eines Links die Einwilligung bestätigt („double opt in"). Denn es ist nicht sichergestellt, dass derjenige, der die E-Mail bestätigt hat, auch der Inhaber des Telefonanschlusses ist. Zudem müssen die gespeicherten E-Mails vorgelegt werden.

10. Ein Anruf bei Verbrauchern, um ihnen einen *Preisvergleich* anzubieten, ist ohne Einwilligung selbst dann unzulässig, wenn das anrufende Medienunternehmen einen günstigeren Preis offerieren könnte und der Verbraucher so einen Vorteil hätte.

Telefonwerbung gegenüber Gewerbetreibenden („sonstige Marktteilnehmer")
1. Hat der Gewerbetreibende *keine ausdrückliche Einwilligung* abgegeben, so reicht – anders als bei Verbrauchern – auch die mutmaßliche Einwilligung.

2. Eine mutmaßliche Einwilligung ist dann gegeben, wenn ein *direkter Sachzusammenhang* zwischen den geschäftlichen Interessen des Gewerbetreibenden und dem werblichen Angebot besteht.

3. Der Umstand, dass dem Gewerbetreibenden der Anruf vorher schriftlich angekündigt wird und kein Widerspruch erfolgt ist, kann nicht als mutmaßliche Einwilligung verstanden werden.

4. Auch bei Gewerbetreibenden ist nicht von einer mutmaßlichen Einwilligung auszugehen, wenn ein Medienunternehmen anruft, um *günstigere Konditionen* als Mitwettbewerber anzubieten.

Einwilligung zur Telefonwerbung bei bestehenden Verträgen
1. Betrifft der Anruf ein *laufendes Vertragsverhältnis* (z.B. Anmahnung von ausstehenden Zahlungen), kann eine *stillschweigende* Einwilligung unterstellt werden.

2. Geht der Anruf darüber hinaus, z.B. um *Vertragsverlängerungen, Vertragsergänzungen, neue Vertragsangebote* (gilt sowohl gegenüber Verbrauchern wie Gewerbetreibenden), so kann <u>nicht</u> von einer Einwilligung ausgegangen werden.

3. Ebenso fehlt es bei der telefonischen Nachbearbeitung *abgelaufener Verträge* an einer Einwilligung, da der Kunde erkennbar nichts mehr mit dem Medienunternehmen zu tun haben will, denn sonst wäre das Vertragsverhältnis fortgesetzt worden.

Archivierung von Einwilligungserklärungen

Wer sich auf das Vorliegen von Einwilligungserklärungen beruft, muss die Erklärung im Streitfall vorlegen können. Es dürfte ausreichen, dass die Einwilligungserklärungen eingescannt in digitaler Form vorgelegt werden können, so dass nicht auch noch die Originale archiviert werden müssen.

Werbung per Fax, E-Mail, Anrufmaschinen

§ 7 Abs. 2 Nr. 3 UWG lautet:

> *„Eine unzumutbare Belästigung ist anzunehmen bei Werbung unter Verwendung einer automatischen Anrufmaschine, eines Faxgerätes oder elektronischer Post, ohne dass eine vorherige ausdrückliche Einwilligung des Adressaten vorliegt".*

Damit ist Werbung per Fax, E-Mail, Anrufmaschine immer <u>nur</u> zulässig, wenn eine ausdrückliche Einwilligung vorliegt. Stillschweigende oder mutmaßliche Einwilligungen reichen – anders als z. B. bei Telefonwerbung gegenüber Gewerbetreibenden – in keinem Fall aus.

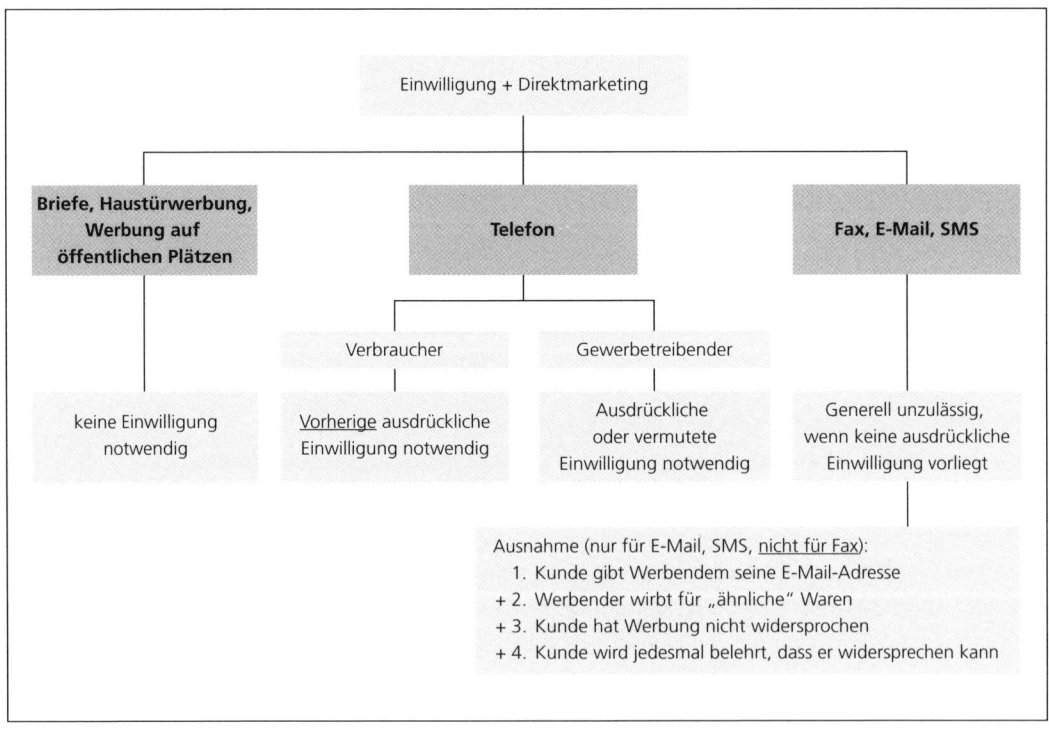

Das Erfordernis der Einwilligung entfällt auch dann <u>nicht</u>, wenn ein E-Mail automatisch auf einen PC umgeleitet wird. Dies gilt auch, wenn sich die E-Mail-/Faxadresse aus einem Suchmaschineneintrag ergibt. Bereits die *erste* unverlangte Zusendung einer E-Mail-Werbung ist nicht mehr als Bagatellverstoß zu werten und damit unzulässig. Es kommt generell *nicht* darauf an, ob die elektronische Zusendung unverlangter Werbung als „unzumutbare Belästigung" einzustufen ist oder nicht.

Schließlich wird auch das Bereitstellen eines Online-Systems, mit dem Kunden des Medienunternehmens gegen Erhalt einer Prämie Dritte per E-Mail zum Eingehen eines Vertragsverhältnisses mit dem Medienunternehmen auffordern („Tell-a-Friend-Funktion"), als rechtswidrig angesehen.

Ausnahme für elektronischen Handel

Bezogen auf Werbung im Wege der „elektronischen Post", also E-Mail, SMS, MMS, <u>nicht</u> jedoch bezogen auf Fax, Anrufmaschinen (erst recht nicht Telefon), heißt es in § 7 Abs. 3 UWG:

„Eine unzumutbare Belästigung bei einer Werbung unter Verwendung elektronischer Post ist nicht anzunehmen, wenn

(1) ein Unternehmer im Zusammenhang mit dem Verkauf einer Ware oder Dienstleistung von dem Kunden dessen elektronische Postadresse erhalten hat,

(2) der Unternehmer die Adresse zur Direktwerbung für eigene ähnliche Waren oder Dienstleistungen verwendet,

(3) der Kunde der Verwendung nicht widersprochen hat,

(4) der Kunde bei der Erhebung der Adresse und bei jeder Verwendung klar und deutlich darauf hingewiesen wird, dass er der Verwendung jederzeit widersprechen kann, ohne dass hierfür andere als die Übermittlungskosten nach den Basistarifen entstehen."

Bedingungen

Ganz wichtig ist, dass alle der vier vorgenannten Bedingungen zugleich („kumulativ") gegeben sein müssen:

1. Das Medienunternehmen hat die elektronische Postadresse vom Kunden im Zusammenhang mit dem Verkauf einer Ware oder Dienstleistung erhalten.

Es reicht folglich <u>nicht</u> aus, wenn das Medienunternehmen die elektronische Postadresse von einem *Adresshändler* erhalten hat.

Vertragsverhandlungen reichen ebenfalls <u>nicht</u> aus, da die elektronische Postadresse im Zusammenhang mit dem Verkauf einer Ware oder Dienstleistung dem Medienunternehmen zugegangen sein muss.

Der *notwendige Zusammenhang* ist nur dann gegeben, wenn der (erste) vorangegangene Kaufabschluss per E-Mail / SMS abgewickelt wurde und dies nicht länger als 2 Jahre zurückliegt. Ist die Kundenbeziehung beendet, fehlt es ohnehin an dem notwendigen Zusammenhang zwischen dem Erhalt der elektronischen Postadresse des Kunden und der nachfolgenden Werbung des Medienunternehmens über den Einsatz elektronischer Post.

2. Das Medienunternehmen darf die Adresse dem Kunden gegenüber nur zur Bewerbung ähnlicher Waren oder Dienstleistungen nutzen. Es darf also nur für Dinge geworben werden, die den zuvor auf elektronischem Weg gekauften Sachen *ähnlich* sind.

3. Der Kunde hat der elektronischen Werbung nicht widersprochen.

4. Der Kunde ist bei Erhebung und Verwendung der Adresse auf sein Widerspruchsrecht hingewiesen worden.

EIGENWERBUNG DER MEDIENUNTERNEHMEN

Sind Medienunternehmen bei der Veröffentlichung von redaktionellen Beiträgen und der Verbreitung von Fremd-Werbung vielfach privilegiert, so sind sie mit Blick auf ihre Eigenwerbeaktivitäten wie jeder andere Werbetreibende uneingeschränkt verantwortlich. Dabei ist es gleichgültig, in welcher Form die Eigenwerbung erfolgt: Ob als Eigenanzeige im eigenen Blatt oder den einschlägigen Branchendiensten, als Werbeflyer an potenzielle Abonnenten, als Mailing an vorhandene oder potenzielle Anzeigen-Kunden, als Teil der alljährlich neu erstellten Mediadaten usw.

Redaktionelle Berichterstattung

Vorsicht ist bereits dann geboten, wenn redaktionell in den eigenen Medien über die eigenen Medien und deren Leistungen / Angebote berichtet wird (Beispiel: Bericht über Reichweitenergebnisse, Leserreisen usw.). Insoweit ist darauf zu achten, dass es sich nicht um die Veröffentlichung unzulässiger Schleichwerbung handelt; gegebenenfalls müssen derartige Berichte als (Eigen-) Anzeige gekennzeichnet werden.

Darstellung von Mediaanalysen

Wie jede Werbung muss auch die Eigenwerbung von Medienunternehmen wahr sein. Selbst, wenn die Ergebnisse einer an sich methodisch einwandfreien Mediaanalyse beworben werden, so ist stets darauf zu achten, dass in deren werblicher Umsetzung nicht mehr in die Befragungsergebnisse hinein- bzw. herausgelesen wird, als darin tatsächlich erhoben wurde.

Ebenso ist darauf zu achten, die grafische Darstellung der Befragungsergebnisse nicht so verzerrt vorzunehmen, dass Abstände zwischen den Wettbewerbern größer bzw. kleiner erscheinen, als sie tatsächlich vorhanden sind.

Vergleichende Werbung

Vielfach handelt es sich bei der Eigenwerbung von Medienunternehmen um einen Fall der vergleichenden Werbung, die bestimmten wettbewerbsrechtlichen Anforderungen genügen muss:

1. Der Vergleich muss sich immer auf Medien beziehen, die „für den gleichen Bedarf und die selbe Zweckbestimmung" konzipiert sind (§ 6 Abs. 2 Nr. 1 UWG).

Deshalb sind Vergleiche von Medien aus unterschiedlichen Mediengattungen stets bedenklich. In jedem Fall muss unmissverständlich auf die gegebenen Unterschiede hingewiesen werden. Werden etwa Auflagenzahlen von entgeltlich vertriebenen und Gratis-Objekten gegenüber gestellt, so muss die jeweilige Vertriebsform mit angegeben werden.

2. Decken sich die Verbreitungsgebiete der Medien nicht, so muss etwa bei Reichweitenvergleichen darauf hingewiesen werden, dass die Ergebnisse nur mit Blick auf das eigene Medium repräsentativ sind, nicht jedoch für Medien, deren Kernverbreitungsgebiete anders zugeschnitten sind.

3. Werden Medienangebote qualitativ miteinander verglichen, so ist dies nur zulässig, wenn die Befragten tatsächlich auch alle in den Vergleich einbezogenen Titel nutzen (z.B. als „Mehrfachleser).

4. Der Vergleich muss „objektiv" sein, sich also „auf eine oder mehrere wesentliche, relevante, nachprüfbare und typische Eigenschaften" der in den Vergleich eingezogenen Printobjekte richten (§ 6 Abs. 2 Nr. 2 UWG). Fehlen entsprechende Fakten, kann nur im Wege der „Testimonial"-Werbung agiert werden.

5. Die Objekte des Wettbewerbers bzw. dessen persönliche oder geschäftliche Verhältnisse dürfen in keinem Fall herabgesetzt oder verunglimpft werden (§ 6 Abs. 2 Nr. 5 UWG).

Auszeichnungen / Gütesiegel

Bei der Eigen-Werbung mit Auszeichnungen / Gütesiegeln ist ebenfalls darauf zu achten, dass die Werbung wahr und nicht irreführend ist. Wenn ein Titel beispielsweise nicht von der IVW geprüft wird, darf es nicht den Anschein erwecken, dies sei doch der Fall.

Auflagenzahlen

Nach wie vor wird vielfach bei der Eigenwerbung mit Auflagenzahlen nicht deutlich herausgestellt, um welche Auflagenkategorie es sich handeln soll. Es muss stets angegeben werden, ob es sich um die Druckauflage, Abonnementsauflage, verkaufte Auflage oder tatsächlich verbreitete Auflage handelt, es sei denn, es wird aus dem Kontext heraus unmissverständlich klar, was gemeint ist.

> **Beispiel:** Wird eine Verbreitungskarte veröffentlicht und dazu eine Auflagenzahl genannt, so erschließt sich daraus, dass es sich um die verbreitete Auflage handelt.

Reichweite

Es ist stets irreführend und damit wettbewerbswidrig, wenn tatsächlich nur die Zahl der Empfänger eines Objekts bekannt ist, diese Zahl jedoch als Leser-Reichweite beworben wird. Um mit einer Leserreichweite eines Titels zu werben, bedarf es stets einer wissenschaftlichen Ansprüchen genügenden Reichweitenanalyse.

Zudem fehlt oft eine Quellenangabe, die es ermöglicht zu überprüfen, ob die beworbene Höhe der Empfängerzahl tatsächlich zutreffend ist. Soll damit geworben werden, dass ein Objekt eine besondere Empfängerschicht, z.B. die „Entscheider" auch tatsächlich „erreicht", so kann insoweit als Beleg nicht einfach auf die Adressdatei des Verlages verwiesen werden, sondern es muss eine entsprechend qualifizierte Untersuchung vorhanden sein, die belegt, dass das Objekt nicht nur bei den Empfängern ankommt, sondern auch tatsächlich in die Hand genommen wird.

Verwendung von Mediaanalysen

Bei einer Eigenwerbung unter Verwendung von Mediaanalysen sind zwei Komplexe zu beachten.

1. Zum einen muss die Mediaanalyse tatsächlich valide und damit repräsentative Ergebnisse liefern, was immer dann gegeben ist, wenn die Erhebungsmethode den einschlägigen wissenschaftlichen Anforderungen genügt (dies ist beispielsweise dann gegeben, wenn die Mediaanalyse den Vorgaben des „ZAW-Rahmenschema für Werbeträger-Analysen" entspricht). Ist dies nicht der Fall, so können die Ergebnisse nur mit dem ausdrücklichen Hinweis beworben werden, dass es sich um nicht-repräsentative Zufallsergebnisse handelt.

2. Zum anderen muss bei der werblichen Umsetzung der Ergebnisse von Mediaanalysen streng darauf geachtet werden, dass die Ergebnisse nicht überbewertet werden, also aus ihnen nicht mehr „herausgelesen" wird, als tatsächlich abgefragt wurde.

Spitzenstellung / Superlativwerbung

Soll mit Alleinstellungs- / Spitzenstellungsbehauptungen geworben werden, so muss diese Werbung wie stets wahr sein. Eine Spitzenstellung ist zudem nur dann gegeben, wenn das jeweilige Objekt tatsächlich über eine längere Zeit mit deutlichem Abstand vor den Mitwettbewerbern rangiert.

GEGENDARSTELLUNG

Anspruchsteller

Eine Gegendarstellung, egal ob im redaktionellen Teil oder im Anzeigenteil, kann nur **der – unmittelbar – Betroffene** verlangen (z. B. bei einer Berichterstattung über eine politische Partei nicht ein Parteimitglied, sondern nur die Partei selbst).

Sind **mehrere Personen** in einem Artikel angesprochen, so hat jeder einen eigenen Anspruch (inhaltlich gleiche Gegendarstellungen können unter Hinzufügung der Namen aller Adressaten zusammengefasst werden, um sie nur einmal abzudrucken).

Betroffen ist auch derjenige, der nicht namentlich genannt, wohl aber **identifizierbar** ist. Für die Identifizierungsmöglichkeit kommt es jedoch auf diejenigen Kenntnisse an, die der Artikel selbst vermittelt oder die bei einer objektiven, wenn auch interessierten Leserschaft vorausgesetzt werden können. In der Regel reicht es jedoch nicht aus, wenn ein sachlich interessierter Leser erst durch entsprechende Rückfragen die Person des Angesprochenen ermitteln kann.

Derjenige, der den Abdruck einer Gegendarstellung verlangt, muss ein **„berechtigtes Interesse"** haben. Dies kann z. B. dann entfallen sein, wenn die Zeitung von sich aus vor Eingang des Gegendarstellungsbegehrens die beanstandete Behauptung selbst in der Weise „korrigiert" hat, wie dies in der Gegendarstellung verlangt wird.

Form und Frist

Die Gegendarstellung muss von dem Betroffenen „eigenhändig" unterzeichnet sein. Bei juristischen Personen ist die Unterschrift durch den gesetzlichen Vertreter notwendig. In einigen Bundesländern reicht es auch aus, wenn der bevollmächtigte Anwalt die Gegendarstellung handschriftlich unterzeichnet.

Das Gegendarstellungsbegehren muss „unverzüglich" (d. h. ohne schuldhaftes Zögern) geltend gemacht werden. Als Grenze wird man eine

14-Tage-Frist nach Kenntnisnahme der Ausgangsveröffentlichung, allenfalls noch drei Wochen annehmen können. Kommt das Gegendarstellungsbegehren später, ist es unzulässig. Selbst wenn der Betroffene erst nach 3 Monaten Kenntnis von der Ausgangsveröffentlichung erhält, ist dann keinerlei Gegendarstellung mehr möglich.

Das Verlangen auf Abdruck der Gegendarstellung muss sich an den **Verleger** (Verlag) der Zeitung / Zeitschrift und / oder den **„verantwortlichen Redakteur"** richten.

Inhalte

Inhaltlich kann sich die Gegendarstellung nur auf **Tatsachenbehauptungen**, nicht auf Meinungsäußerungen beziehen. Diese sind nicht gegendarstellungsfähig. Die Abgrenzung „Tatsachenbehauptung – Meinungsäußerung" ist höchst schwierig.

Faustregel:
- Alles, was einem Beweis zugänglich ist, ist Tatsachenbehauptung.
- Alles, worüber man streiten kann, ist Meinungsäußerung.

> **Beispiel:**
> Die Rezension über die Leistungen eines Sängers: Werturteil = Meinungsäußerung
>
> Die Mitteilung, in einem Konzert sei ein bestimmtes Stück zur Aufführung gelangt, ist eine Tatsachenbehauptung.

Wird in der Zeitung eine Tatsachenbehauptung in der Form eines *Zitates* (z.B. die Äußerung eines Dritten) wiedergegeben, so ist auch dieses Zitat gegendarstellungsfähig. In dem Gegendarstellungsbegehren muss dann aber deutlich werden, dass sich die Gegendarstellung gegen das Zitat richtet. Die Gegendarstellung darf nicht so abgefasst sein, dass der Eindruck entsteht, die Zeitung habe die fragliche Behauptung selbst verbreitet.

Besonders schwierig ist zu entscheiden, ob eine Frage als *„rhetorische Frage"* (verkappte Tatsachenbehauptung) oder als „echte" ergebnisoffene Fragestellung (Meinungsäußerung) einzustufen ist.

Neben Text können auch *Fotos* gegendarstellungsfähig sein.

Dementi

In der Gegendarstellung selbst darf der Ausgangsbehauptung nur das Dementi gegenüber gestellt werden. Weitere Ergänzungen sind nicht statthaft.

Beispiele:

„In der Ausgabe ... wird behauptet, dass Herr X verheiratet ist. Diese Behauptung ist falsch. Richtig ist vielmehr, dass Herr X ledig ist."

Oder: „In der Ausgabe ... wird der Eindruck erweckt, Herr X sei verheiratet. Dieser Eindruck ist falsch. Herr X ist ledig."

Der zusätzliche Hinweis, dass der Betroffene („Herr X") nie die Absicht geäußert habe, zu heiraten, ist unzulässig, es sei denn, dies ist gerade Inhalt der Ausgangsveröffentlichung gewesen („Herr X erklärt, ich werde heiraten").

Kombiniert eine Gegendarstellung Tatsachenbehauptungen und Meinungsäußerungen, so ist sie insgesamt unzulässig („Alles oder Nichts-Prinzip"). Es ist nicht Aufgabe der Presse, eine „ordentliche" Gegendarstellung zu formulieren. Der Antragsteller muss ein neues Gegendarstellungsbegehren formulieren und abermals dem Verlag zusenden.

Die Gegendarstellung darf nicht (wesentlich) länger sein als die „beanstandete" Passage in der Ausgangsveröffentlichung, wobei die Gerichte insoweit relativ großzügig i. S. d. Anspruchsstellers entscheiden.

Gegendarstellungsbegehren

Auf die Frage, ob die Ausgangsveröffentlichung „wahr" ist oder nicht, kommt es bei dem Gegendarstellungsbegehren nicht an. Der Abdruck darf also nicht (schon) deshalb abgelehnt werden, weil die Redaktion der Ansicht ist, wahrheitsgemäß berichtet zu haben.

Lediglich offensichtlich unwahre Gegendarstellungsbegehren (bzw. Gegendarstellungsbegehren mit strafbarem Inhalt) können zurückgewiesen werden. (Beispiel: Wer als „Mörder" verurteilt wird, kann nicht bei der Gegendarstellung behaupten, er sei nicht wegen Mordes verurteilt.)

In Zweifelsfällen entscheiden die Gerichte i.d.R. zugunsten der Antragsteller, so dass der Versuch, eine Gegendarstellung wegen offensichtlicher Unwahrheit abzulehnen, wenig aussichtsreich ist.

Eine Gegendarstellung kann sich auch dagegen richten, dass in der Ausgangsveröffentlichung ein „unwahrer" (unzutreffender) Eindruck erweckt wird.

Veröffentlichung

Die Gegendarstellung muss
- in „der nächsten für den Druck noch nicht abgeschlossenen Ausgabe" und
- „im selben Teil des Druckwerkes" und „in gleicher Schrift" veröffentlicht werden.

Faustregel:
In dem redaktionellen Umfeld, in dem die Ausgangsveröffentlichung abgedruckt war (z.B. Lokalteil), muss auch die Gegendarstellung erscheinen. Ist die Ausgangsveröffentlichung jedoch auf einer ganz bestimmten, ausdrücklich gekennzeichneten Seite (z.B. Seite drei" der *Süddeutschen Zeitung*) erschienen, muss auch genau dort die Gegendarstellung platziert werden. War die Ausgangsveröffentlichung auf der Titelseite eines Printmediums publiziert, muss dort auch die Gegendarstellung abgedruckt werden. Ist die Ausgangsveröffentlichung im Inhaltsverzeichnis angekündigt gewesen, so kann verlangt werden, dass im neuen Inhaltsverzeichnis an entsprechender Stelle ein Hinweis auf die Gegendarstellung abgedruckt wird.

GESETZ GEGEN DEN UNLAUTEREN WETTBEWERB (UWG)

Das UWG soll die Lauterkeit von Wettbewerbshandlungen sicherstellen und zugleich dem Verbraucherschutz dienen.

Wann ist eine Wettbewerbshandlung unlauter? – Die Antwort geben die in der „Schwarzen Liste" im Anhang zu § 3 Abs. 3 UWG einzeln aufgeführten 30 Fallgruppen. Generell gilt:
- Werbung muss wahr sein.
- Werbung darf nicht irreführen.
- Vergleiche in der Werbung müssen objektiv sein.
- Man darf sich nicht auf Kosten Dritter profilieren.
- Es darf nicht mit Selbstverständlichkeiten geworben werden.

Fallgruppen Anzeigengeschäft

Die für die Medienunternehmen *wichtigsten* Fallgruppen – beispielhaft bezogen auf das Anzeigengeschäft – lassen sich wie folgt auflisten:

§ 4 Nr. 3 UWG:
„Unlauter handelt, wer den Werbecharakter von Wettbewerbshandlungen verschleiert."

Für die Medien folgen daraus insbesondere die Kennzeichnungspflicht redaktionell gestalteter Werbung und das Verbot der Schleichwerbung im redaktionellen Gewand.

§ 4 Nr. 4 und 5 UWG:
„Unlauter handelt, wer bei Verkaufsförderungsmaßnahmen wie Preisnachlässen, Zugaben oder Geschenken die Bedingungen für ihre Inanspruchnahme nicht klar und eindeutig angibt, bei Preisausschreiben oder Gewinnspielen mit Werbecharakter die Teilnahmebedingungen nicht klar und eindeutig angibt."

Für die Medien folgt daraus das Gebot der Transparenz bei Verkaufsförderung und Gewinnspielen. Preisnachlässe, Zugaben, Werbegeschenke müssen nach Art, Wert/Preis und Beschaffenheit unmissverständlich sein.

Typische Hinweispflichten bei Verkaufsförderungsmaßnahmen (Rabatte, Zugaben usw.): Hinweis auf das Bestehen einer Kopplung, Angabe des Angebotszeitraums, der zur Verfügung stehenden Mengen („solange der Vorrat reicht"), der Vertragsmodalitäten (z. B. Preis, Kündigungsfrist beim Abo), von Mindestumsatz bei Rabattsystemen.

Typische Hinweispflichten bei Gewinnspielen: Angabe, wer teilnahmeberechtigt ist, des Teilnahmeschlusses, der Auswahl/Bekanntgabe von Gewinnern, der Kosten der Abholung des Gewinns, der Hinweis auf den Ausschluss des Rechtswegs, die Nennung des Sponsors der Gewinne.

§ 5 Verbot der Irreführenden Werbung

Anwendungsbereiche mit Blick auf die Eigenwerbung der Medienunternehmen:
- Spitzen- oder Alleinstellungswerbung ist nur zulässig, wenn sie wahr ist.
- Kopplungsangebote („On-Packs", Abonnentenpakete) – über den tatsächlichen Wert des Angebots darf nicht getäuscht werden. Eine Unlauterkeit ist gegeben, wenn der Preis der Waren (Print-Objekt + Beigabe) nur schwer ermittelt werden kann.

§ 5 Abs. 4

„Es wird vermutet, dass es irreführend ist, mit der Herabsetzung eines Preises zu werben, sofern der Preis nur für eine unangemessen kurze Zeit gefordert worden ist. Ist streitig, ob und in welchem Zeitraum der Preis gefordert worden ist, so trifft die Beweislast denjenigen, der mit der Preisherabsetzung geworben hat."

Hier ist das Verbot der Werbung mit sogenannten Mondpreisen maßgebend.

Fallgruppen der Werbekunden

Die für die Werbekunden der Medienunternehmen wichtigsten Fallgruppen lassen sich wie folgt auflisten:

Werbung mit Lockvogelangeboten
Generell zulässig; unzulässig, wenn das Lockvogelangebot tatsächlich nicht zutrifft.

Blickfangwerbung
Zulässig; es besteht jedoch die Gefahr der Irreführung durch Verkürzung der blickfangmäßig herausgestellten Behauptungen – Möglichkeit der Aufklärung durch einen unmittelbar an der Blickfangwerbung platzierten, die Sachlage erläuternden *-chen-Hinweis.

Werbung mit Abgabebeschränkungen („solange der Vorrat reicht", „Verkauf nur heute") – generell zulässig, aber die beworbenen Zeiträume dürfen nicht zu kurz sein, um kein übertriebenes Anlocken zu provozieren; der Warenvorrat muss für 2 Tage ausreichen (Faustregel).

Vergleichende Werbung
Generell zulässig. Unbedenklich sind subjektive Urteile (Meinungsäußerungen – „für mich das Beste") und Vergleiche innerhalb des eigenen Warenangebots (Hausvergleich: „unser Bestes").

Vergleichende Werbung unter Bezugnahme auf Tatsachenbehauptung ist nur zulässig, wenn auf erhebliche, relevante, nachprüfbare, typische Eigenschaften abgehoben wird (keine „Äpfel-mit-Birnen"-Vergleiche).

Werbung mit Alleinstellungsbehauptungen („Der Billigste")
Zulässig, wenn die Alleinstellung tatsächlich wahr ist und über einen längeren Zeitraum ein hinreichend großer Abstand gegenüber den Mitbewerbern bestanden hat.

Werbung mit einer Spitzenstellung („Zählt zu den wirtschaftlichsten seiner Klasse") – ist dann zulässig, wenn es tatsächlich eine Spitzengruppe gibt und das beworbene Produkt/die beworbene Dienstleistung zu dieser Spitzengruppe zählt.

Werbung mit kritisierendem Vergleich

Ist auch „ohne besonderen Anlass" bei sachlicher Auseinandersetzung mit Angeboten des Mitwettbewerbers zulässig; unzulässig jedoch dann, wenn das Angebot des Dritten pauschal herabgewürdigt wird („das Produkt „X" taugt nichts").

Werbung mit anlehnendem Vergleich

Nur zulässig, wenn der Vergleich an Sachkriterien orientiert ist; unzulässig, wenn der Vergleich lediglich die berühmte Marke eines Mitbewerbers ausnutzt („Wir sind so gut wie Aldi").

Werbung mit dem Preis

Die Preiswerbung betrifft die Themen: Verpflichtung zur Angabe des Endpreises, Unverbindliche Preisempfehlung, Einführungspreise, Preisherabsetzung, Koppelungsangebote, Fabrikpreise. Jede Preiswerbung muss inhaltlich wahr und darf nicht irreführend sein.

Werbung mit Kopplungsangeboten (Zwei-Jahresabo und eine Städtereise)

Der Endpreis des Kopplungsangebotes muss angegeben sein, die Einzelpreise können angegeben werden, müssen aber in jedem Fall ermittelbar und damit der Gesamtpreis nachrechenbar sein.

Werbung mit Rabatten

Werbung mit Rabatten ist allein begrenzt durch das Irreführungsverbot und das Verbot des übertriebenen Anlockens (irrwitzige Höhe des Rabattes/nur kurze Angebotsdauer).

Werbung mit Geschenken/Prämien

Hier sind das Irreführungsverbot und das Verbot des übertriebenen Anlockens zu beachten.

Werbung mit Sonderveranstaltungen (Saison-/Räumungsverkauf)

Jede Art von Sonderveranstaltung kann beworben werden; eine unzulässige Irreführung liegt jedoch dann vor, wenn der beworbene Anlass in Wahrheit gar nicht gegeben ist (unwahre Werbung mit einem Räumungsverkauf wegen Wasserschadens, obgleich es keinen Wasserschaden gegeben hat).

Werbung mit Beschaffenheitsangaben („Bio")

Nur zulässig, wenn die Beschaffenheitsangabe inhaltlich zutrifft.

Werbung mit Gewinnspielen

Die Teilnahme an einem Gewinnspiel darf nicht mit Kauf von Waren verknüpft werden. Bzgl. der Teilnahmebedingungen ist das Transparenzgebot zu beachten.

Werbung mit Bezugnahme auf fremde Marken/unter Bezugnahme auf den guten Ruf eines Wettbewerbers – Es ist verboten, bekannte/berühmte Marken *(Handelsblatt, Langenscheidt)* oder eingetragene Marken (auch Farbmarken) für die eigene Werbung zu benutzen (auszubeuten).

Werbung mit der Angst

Zulässig, wenn sachlich auf Gefahren hingewiesen wird; unzulässig, wenn Gefahren emotional überbetont werden.

Werbung durch Ausnutzung Schutzbefohlener (Kinder)

Generell verboten.

Abschätzige Werbung

Unzulässig, da die Werbung nicht mehr an Sachurteilen orientiert ist, sondern sich in pauschaler Abwertung erschöpft.

KARTELLRECHT

Gesetztesgrundlage

Maßgebend ist das *Gesetz gegen Wettbewerbsbeschränkungen (GWB)*. Es normiert i.W. das Verbot wettbewerbsbeschränkender Absprachen, die Freistellung von Kooperationen, das Verbot missbräuchlichen Verhaltens durch marktbeherrschende Unternehmen und die Regelungen, unter denen Unternehmenszusammenschlüsse erlaubt sind.

Wann muss man bei Unternehmenszusammenschlüssen zum Kartellamt? Immer dann, wenn Unternehmen fusionieren wollen, die einen Gesamt-Umsatzerlös von mehr als 500 Mio. € p.a. erwirtschaften, wobei davon ein an dem Zusammenschlussvorhaben beteiligtes Unternehmen mehr Umsatz als 25 Mio. € p.a. und ein anderes Unternehmen mehr als 5 Mio. € p.a. erzielt haben muss (Aufgreifkriterien § 35 GWB).

Bezogen auf Printmedien und Rundfunk sind die Aufgreifkriterien *niedriger* gesetzt, indem bereits ein $\frac{1}{20}$ der Umsatzerlöse in Ansatz gebracht werden und damit fast alle Zusammenschlüsse beim Kartellamt anmeldepflichtig sind ("Faktor 20" – § 38 Abs. 3 GWB). Erzielen im Printmedien-/Rundfunksektor die zusammenschlusswilligen Unternehmen Gesamt-Umsatzerlöse von mehr als 25 Mio. € p.a., davon ein Unterneh-men mehr Umsatz als 1.250.000 € p.a. und ein anderes Unternehmen mehr als 250.000,00 € p.a., so unterliegt bereits ein Fusionsvorhaben dieser Größenordnung der Zusammenschlusskontrolle.

Klauseln

Hinzukommt, dass bezogen auf die Printmedien auch die sogenannten **Bagatellklauseln** nicht oder nur eingeschränkt gelten.

Nach der sogenannten **Anschlussklausel** (§ 35 Abs. 2 Nr. 1 GWB) unterliegen Zusammenschlüsse keiner Fusionskontrolle, wenn der Umsatz eines der beteiligten Unternehmen unter 10 Mio. € liegt. Diese Klausel ist bei Pressefusionen überhaupt nicht anwendbar.

Nach der sogenannten **Marktklausel** (§ 35 Abs. 2 Nr. 2 GWB) erfolgt keine Fusionskontrolle, wenn die zusammenschlusswilligen Unternehmen auf einem Markt agieren, auf dem im letzten Kalenderjahr insgesamt weniger als 15 Mio. € umgesetzt wurden. Diese Klausel ist zwar auf Printmedien anwendbar, aber wiederum mit der abgesenkten Aufgreifschwelle des § 38 Abs. 3 GWB. Danach sind Fusionen immer dann anzumelden, wenn ein Presse-Markt betroffen ist, auf dem im letzten Kalenderjahr insgesamt mehr als 0,750 Mio. € umgesetzt wurden

Reglementierungsfragen

Wann wird eine Fusion untersagt? Immer dann, wenn durch den Zusammenschluss eine *marktbeherrschende Stellung* begründet oder verstärkt wird.

Wann wird ein Markt beherrscht? Wenn das in Frage stehende Unternehmen ohne Wettbewerber ist, keinem wesentlichen Wettbewerb ausgesetzt ist, oder gegenüber Mittbewerbern eine überragende Marktstellung besitzt.

Wann wird Marktbeherrschung vermutet? Wenn ein Unternehmen 1/3 Marktanteil besitzt, drei oder weniger Unternehmen haben 50 % Marktanteil bzw. fünf oder weniger Unternehmen haben 2/3 Marktanteil.

KENNZEICHNUNGSPFLICHT

Rechtsnormen

Die maßgeblichen Rechtsnormen, die die Kennzeichnungspflicht der Verlage mit Blick auf redaktionell gestaltete Inserate begründen, sind § 10 LPG (BaWü) und § 4 Nr. 3 UWG.

§ 10 LPG (BaWü) bestimmt:

„Hat der Verleger eines periodischen Druckwerks oder der Verantwortliche für eine Veröffentlichung ein Entgelt erhalten, gefordert oder sich versprechen lassen, so hat er diese Veröffentlichung, soweit sie nicht schon durch Anordnung und Gestaltung allgemein als Anzeige zu erkennen ist, deutlich mit dem Wort Anzeige zu bezeichnen."

§ 4 Nr. 3 UWG bestimmt:

„Unlauter handelt, wer den Werbecharakter von Wettbewerbshandlungen verschleiert."

Diese Vorschriften besagen nicht, dass mit redaktionellen Elementen ausgestaltete Werbung per se unzulässig wäre. Sie muss allerdings dann, wenn das Inserat nicht mehr als Werbung erkennbar ist, mit dem Begriff „Anzeige" gekennzeichnet werden.

Inhaltliche Differenzierung

Allgemeingültige Regeln, wann ein redaktionell gestaltetes Inserat kennzeichnungspflichtig ist, gibt es nicht. Jede Anzeige ist in dem konkreten Umfeld zu bewerten. Als Faustregel gilt: Je mehr sich das Inserat in seiner Gestaltung (Layout, Schrifttype, Spaltenanzahl/-breite, Überschriftengestaltung, Einblendung von Fotos und Bildunterschriften) an die redaktionelle Aufmachung des Werbeträgers anlehnt, umso deutlicher muss die Kennzeichnung sein.

Andererseits können neben einem veränderten Layout bestimmte **grafische Elemente** (wie etwa die Einrahmung des Textes) oder andere Hervorhebungen (das Inserat ist farblich anders unterlegt als redaktionelle Artikel) dazu führen, dass das redaktionell gestaltete Inserat gleichwohl als Werbung erkannt wird und eine zusätzliche Kennzeichnung als „Anzeige" nicht notwendig ist.

Enthält das (in Teilen) redaktionell aufgemachte Inserat viele **werbetypische Elemente** wie Firmenlogo, Abbildung des beworbenen Produkts, Bestellschein, Firmenadresse, so wird man im Zweifel davon ausgehen, dass die Veröffentlichung als Werbung erkennbar und folglich nicht kennzeichnungspflichtig ist. Überwiegen dagegen die redaktionellen Elemente, so muss das Inserat als „Anzeige" gekennzeichnet werden.

Es kommt immer häufiger vor, dass eine **formatierte** (also ohne weiteres als Werbung erkennbare) **Anzeige** und ein vom Inserenten (mit-) bezahlter redaktioneller Text unmittelbar nebeneinander platziert werden. Oftmals erkennt der Leser nicht, dass auch der redaktionell aufgemachte Text Werbung enthält. Folglich ist in diesen Fällen eine Kennzeichnung mit dem Begriff „Anzeige" erforderlich; anders dann, wenn etwa die formatierte Anzeige und der Text mit einem Rahmen versehen werden und so sofort erkennbar ist, dass beide Teile Werbung darstellen.

Daneben gibt es **kombinierte Anzeigenwerbeformen**, bei denen der obere Teil redaktionell aufgemacht ist, der untere Teil dann wie eine formatierte Anzeige aussieht. Auch bei diesen „gemischten" Inseraten ist eine Kennzeichnung mit dem Begriff „Anzeige" notwendig, da der Leser dann, wenn er den vermeintlich redaktionellen Text durchliest, noch nicht das Bewusstsein hat, von Anfang an Werbung zu konsumieren.

Kennzeichnungsart

Neben dem Problem, ob eine redaktionell gestaltete Anzeige überhaupt kennzeichnungspflichtig ist, sind folgende weitere Punkte zu beachten:

Größe und Platzierung der Kennzeichnung

Generelle Vorgaben für die Schriftgröße bzgl. der Kennzeichnung mit dem Begriff „Anzeige" gibt es nicht. Als Faustregel gilt, dass die Schriftgröße für den Begriff „Anzeige" nicht kleiner sein darf als die des Fließtextes. Ob diese Schriftgröße allerdings ausreichend ist, muss immer an Hand des Einzelfalls beurteilt werden. Entscheidend ist, dass der Leser „auf den ersten Blick" erkennen muss, dass er Werbung und nicht etwa einen redaktionell verantworteten Beitrag vor sich hat.

Folglich muss die Kennzeichnung mit dem Begriff „Anzeige" i.d.R. links außen oberhalb der Überschrift platziert sein, da dort der Lesevorgang beginnt; eine Kennzeichnung am Ende der redaktionell aufgemachten Werbung oder außerhalb der Werbung reicht nicht aus. Quergestellte Kennzeichnungen mit dem Begriff „Anzeige" sind oft ebenfalls unzureichend. Erstreckt sich die redaktionell aufgemachte Werbung über mehrere Seiten, so ist jede Seite mit dem Begriff „Anzeige" zu kennzeichnen.

Formulierung der Kennzeichnung

Es gibt eine Fülle von Formulierungen, mit denen versucht wird, redaktionell aufgemachte Werbung als Inserat zu kennzeichnen (nur ein Beispiel: „PR-Information"). Diese Kennzeichnungen verschleiern mehr, als dass sie aufklären. Deshalb bleibt es dabei, dass entsprechend den gesetzlichen Vorschriften allein der Begriff „Anzeige" (u.U. auch in zusammengesetzten Begriffen wie „Wirtschaftsanzeige") zulässig ist.

Der Begriff „Verlagssonderveröffentlichung" kann dann verwendet werden, wenn er von der Leserschaft (nachweisbar) als Synonym für „Anzeige" verstanden wird. Ist ein redaktioneller Text durch einen Dritten gesponsert worden, so ist auch dieser Text als „Anzeige" zu kennzeichnen (die Kennzeichnung mit „sponsored by ..." reicht nicht aus).

Verbot der Irreführung

Wird ein redaktionell aufgemachtes Inserat zwar „an Ort und Stelle" als Anzeige gekennzeichnet, so darf die Veröffentlichung im Inhaltsverzeichnis des Werbeträgers jedoch nicht als redaktioneller Beitrag ausgewiesen werden.

KONTRAHIERUNGSZWANG

Es stellt sich immer wieder die Frage, ob und unter welchen Voraussetzungen Medienunternehmen Aufträge zur Veröffentlichung von Werbung ablehnen können.

AGB-Klausel

Oftmals enthalten die Allgemeinen Geschäftsbedingungen (AGB), die das Unternehmen verwendet, einschlägige Klauseln.

So ist z. B. bei Tageszeitungsverlagen folgende AGB-Klausel gebräuchlich.

„Der Verlag behält sich vor, Anzeigenaufträge – auch einzelne Abrufe im Rahmen eines Abschlusses – und Beilagenaufträge wegen des Inhalts, der Herkunft oder der technischen Form nach einheitlichen, sachlich gerechtfertigten Grundsätzen des Verlages abzulehnen, wenn deren Inhalt gegen Gesetze oder behördliche Bestimmungen verstößt oder deren Veröffentlichung für den Verlag unzumutbar ist. Dies gilt auch für Aufträge, die bei Geschäftsstellen, Annahmestellen oder Vertretern aufgegeben werden. Beilagenaufträge sind für den Verlag erst nach Vorlage eines Musters der Beilage und deren Billigung bindend. Beilagen, die durch Format oder Aufmachung beim Leser den Eindruck eines Bestandteils der Zeitung oder Zeitschrift erwecken oder Fremdanzeigen enthalten, werden nicht angenommen. Die Ablehnung eines Auftrages wird dem Auftraggeber unverzüglich mitgeteilt."

Die maßgebenden Ablehnungsgründe sind:
a. Rechtliche Bedenken: Die Werbung verstößt gegen gesetzliche Bestimmungen. Es reicht aus, wenn das Medienunternehmen entsprechende Zweifel hat.

b. Inhaltliche Bedenken: Der Inhalt der Werbebotschaft und die redaktionelle Ausrichtung des Mediums kollidieren (z. B. bzgl. des Abdrucks von Wahlanzeigen).

c. Technische Bedenken: Die Gestaltung der Werbung oder deren Form der (elektronischen) Übermittlung entspricht nicht den technischen Vorgaben des Medienunternehmens.

d. Verletzung eigener wirtschaftlicher Interessen: Es besteht keine Verpflichtung, Werbung zu veröffentlichen, wenn deren Inhalt den eigenen wirtschaftlichen Interessen des Medienunternehmens widerspricht (z.B. sind noch Rechnungen an den Kunden offen, kann nicht verlangt werden, weitere Werbung zu schalten; es kann zudem nicht verlangt werden, beispielsweise den eigenen Anzeigenraum für Konkurrenzobjekte zu öffnen – Schädigung des eigenen Kleinanzeigenmarktes für Pkw durch Hinweisanzeigen auf „Private Anzeigenmärkte").

Allerdings kann sich das Medienunternehmen nur dann auf eine entsprechende Klausel in den AGB berufen, wenn diese auch tatsächlich in den Vertragsabschluss einbezogen worden sind. Dies ist beispielsweise zweifelhaft, wenn es um den Abdruck einer privaten Anzeige geht, oder um Anzeigen, die telefonisch aufgegeben werden. Denn in diesen Fällen dürften die AGB nicht Vertragsbestandteil geworden sein.

Vertragsfreiheit

Generell ist darauf zu verweisen, dass im Zivilrecht Vertragsfreiheit herrscht, so dass ein Abschluss- (Kontrahierungs-) Zwang immer nur die Ausnahme darstellen kann. Teilweise wird die Ansicht vertreten, dass jedenfalls dann ein Abschlusszwang bestehe, wenn das betreffende Medienunternehmen eine Monopolstellung innehabe und die Ablehnung eine ungerechtfertigte Diskriminierung darstelle (§§ 19, 20 GWB). Davon wird man jedenfalls dann nicht sprechen können, wenn dem Werbetreibenden hinreichende Ausweichmöglichkeiten zur Verfügung stehen (Beispiel: statt der Anzeigenwerbung in einer Tageszeitung kann in dem örtlichen Anzeigenblatt, dem örtlichen TV-/Hörfunksender oder im Wege der Direktzustellung mit Handzetteln/Prospekten geworben werden).

In diesem Zusammenhang hat das Bundesverfassungsgericht entschieden, dass die Presse selbst mit Blick auf Wahlkampfanzeigen nicht zum Abdruck verpflichtet ist. Die Verlage können frei entscheiden, ob sie Wahlkampfanzeigen überhaupt veröffentlichen, und wenn ja, von welchen Parteien. Dabei sind die Verlage nicht zu einer Gleichbehandlung verpflichtet.

Wird ein Auftrag zur Schaltung von Werbung abgelehnt, so ist der Werbetreibende unmittelbar zu unterrichten, damit er unverzüglich nach Alternativen Ausschau halten kann.

KOPPLUNG TEXT / ANZEIGE

Beurteilung

Die Schwierigkeit zu entscheiden, wann bei positiver Wirtschaftsbericht-erstattung unzulässige Schleichwerbung im redaktionellen Gewand vorliegt, besteht auch dann, wenn einem Artikel eine Anzeige des redaktionell positiv erwähnten Unternehmens beigestellt ist.

Unproblematisch sind die Fälle, in denen sich der Artikel nur allgemein mit der Branche beschäftigt, zu der das inserierende Unternehmen gehört, und das inserierende Unternehmen in dem Artikel nicht namentlich erwähnt wird.

Ebenso unproblematisch sind die Fälle, in denen der Artikel das Unternehmen (dessen Produkte bzw. Dienstleistungen) kritisch bewertet, aber eine (positive) Anzeige beigestellt ist.

Sind bereits der Artikel und / oder das Inserat jeweils für sich genommen presse- und / oder wettbewerbsrechtlich nicht in Ordnung, so kommt es auf die Frage gar nicht mehr an, ob Text und Anzeige miteinander kombiniert werden dürfen.

Es bleiben damit „nur" die Fälle, in denen der Artikel – die positive Berichterstattung – und die Anzeige für sich genommen nicht angreifbar sind, ein mögliches Unwerturteil also „nur" in der Kombination von beiden in ein und derselben Ausgabe / Seite eines Printtitels liegen kann.

Es ist davon auszugehen, dass die Kombination von positiver Berichterstattung über ein Unternehmen mit einer Anzeige eben dieses Unternehmens nicht per se als wettbewerbswidrig anzusehen ist. Zugaben sind als Marketinginstrument legalisiert. Folglich spricht grundsätzlich nichts dagegen, wenn ein Artikel, der selbst keine Schleichwerbung enthält, als Zugabe zu einer Anzeigenveröffentlichung hinzu gegeben wird, und beide Veröffentlichungen unmittelbar nebeneinander platziert werden.

Zuordnung der Inhalte

Worauf ist zu achten, wenn Artikel und Anzeige auf einer Seite kombiniert werden?

a. Die – sachliche – Information (über das Unternehmen, dessen Produkte bzw. Dienstleistungen) gehört in den Artikel, die werbende Anpreisung in die Anzeige.

b. Fehlt dem Artikel bereits ein rechtfertigender journalistischer Anlass, so liegt schon insoweit Schleichwerbung vor mit der Folge, dass die Kombination von Text und Anzeige erst recht unzulässig ist.

c. Werbetypische Elemente (Firmenlogo, Firmenadresse, Produktabbildungen usw.) sollten in dem Artikel unterbleiben; dafür bietet die Anzeige hinreichend Raum.

MEDIEN-WERBERECHT (ÜBERSICHT)

Betroffene Rechtsgebiete

Das geschriebene Recht (die Gesetzgebung) hinkt der technischen Entwicklung der letzten Jahre teilweise weit hinterher.

Spezialvorschriften

Es gibt kein einheitliches Medien-Werberecht, sondern jeweils Spezialvorschriften:

- *Print-Werbung:* Geltung des Presserechts, Landespressegesetze (LPG).
- *TV-/Hörfunk-Werbung:* Geltung des Rundfunkrechts, Staatsvertrag für Rundfunk und Telemedien (RStV).
- *Internet-Werbung:* Geltung des Online-Rechts, ebenfalls im RStV geregelt sowie im Telemediengesetz (TMG).

Normen

Neben den vorgenannten Spezialvorschriften für die einzelnen Mediengattungen – Print, Online – gibt es Normen, die gattungsübergreifend zu beachten sind. Diese Normen beinhalten sowohl Vorschriften, die mit Blick auf den Verbraucher wie auch mit Blick auf den Markt/die Mitwettbewerber zu beachten sind. Beispielhaft sind zu nennen:

- *Gesetz gegen den unlauteren Wettbewerb (UWG)*
  Grundsätze des Wettbewerbsrechts:
  - Werbung muss wahr sein,
  - Werbung darf nicht irreführen,
  - Vergleiche in der Werbung müssen objektiv sein,
  - Verbot der Profilierung auf Kosten Dritter.

- *Heilmittelwerbegesetz (HWG)*
  Das HWG enthält Regelungen bzgl. der Werbung für Arzneimittel, Medizinprodukte, medizinisch und nicht-medizinisch indizierte Behandlungsverfahren. In reinen Publikumsmedien dürfen nur sogenannte OTC -Produkte (Over-the-Counter), also nicht verschreibungspflichtige Mittel beworben werden.

Werbung, ganz gleich, ob sie nur in Print oder nur online geschaltet wird, muss ohnehin stets die generell geltenden Normen des UWG und des HWG beachten. Werden diese Vorschriften eingehalten, ist man auch bei crossmedialer Werbung immer auf der richtigen Seite.

Abgrenzungsproblematik

Sind digitale Angebote, die neben Text auch Bewegtbild enthalten, lizenzpflichtiger Rundfunk oder zulassungsfreie Telemedien?

Die Angebote, die die Verlage / Unternehmen heute als „Internet-TV" oder als „Bewegtbildfenster" in ihren Internetauftritten offerieren, sind (noch) als zulassungsfreie Telemedien einzustufen. Damit können die Spezialregelungen, die für die klassische Rundfunkwerbung gelten, vernachlässigt werden, wenn es beim Crossmedia-Marketing um Kombinationen in den Segmenten Print – Online – Internet-TV geht.

ONLINE-WERBUNG UND CROSSMEDIA-MARKETING

Kennzeichnungspflicht / Trennungsgebot

Die Frage der Kennzeichnung von Werbung ist rechtlich immer dann von erheblicher Bedeutung, wenn nicht in formatierter, sondern in redaktionell gestalteter Form geworben wird. Redaktionell gestaltete Werbung ist in allen Mediengattungen erlaubt. Problematisch ist jedoch die Frage, in welchen Fällen die Werbung kennzeichnungspflichtig ist.

Hinsichtlich der Kennzeichnung von Werbung sind die Anforderungen im Printbereich wesentlich schärfer und enger als für Online-Werbung.

Zudem gibt es, bezogen auf Printwerbung, eine über Jahrzehnte entstandene Rechtsprechung, die streng darauf achtet, dass Redaktion und Werbung auf den ersten Blick erkennbar sein müssen. Bezogen auf die Online-Angebote ist bisher kaum Rechtsprechung vorhanden. Es ist zudem davon auszugehen, dass die Rechtsprechung durchaus großzügiger entscheiden wird, weil eine Vorprägung durch ältere Urteile fehlt.

Für Print gilt:
Maßgebend ist der § 10 der Landespressegesetze (hier in der Fassung LPG Nordrhein-Westfalen – LPG NRW)

„Hat der Verleger eines periodischen Druckwerks oder der Verantwortliche für eine Veröffentlichung ein Entgelt erhalten, gefordert oder sich versprechen lassen, so hat er diese Veröffentlichung, soweit sie nicht schon durch Anordnung und Gestaltung allgemein als Anzeige zu erkennen ist, deutlich mit dem Wort „Anzeige" zu bezeichnen."

Für Online / Internet-TV gilt:
Maßgebend ist der § 58 Staatsvertrag für Rundfunk und Telemedien (RStV)

„Werbung muss ... vom übrigen Inhalt der Angebote eindeutig getrennt sein."

Gemeinsame Grundregel für Print und Online
Je stärker sich die Werbung an die redaktionelle Gestaltung des Mediums anlehnt (bis hin zur Übernahme des Layouts), umso deutlicher muss die Klarstellung sein, dass es sich um Werbung handelt.

Unterschiede in der Kennzeichnungsanforderung

- Print: *Kennzeichnungsgebot*
  Ist die Werbung nicht durch Anordnung und Gestaltung als entgeltliche Veröffentlichung erkennbar, so muss sie durch den Begriff „Anzeige" gekennzeichnet werden.
- Online: *Trennungsgebot*
  Keine Pflicht zur Kennzeichnung mit dem Begriff „Anzeige". Es reicht die „eindeutige Trennung vom übrigen Inhalt des Angebotes".

Sponsoring

Das Presserecht kennt nur die Zweiteilung in (unbezahlte) redaktionelle Veröffentlichungen und entgeltliche Werbung, die gegebenenfalls als „Anzeige" gekennzeichnet ist. Gesponserte redaktionell aufgemachte Beiträge in Printmedien sind damit zulässig, selbst wenn sie als „sponsored by ..." gekennzeichnet sind; da es sich um entgeltliche Veröffentlichungen handelt, müssen sie stets als „Anzeige" gekennzeichnet werden.

Das Rundfunkrecht (§ 8 RStV) enthält Vorschriften bzgl. des TV-Sponsorings, d.h. für die finanzielle Unterstützung bzgl. der Veröffentlichung redaktioneller Inhalte.

Für Telemedien ist davon auszugehen, dass ihre redaktionellen Inhalte ebenfalls gesponsert werden dürfen (Umkehrschluss aus § 58 Abs. 3 RStV, der mit Blick auf die „nach Form und Inhalt fernsehähnlichen Telemedien" die für den Rundfunk geltenden Sponsoringregeln für verpflichtend erklärt).

Das Kennzeichnungsgebot im Presserecht und das Trennungsgebot im Onlinerecht sind Ausdruck dafür, dass Redaktion und Werbung in den Medien nicht vermischt werden dürfen. Zudem ist Werbung im Deckmantel von redaktioneller Berichterstattung (verbrämte Wirtschaftswerbung, Schleichwerbung) unzulässig.

Die maßgebenden Rechtsvorschriften lauten:

Wettbewerbsrecht – § 4 Nr. 3 UWG:
Rundfunkrecht – § 59 RStV:
Onlinerecht – § 6 Telemediengesetz (TMG):

Zum Inhalt des Verbots von Schleichwerbung:

Aus der Rechtsprechung des Bundesverfassungsgerichts können folgende Kernthesen zitiert werden:

„Es ist verfassungsrechtlich ... nicht zu beanstanden, wenn dem Grundsatz der Lauterkeit des Wettbewerbs das Gebot entnommen wird, Werbung und redaktionellen Text zu trennen."

„Auch widerspricht es nicht dem Grundrechtsschutz aus Art. 5 I ff, dass getarnte Werbung grundsätzlich wettbewerbswidrig ist."

„Mit dem Gebot, redaktionelle Beiträge und Werbung in Zeitungen zu trennen, darf aber keine übermäßige Beschränkung der Presse- und Meinungsfreiheit einhergehen."

„Der Presse muss es möglich bleiben, in ihrem redaktionellen Teil über bestimmte Unternehmen sowie über ihre Produkte und Erzeugnisse zu berichten."

„Auch bedeutet nicht schon jede positive Erwähnung eines Firmennamens oder Vertriebswegs eine rechtlich zu beanstandende Werbung."

Die Grenze von der redaktionellen Wirtschafts*berichterstattung* zur redaktionellen Wirtschafts*werbung* ist u. a. in folgenden Fällen überschritten:

- Ohne dass es einen nachvollziehbaren journalistischen Grund gibt, wird trotz einer Vielzahl von Unternehmen nur jeweils eines lobend herausgestellt.
- Ohne eigene Sachprüfung wird Informationsmaterial des erwähnten Unternehmens in die redaktionelle Berichterstattung übernommen und unangemessen werblich herausgestellt.
- Die sachliche Information tritt derart in den Hintergrund, dass die redaktionelle Berichterstattung durch reklamehafte Aufmachung, insbesondere durch eine werbetypisch anpreisende Wortwahl, geprägt wird.
- Die redaktionelle Berichterstattung mündet, ohne dass dies in der Veröffentlichung sachlich begründet wäre, in eine Produktempfehlung der Redaktion.
- Das jeweilige Medium verfolgt über die lobende Berichterstattung hinaus eigene wirtschaftliche Vorstellungen.

Bezogen auf die Werbung in elektronischen Medien liegt irreführende Schleichwerbung bereits dann vor, wenn die Verquickung des Programms mit der Darstellung von Waren, Marken etc. in werblicher Absicht wegen ihrer unvermeidbaren Werbewirkung den Trennungsgrundsatz unterläuft. Der täuschende Charakter liegt hierbei darin begründet, dass die Werbung zum Inhalt des Programms gemacht wird, ohne als solche gekennzeichnet zu sein.

Kombination redaktionelle Berichterstattung und Werbung

Der gleichzeitige Abdruck eines (positiven) redaktionellen Artikels über ein Produkt/eine Dienstleistung und einer Anzeigenwerbung für das Produkt/die Dienstleistung ist dann als zulässig anzusehen, wenn die redaktionelle Berichterstattung durch einen hinreichenden redaktionellen Anlass gerechtfertigt ist (z.B. Berichterstattung über ein tatsächlich neues Produkt, eine neue Dienstleistung). Hat der redaktionelle Text dagegen anzeigenersetzenden Charakter, dürfen Text und Anzeige nicht auf ein und derselben Seite kombiniert werden.

Verlinkung

Wird eine redaktionelle Berichterstattung in einem Online-Angebot über ein Produkt/eine Dienstleistung mit dem entsprechenden Internetauftritt des Unternehmens verlinkt, welches das Produkt/die Dienstleistung anbietet, so ist dies keine Schleichwerbung, solange der Text durch einen hinreichenden journalistischen Anlass gerechtfertigt und nicht anzeigenersetzend formuliert ist.

Handelt es sich dagegen bereits bei der redaktionell aufgemachten Berichterstattung in Wahrheit um nicht gekennzeichnete Werbung und wird dann auch noch auf eine ebenfalls redaktionell aufgemachte Firmenseite verlinkt, so liegt (unzulässige) Schleichwerbung vor.

Produktplacement

Für den Bereich des klassischen Fernsehens enthält der Rundfunkstaatsvertrag in seiner neuesten Fassung Regelungen, unter welchen Voraussetzungen dort Produktplacement (also der nicht redaktionell bedingte Einsatz von Waren in Film-/TV-Produktionen) zulässig ist.

Da derartige Regelungen mit Blick auf Telemedien (und damit auch das Internet-TV) fehlen, ist davon auszugehen, dass Produktplacement in redaktionellen Beiträgen, das nicht redaktionell veranlasst ist und damit Schleichwerbung darstellt, in diesem Bereich weiterhin unzulässig ist.

Pop-Ups

„Pop-Ups" sind Werbefenster, die sich beim Besuch einer Website öffnen und das verdecken, was der Nutzer eigentlich sehen will.

Eine derartige Werbung ist in der juristischen Literatur kritisch beäugt worden, da sie mit einer nicht unerheblichen Belästigung des Nutzers einhergeht (er ist gezwungen, sich mit dem Pop-Up-Fenster auseinander zu setzen, da er es entfernen muss, um die von ihm ursprünglich gewollte Website ohne Einschränkung nutzen zu können).

Die tatsächlich erfolgte Verbreitung der Pop-Up-Fenster zeigt, dass die grundsätzliche Zulässigkeit dieser Art der Werbung nicht mehr ernsthaft in Zweifel gezogen wird. Sie wird jedoch dann als unzulässig angesehen, wenn sie sich nicht mehr durch einfachen Mausklick vom Bildschirm entfernen lässt, und zwar unabhängig davon, ob das Pop-Up-Fenster bzw. die darin gezeigten Bilder, Texte und Animationen vollständig wiedergegeben sind.

Unzulässig sind jedenfalls solche Pop-Up-Fenster, die sich nicht entfernen lassen, etwa sogenannte Exit-Pop-Ups, die beim Schließen einer Homepage erscheinen und sich auch beim Schließen dieses Pop-Ups eine endlose Reihe von weiteren Exit-Pop-Ups anschließt, die letztendlich erst durch ein Schließen des Browsers beendet werden können.

Zwischengeschaltete Seiten

Rechtlich gleich zu behandeln sind vor- oder zwischengeschaltete Seiten, also Werbung, die bei Aufruf einer Website ähnlich der Unterbrecherwerbung beim Rundfunk erscheint. Bei Eingabe der betreffenden URL wird der Nutzer also zunächst mit der Werbung konfrontiert. Erst nach Entfernen der Werbung oder nach einem gewissen Zeitablauf erscheint dann die ursprüngliche Website.

Verwendung unterschwelliger Techniken

§ 58 Rundfunkstaatsvertrag (RStV) bestimmt:

„In der Werbung dürfen keine unterschwelligen Techniken eingesetzt werden".

Unzulässige unterschwellige Werbung liegt dann vor, wenn Werbetexte, Slogans, Firmenlogos usw. so kurzzeitig (z. B. 1/3.000 Sekunde) verwendet werden, dass sie die (aktuelle) Wahrnehmungsschwelle nicht übersteigen, sondern nur unterschwellig (aber dafür angeblich besonders wirkungsvoll) registriert werden.

Spezielle Online-Informationspflichten

§ 6 Telemediengesetz (TMG) schreibt mit Blick auf die Veröffentlichung von Werbung („kommerzielle Kommunikation") in Online-Medien vor:

„Diensteanbieter haben bei kommerziellen Kommunikationen, die Telemedien oder Bestandteile von Telemedien sind, mindestens die folgenden Voraussetzungen zu beachten: ... Die natürliche oder juristische Person, in deren Auftrag kommerzielle Kommunikationen erfolgen, muss klar identifizierbar sein ..."

Bezogen auf das Presserecht fehlt eine vergleichbare Bestimmung, so dass es z. B. ausreicht, wenn in der Anzeige lediglich eine Telefonnummer für die Bestellung von Produkten angegeben wird (anders nur dann, wenn das Inserat inhaltlich so gefasst ist, dass es alle Angaben für einen Vertragsschluss enthält; fehlt dann die komplette Firmenadresse des Inserenten, liegt eine Irreführung durch Unterlassen vor, § 5 a UWG).

Übernahme von Print-Fachwerbung ins Internet

Soll Print-Anzeigenwerbung in das Internet übernommen werden, so ist zu prüfen, inwieweit eine 1 : 1 Übernahme möglich ist oder ob wegen der Besonderheit des Internets Eingrenzungen vorzunehmen sind. Dies soll daran verdeutlicht werden, dass es im HWG Sonderregelungen für Publikums- oder Fachwerbung gibt. Ob Publikums- oder Fachwerbung vorliegt, entscheidet sich nach dem bestimmungsmäßigen Adressatenkreis. Richtet sich z. B. eine medizinische Werbung nur an Fachkreise und ist diese Werbung in einer medizinischen Fachzeitschrift abgedruckt, so bestehen keine Bedenken, selbst dann nicht, wenn gelegentlich auch Nicht-Fachleute die Ausgaben in die Hand bekommen.

PRÜFUNGSPFLICHT

Medienunternehmen trifft die generelle Verpflichtung, die von ihnen zu veröffentlichende Werbung auf
- offensichtliche,
- eindeutige und
- schwerwiegende Rechtsverstöße

hin zu überprüfen.

Dies sind in der Regel Verstöße gegen das allgemeine Persönlichkeitsrecht, gegen Straftatbestände sowie schwerwiegende Eingriffe in Geschäftsinteressen Dritter.

Entscheidend ist damit, wann für einen Mitarbeiter in einer Anzeigenabteilung die Rechts-/Wettbewerbswidrigkeit einer Werbung *erkennbar* ist. Entscheidend ist damit, wann für einen Mitarbeiter in einer Anzeigenabteilung die Rechts-/Wettbewerbswidrigkeit einer Werbung erkennbar ist. Wenn der Anzeigenmitarbeiter (wegen der fehlenden Fachkenntnis) allenfalls vermuten kann, dass eine Anzeige evtl. irreführend und damit wettbewerbswidrig ist, haftet die Presse noch nicht. Dies gilt selbst dann, wenn man der Anzeige die Irreführung bei einer Prüfung „mit der gebotenen Sorgfalt" hätte entnehmen können.

Standardisierte Werbeformen

Diese Begrenzung der Prüfungspflichten für Medienunternehmen ändert gleichwohl nichts an dem Umstand, dass jede zu veröffentlichende Werbung vorab zu prüfen ist. Diese Prüfungspflicht kann noch einmal eingeschränkt sein, wenn es sich um standardisierte Werbeformen handelt wie etwa rubrizierte Kleinanzeigen. Diese müssen nicht Inserat für Inserat durchgesehen werden; eine Prüfungspflicht entsteht nur dann, wenn trotz der Standardisierung ein besonderer Umstand hinzutritt, der die Aufmerksamkeit des Anzeigenmitarbeiters finden muss.

Freistellungserklärung / Anzeigenrevers

Ist das Medienunternehmen / der Verlag unsicher, ob er wegen der Veröffentlichung der Werbung von Dritter Seite in Regress genommen werden könnte, so sollte er sich vorab vom Werbetreibenden eine *Freistellungserklärung* unterschreiben lassen, die – bezogen auf den Printmedienbereich – wie folgt lauten kann: „Der Inserent verpflichtet sich, den Verlag dann, wenn er wegen der Veröffentlichung des Inserates von einem Dritten in Anspruch genommen wird, von allen Kosten und Schäden freizustellen."

Potenzielle Gefahrenquellen

Als besonders „Gefahren geneigt" sind folgende Anzeigentypen zu nennen:

Familienanzeigen
Hier besteht die Gefahr, dass es zu Verletzungen des Allgemeinen Persönlichkeitsrechts kommt (Beispiel: Todesanzeige wird „zum Scherz" aufgegeben).

Aufrufe nach Personen, Geschädigten von Unternehmen usw.
Hier besteht die Gefahr, dass in dem Inserat unwahre Tatsachenbehauptungen verbreitet werden (Beispiel: Wer wurde auch durch die Firma X geschädigt?, wer kennt den Aufenthalt des ehemaligen Notars X?).

Redaktionell gestaltete Anzeigen mit politischen Inhalten (Aufrufen usw.)
Diese Inserate sind per se ungewöhnlich und müssen geprüft werden. Es besteht die Gefahr, dass in den Texten unwahre Tatsachenbehauptungen oder Schmähkritik enthalten ist.

Die Verlage (Medienunternehmen) sind in Zweifelsfällen stets gut beraten, sich vor der Veröffentlichung von „politischen" Anzeigen, sofern eine Gegendarstellung möglich ist, eine Freistellungserklärung (Revers) des Inserenten einzuholen („Der Inserent verpflichtet sich, entsprechend dem gültigen Anzeigentarif die Kosten einer Gegendarstellung, die sich auf seine veröffentlichte Anzeige bezieht, an den Verlag zu erstatten").

SCHLEICHWERBUNG

Gesetzesgrundlage

Das Verbot der Verbreitung von Schleichwerbung ergibt sich (u.a.) aus
§ 10 LPG (BaWü) und § 4 Nr. 3 UWG.

§ 10 LPG (BaWü) bestimmt:

> *„Hat der Verleger eines periodischen Druckwerks oder der Verantwortliche für eine Veröffentlichung ein Entgelt erhalten, gefordert oder sich versprechen lassen, so hat er diese Veröffentlichung, soweit sie nicht schon durch Anordnung und Gestaltung allgemein als Anzeige zu erkennen ist, deutlich mit dem Wort Anzeige zu bezeichnen."*

§ 4 Nr. 3 UWG bestimmt:

> *„Unlauter handelt, wer den Werbecharakter von Wettbewerbshandlungen verschleiert."*

Den Kerngehalt des Verbots von Schleichwerbung hat das *Bundesverfassungsgericht* wie folgt umschrieben:

> *„Es ist verfassungsrechtlich ... nicht zu beanstanden, wenn dem Grundsatz der Lauterkeit des Wettbewerbs das Gebot entnommen wird, Werbung und redaktionellen Text zu trennen."*

> *„Auch widerspricht es nicht dem Grundrechtsschutz aus Art. 5 I ff, dass getarnte Werbung grundsätzlich wettbewerbswidrig ist."*

> *„Mit dem Gebot, redaktionelle Beiträge und Werbung in Zeitungen zu trennen, darf aber keine übermäßige Beschränkung der Presse- und Meinungsfreiheit einhergehen."*

> *„Der Presse muss es möglich bleiben, in ihrem redaktionellen Teil über bestimmte Unternehmen sowie über ihre Produkte und Erzeugnisse zu berichten."*

> *„Auch bedeutet nicht schon jede positive Erwähnung eines Firmennamens oder Vertriebswegs eine rechtlich zu beanstandende Werbung."*

Abgrenzung

Jede positive redaktionelle Wirtschaftsberichterstattung über ein Unternehmen – dessen Produkte und / oder dessen Dienstleistungen – hat immer eine Werbewirkung. Deshalb ist die Abgrenzung, wann ein zulässiger Artikel und wann unzulässige Schleichwerbung im redaktionellen Gewand vorliegt, oft sehr schwierig.

Der Veröffentlichung des in Frage stehenden Artikels muss ein rechtfertigender „publizistischer Anlass" zugrunde liegen. Ist dieser Anlass („Informationsbedürfnis des Bürgers") nicht erkennbar, ist die Veröffentlichung des Artikels – ohne dass es noch auf eine eventuelle Kombination mit der Anzeige ankäme – schon aus sich heraus unzulässig und ein Indiz für „Schleichwerbung im redaktionellen Gewand".

Insgesamt legen folgende Indizien die Verbreitung von Schleichwerbung nahe:

- Ohne dass es einen nachvollziehbaren journalistischen Grund gibt, wird trotz einer Vielzahl von Unternehmen nur jeweils eines lobend herausgestellt.
- Ohne eigene Sachprüfung wird Informationsmaterial des erwähnten Unternehmens in die redaktionelle Berichterstattung übernommen und unangemessen werblich herausgestellt.
- Die sachliche Information tritt derart in den Hintergrund, dass die redaktionelle Berichterstattung durch reklamehafte Aufmachung, insbesondere durch eine werbetypisch anpreisende Wortwahl, geprägt wird.
- Die redaktionelle Berichterstattung mündet, ohne dass dies in der Veröffentlichung sachlich begründet wäre, in eine Produktempfehlung der Redaktion.
- Das jeweilige Medium verfolgt über die lobende Berichterstattung hinaus eigene wirtschaftliche Vorstellungen.

TITELSCHUTZ

Die Titel von Medienwerken, aber auch einzelne Rubrikentitel, können, sofern sie nicht als allgemein gebräuchliche Formulierungen freihaltebedürftig sind, als Marke im Markenregister eingetragen und damit vor Benutzung durch Dritte geschützt werden.

Auch ohne Eintragung genießen „Werktitel" u. U. markenrechtlichen Schutz (§ 5 Markengesetz). Der Werktitel muss jedoch ausreichende Unterscheidungskraft haben. Zudem greift der Werktitelschutz nur dann und insoweit ein, als überhaupt Verwechslungsgefahren gegeben sein können. Selbst wenn identische Titel gegeben sind, die Objekte aber auf nicht verwandten Medienmärkten agieren, scheidet eine Untersagungsmöglichkeit des prioritätsälteren Titels gegenüber dem prioritätsjüngeren Titel aus.

Man kann nicht deutlich genug darauf verweisen, dass ein neuer Titel erst dann in den Markt gebracht werden sollte, wenn vorab mit allen vertretbaren Möglichkeiten eine Titelrecherche durchgeführt wurde, um zu eruieren, ob es den in Aussicht genommenen Titel in identischer oder leicht abgewandelter Form nicht schon gibt, und wenn ja, ob der Titelinhaber wegen einer Verwechslungsmöglichkeit gegen die Verwendung des neueren Titels vorgehen könnte.

In diesem Kontext macht es auf jeden Fall Sinn, eine Titelschutzanzeige in den dafür einschlägigen Veröffentlichungsorganen *(Titelschutzanzeiger, Börsenblatt, W&V)* zu schalten.

Allerdings gewährt die Titelschutzanzeige – entgegen ihren Wortsinn – gerade keinen Titelschutz. Titelschutzanzeigen dienen allein dem Zweck, denjenigen, der einen identischen oder annähernd ähnlichen Titel bereits nutzt, aufzufordern, denjenigen, der die Titelschutzanzeige geschaltet hat, entsprechend zu informieren, damit dieser prüfen kann, ob er seinen Titel tatsächlich zukünftig auf den Markt bringen oder doch lieber abändern will.

URHEBER-/LIZENZRECHT

Inhaber, Urheber

Um Rechte ausüben zu können, muss man sie besitzen, man muss der „Inhaber" der Rechte sein. Inhaber des „Rechts" an geistig-künstlerischen „Werken" (z. B. Text, Illustration, Foto, Video und dergleichen) ist der Schöpfer („Urheber") des Werkes. Er besitzt das „Urheberrecht".

Der „Urheber" kann die Nutzung / Verwertung des von ihm geschaffenen „Werkes" Dritten überlassen, indem er „Nutzungs- / Verwertungsrechte" überträgt (Lizenzen vergibt – z. B. im Rahmen eines Verlagsvertrages für eine Buchveröffentlichung).

Übertragung der Rechte

Das „Urheberrecht" selbst ist nicht übertragbar, dem Urheber bleibt auch bei der Einräumung von Nutzungs- und Verwertungsrechten sein „Urheberrecht" erhalten, denn die Urheberpersönlichkeitsrechte, wie die Namensnennung sind nicht verkäuflich.

Da ein Urheber- und / oder Nutzungsrecht nicht deutlich „sichtbar" ist wie ein Gegenstand, bei welchem dies durch eine tatsächliche Übergabe auf einen neuen Eigentümer (Verfügungsberechtigten) übertragen werden kann, muss der Übergang von Urheberrechten (deren Lizenzierung) in seinem Inhalt, Umfang und Ausmaß exakt vereinbart werden. Hier sind beispielsweise folgende Überlegungen zu treffen:

- Welche Rechte sollen in welchem Umfang für welche Nutzungsformen erworben werden?
- Soll ein „ausschließliches" oder nur ein „einfaches" Nutzungsrecht eingeräumt werden?
- Welchen inhaltlichen, zeitlichen und räumlichen Umfang soll die Rechteeinräumung haben?

Nur die Nutzungs- und Verwertungsrechte, die in der Vereinbarung unmissverständlich umschrieben (genannt) sind, gehen auch („problemlos") von dem Urheber auf den Nutzungsberechtigten über. Ist ein Nutzungs-

und Verwertungsrecht explizit nicht genannt, so ist dessen Übergang im Zweifel auch nicht vereinbart.

Nutzungs- und Verwertungsrechte können auch mündlich bzw. im Rahmen einer (anderweitigen) Vereinbarung – z.B. eines Anstellungsvertrages – "stillschweigend" vereinbart worden sein. In diesen Fällen gerät derjenige, der die Inhaberschaft an den Nutzungs- und Verwertungsrechten für sich reklamiert, jedoch oft in Beweisschwierigkeiten (Aussage steht gegen Aussage – und damit ist ein Anspruch nicht bewiesen). Deshalb ist – sofern unter den Realitäten des Medienalltags möglich – in jedem Fall eine schriftliche Vereinbarung über die Einräumung von Nutzungs- und Verwertungsrechten zu empfehlen.

Definition der Nutzungs- und Verwertungsrechte

Da die exakte Definition der Nutzungs- und Verwertungsrechte oft ebenso schwierig ist wie die Feststellung, in welchem Umfang und „wofür" die Rechte übertragen (lizenziert) werden sollten, ist die sogenannte „Zweckübertragungstheorie" anzuwenden. Danach ist gegebenenfalls aus dem „Zweck" der Vereinbarung zu ermitteln, welche Rechte in welchem Umfang und Ausmaß übertragen worden sind. Diese Auslegungsregel gilt auch dann, wenn es in der Vereinbarung überhaupt an einer Aufzählung der jeweils übertragenen Nutzungsrechte fehlt.

Der Umstand, dass z.B. Fotos im Internet frei zugänglich sind, sagt noch nichts darüber aus, ob die Fotos auch tatsächlich für jedermann „frei" nutzbar sind bzw. für jede gewünschte Nutzungsform (z.B. auch zu Werbezwecken). Folglich ist stets gewissenhaft zu überprüfen, was tatsächlich an Nutzung erlaubt ist und was nicht.

An den Arbeitsergebnissen der angestellten Mitarbeiter gehen die Nutzungsrechte regelmäßig auf die jeweiligen Medienunternehmen über. Will man die urheberrechtlich geschützten Werke freier Mitarbeiter nutzen, so muss dies jeweils genau vereinbart werden.

Umfang der Nutzungsrechte

Werke dürfen immer nur in dem Umfang genutzt werden, in dem das Medienunternehmen daran auch die Nutzungs- und Verwertungsrechte erworben hat. Wer Texte, Fotos oder ähnliches einkauft, muss also besonders sorgfältig darauf achten, in welchem Umfang er diese tatsächlich nutzen darf. Aufschluss darüber gibt entweder das, was in dem Kaufvertrag schriftlich vereinbart wurde, oder die im Urheberrecht geltende Zweckübertragungstheorie.

Art der Verwendung
Die Verwendung wird generell unterschieden nach Einsatz des Werkes:
● Redaktionell
● Werblich

Für welche Nutzung das Werk freigegeben ist, entscheidet der Urheber. So kann es sein, dass das Werk für die Verwendung in **redaktionellen** Publikationen wie Zeitungen und Magazinen freigegeben ist, aber nicht für die **werbliche** Nutzung z.B. für eine Anzeige, Prospekt oder Plakat.

Darüberhinaus ist dies auch für die Mehrwertsteuer relevant. So wird ein und das selbe Foto für den redaktionellen Teil mit 7% besteuert, bei der Verwendung in einer Anzeige mit 19%.

Als Faustregel kann gelten: je höher der Preis, umso mehr Nutzungs- und Verbreitungsrechte werden erworben.

Will man einen Text/ein Foto im Rahmen einer Veröffentlichung nutzen, so ist mit Blick auf die getroffenen Vereinbarungen zu prüfen,
● ob und welche Bearbeitungsrechte man an dem Text/Bild hat   (Bearbeitungsrecht beim Text, Verkleinerung, Vergrößerung, Ausschnitte usw. beim Foto),
● ob etwa ein als Titelfoto erworbenes Foto auch noch im Innenteil, oder umgekehrt ein Textfoto auch als Titelfoto genutzt werden darf,
● ob der Text/das Foto neben der Printversion auch für elektronische Publikationen (Internet, E-Paper, CD-Rom usw.) genutzt werden darf,
● ob die Abdruckrechte nur auf einen bestimmten Beitrag in einer bestimmten Ausgabe beschränkt sind, oder der Text/das Foto auch für andere Beiträge (gegebenenfalls in anderen Ausgaben) weiter-/wieder verwendet werden darf,

- ob man die Rechte hat, von dem Beitrag, in dem der Text/das Foto abgedruckt ist, Nachdrucke/Fortdrucke zu machen, den Beitrag in Sammlungen usw. übernehmen darf,
- ob man den Text/das Foto an Dritte zur Nutzung weitergeben bzw. weiterveräußern darf,
- ob der Text/das Foto archiviert werden darf oder zurückgegeben werden muss,
- ob man den Text/das Foto zu Werbezwecken benutzen darf, wer das dingliche Eigentumsrecht an dem Text/Foto besitzt (Rückgabepflicht?),

Alle diese Rechte sind nicht etwa „selbstverständlich" mit der Übergabe des Textes/Fotos, mit deren Kauf mit erworben, sondern müssen ausdrücklich vereinbart sein oder sich aus dem Zweck der Text-/Bildnutzung ergeben.

Auch die Erstellung von grafischen Werken wie Logo oder Drucksachen durch einen Designer oder Grafiker kann – wenn die notwendige Schöpfungshöhe erreicht ist – dem Urheberrecht unterliegen. Hier können, zusätzlich zur grafischen Erstellung, Gebühren für Nutzungsrechte anfallen. Diese sind – wie auch der Umfang der Nutzungsrechte an den grafischen Werken – vor Auftragserteilung abzuklären und schriftlich zu vereinbaren. Die Höhe der Nutzungsrechte ist individuell zu berechnen und richtet sich üblicherweise nach Nutzungsart, Nutzungsgebiet, Nutzungsdauer und Nutzungsintensität.

Lizenzarten

Das Nutzungsrecht für Bild- und Videomaterial ist abhängig von der erworbenen Lizenz. Hier wird unterschieden zwischen

- Lizenzfreiem Material – auch *Royalty Free* genannt oder Abkürzung RF (lizenzfrei meint nicht honorarfrei) und
- Lizenzpflichtigem Material – auch *Rights Management* (RM).

Bei **lizenzfreiem Material** (RF-Lizenz) wird zur Nutzung eine einmalige Gebühr fällig. Sofern nicht ausdrücklich etwas anderes vermerkt ist, kann das Werk dann unbegrenzt in der Häufigkeit, der Dauer und der Vielzahl der Medien verwendet werden. Ein Foto kann somit durch eine einmalige Gebühr für einen Katalog, Flyer und Webseite genutzt werden. Jedoch gibt es keine einheitliche Definition für lizenzfreies Material und es ist unerlässlich, vorab immer die jeweiligen Lizenzbedingungen einzusehen. Hier ist noch mal zu erwähnen, dass der Erwerb einer RF-Lizenz nicht dem Kauf des Bildes gleichzusetzen ist (man erwirbt damit keinesfalls das Eigentum an dem Bildmaterial, sondern nur Verwertungsrechte). Der Erwerb von Nutzungsrechten entbindet, sofern die Lizenzbedingungen keine gegenteilige Regelung enthalten, nicht von der Pflicht, bei Verwendung die Quelle anzugeben (siehe auch Abschnitt „Urheberrechtshinweis").

Bei **Rights Management** Lizenzen sind Verwendung und oft auch die Gebühr abhängig von mehreren Faktoren, wie beispielsweise:

- Einfaches oder ausschließliches Nutzungsrecht
- Räumliche Beschränkung, geografisches Verbreitungsgebiet
- Zeitliche Nutzung, Laufzeit
- Art der Publikation, z.B. Internet, Prospekt, Anzeige
- Auflagenhöhe
- Größe der Abbildung, Seitenanteil
- Mehrfachnutzung, z. B. als Titelmotiv als auch im Internet

Während Royalty Free und Rights Management keinen Weiterverkauf des Werkes beihalten, kann die erweiterte Lizenz beim **Total Buy Out** auch die entgeltliche Weitergabe ermöglichen. Beim Handel mit Rechten am eigenen Bild (z.B. von Fotomodellen) ist das Total Buy Out recht verbreitet. Ein sogenanntes Model-Release kann die Verwendung der Rechte jedoch konkretisieren.

Nicht alle Fotos sind Werke (Lichtbildwerke), die verkäufliche Nutzungsrechte erzeugen. Schnappschüsse wie Urlaubsphotos sind lediglich Lichtbilder. Sie sind auch nicht bis 70 Jahre nach dem Tode des Urhebers geschützt, sondern werden 50 Jahre nach Publikation frei (Leistungsschutzrecht). Um Unterscheidungsdiskussionen zwischen Nutzungsrecht und Leistungsschutzrecht aus dem Weg zu gehen, wird häufig der Begriff Lizenz verwendet.

Vertriebsschienen

Vorweg ist zu sagen, dass die Art der Lizenz nichts über den Preisrahmen aussagt. RF-Lizenzen über **Microstock-Agenturen** sind derzeit das günstigste Angebot. Diese gibt es schon für weniger als 10 Euro bei Anbietern wie *Fotolia, iStockphoto, Shutterstock* und *Dreamstime*. Hier überwiegt das lizenzfreie, aber gleichwohl kostenpflichtige Modell. Das Angebot reicht von Fotos, Illustrationen, Icons, Buttons bis hin zu bewegt Bildern (Footage).

Klassische Bildagenturen wie *Corbis, Getty Images, F1 Online* und *Mauritius* bieten hochwertiges RF-Material bis in den 3-stelligen Bereich an. Aufwendige und individuelle Produktionen werden über RM-Lizenzen vertrieben.

Presseagenturen bewegen sich hauptsächlich im RM-Lizenzmodell. Soll ein Bild nur einmal verwendet werden, z.B. für ein Magazin, kann eine RM-Lizenz durchaus wirtschaftlich sein. Anbieter sind hier beispielsweise *Picture Alliance (dpa), Action Press, Reuters* und *AP Images*. Hier findet man tagesaktuelle Fotos, Material zu speziellen Themen sowie Motive aus Kunst und Historie.

Daneben gibt es **Spezialisten**, die sich auf ein Themenfeld wie Essen & Trinken, Sportfotografie, Illustrationen oder Cartoons spezialisiert haben.

Urheberhinweis

Der Urheber (z.B. Fotograf) kann bestimmen, ob sein Werk mit einer Urheberbezeichnung zu versehen ist und welche konkrete Bezeichnung zu verwenden ist. Hat der Urheber nicht ausdrücklich auf sein Benennungsrecht verzichtet, so ist davon auszugehen, dass der Urheber auch genannt werden will. Beim Bezug über eine Bild- oder Nachrichtenagentur ist in den AGB festgehalten, ob und in welchem Umfang bei einer Veröffentlichung die Quelle zu nennen ist. Diese Regelung gilt für Drucksachen als auch Internetveröffentlichung. Für Textmaterial gilt diese in gleichem Maße. Texte, egal welchen Ursprungs, dürfen ohne Genehmigung des Autors/Herausgebers nicht übernommen werden. Entsprechende Textpassagen sind zudem z.B. mit Fußnoten kenntlich zu machen und die Quelle zu nennen.

Wird ein notwendiger Urheberhinweis nicht mit abgedruckt, so kann der Urheber Unterlassung und Schadensersatz (inkl. des Verletzeraufschlags) verlangen.

Urheberrechtsverletzungen

Fehlen die notwendigen Rechte, so liegt eine Urheberrechtsverletzung vor, ohne dass es noch auf die Frage des Verschuldens ankäme. Der Urheber/Inhaber der Nutzungs- und Verwertungsrechte kann u.a. die Unterlassung der unzulässigen Nutzung sowie die Zahlung von Schadensersatz verlangen (letzteres allerdings nur bei Verschulden des Nutzers).
Der **Schadensersatz** kann in der Herausgabe des Gewinns bestehen, der mit der unzulässigen Nutzung gemacht wurde. Oder aber im Wege der Lizenzanalogie wird errechnet, was der Verlag für die entsprechende Nutzung üblicherweise hätte zahlen müssen – dabei spielt es keine Rolle, ob

der Verlag angesichts der tatsächlichen Kosten einen solchen Vertrag überhaupt abgeschlossen hätte und ob er die vermeintlichen Rechte auch voll ausgeschöpft hat. Selbst, wenn die unberechtigte Aktion frühzeitig beendet wurde, ist die volle Lizenzgebühr zu zahlen.

Bei Fotos hat sich zudem eingebürgert, dass zu dem jeweils errechneten Schaden nochmals ein **Verletzeraufschlag** von 100 % als Schadensersatz zu zahlen ist.

Fristen im Medien-Recht

Bezeichnung	Inhaber	Schutzdauer in Jahren
Urheberrechte	Schöpfer des Werkes	70 Jahre nach Tod
Recht am eigenen Bild	Abgebildete Person	10 Jahre nach Tod
Schutz wissenschaftlicher Ausgaben	Verfasser von Ausgaben urheberrechtlich nicht geschützter Werke oder Texte	25
Schutz nachgelassener Werke	Derjenige, der ein nicht erschienenes Werk nach Erlöschen des Urheberrechts erlaubterweise erstmals erscheinen lässt oder erstmals öffentlich wiedergibt	25
Schutz von Lichtbildern	Derjenige, der Lichtbilder und Erzeugnisse, die wie Lichtbilder hergestellt wurden, aber keine Werke sind (Schnappschüsse)	50
Schutz des ausübenden Künstlers	Derjenige, der ein Werk aufführt, singt, spielt oder auf eine andere Weise darbietet oder an einer solchen Darbietung künstlerisch mitwirkt	70
Schutz des Veranstalters	Unternehmens, das die Darbietung des ausübenden Künstlers veranstaltet.	25
Schutz des Tonträgerherstellers	Hersteller eines Tonträgers (Labelrecht)	70
Schutz des Sendeunternehmens	TV- und Radiosender	50
Schutz des Datenbankherstellers	Derjenigen, die die Investition zur Schaffung der Datenbank getätigt haben.	15
Schutz des Presseverlegers	Verlag als Hersteller eines Presseerzeugnisses	1
Schutz des Filmherstellers	Produzent als der, der die wirtschaftliche Verantwortung und die organisatorischen Tätigkeit der Produktion übernimmt.	50
Schutz der Laufbilder	Hersteller von Bildfolgen und Bild- und Tonfolgen, die nicht als Filmwerke gelten können (Urlausvideos)	50

VERANTWORTLICHKEIT BEI DER VERÖFFENTLICHUNG VON WERBUNG

Zunächst ist zu unterscheiden, ob das Medienunternehmen
- Eigen- oder
- Fremdwerbung

veröffentlicht.

Eigenwerbung

Bezogen auf die Eigenwerbung, trifft das Medienunternehmen die volle Verantwortlichkeit für die Rechtmäßigkeit der Werbemaßnahmen wie jeden anderen Werbetreibenden auch.

Fremdwerbung

Veröffentlicht das Medienunternehmen Werbung im Auftrag seiner Kunden, so ist wiederum zu unterscheiden:

1. Beschränkt sich das Medienunternehmen auf die Verbreitung der vom Kunden **zur Verfügung gestellten Werbematerialien,** ohne dass das Medienunternehmen an deren inhaltlicher oder technischer Gestaltung mitgewirkt hat, so ist die Verantwortlichkeit des Medienunternehmens begrenzt.

Bezogen auf das Beispiel der Veröffentlichung von Fremdanzeigen, treffen die Verlage i. W. drei Pflichten:
- Prüfungspflicht mit Blick auf die Verhinderung schwerwiegender Rechtsverstöße,
- Kennzeichungspflicht bei redaktionell gestalteten Inseraten,
- Verhinderung des Abdrucks von Schleichwerbung (Kopplung Text/Anzeige).

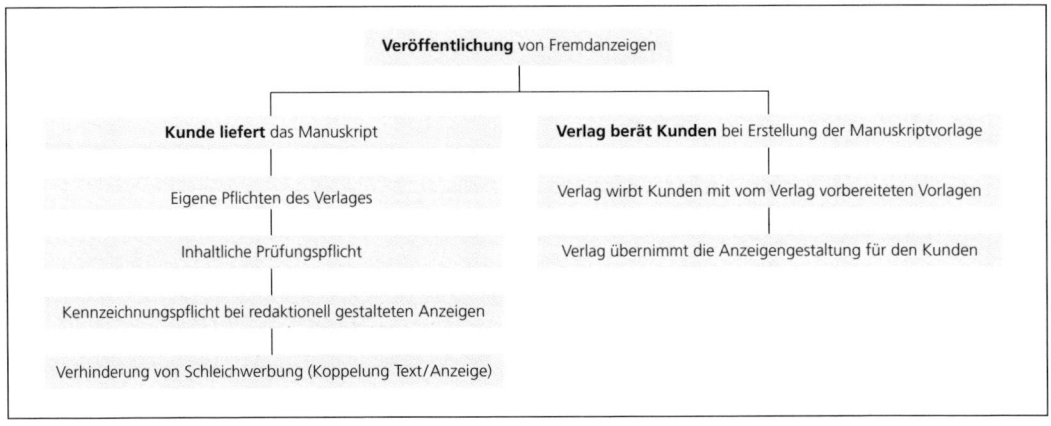

2. Übernimmt das Medienunternehmen neben der Veröffentlichung der Werbung **auch die inhaltliche Gestaltung,** so haftet das Medienunternehmen wie eine (Kreativ-) Agentur dem Kunden gegenüber auch für die inhaltliche/gestalterische Zulässigkeit der Werbung.

Insoweit gelten folgende Grundsätze:
- Das Medienunternehmen darf sich auf die tatsächlichen Angaben des Kunden verlassen (keine Prüfungspflicht).
- Sind die tatsächlichen Angaben des Kunden falsch, so haftet der Kunde.
- Berät das Medienunternehmen bei der Gestaltung der Werbung oder übernimmt es selbst die Gestaltung der Werbung, so haftet das Medienunternehmen für die wettbewerbsrechliche Zulässigkeit.
- Hat das Medienunternehmen wettbewerbsrechtlich nicht haltbare Formulierungen und /oder Gestaltungen vorgenommen, kann der Kunde das Medienunternehmen für die ihm entstandenen Schäden in Regress nehmen (Anwaltskosten einer Anmahnung, Kosten eines Gerichtsverfahrens, Vertragsstrafenkosten, Ordnungsgelder).

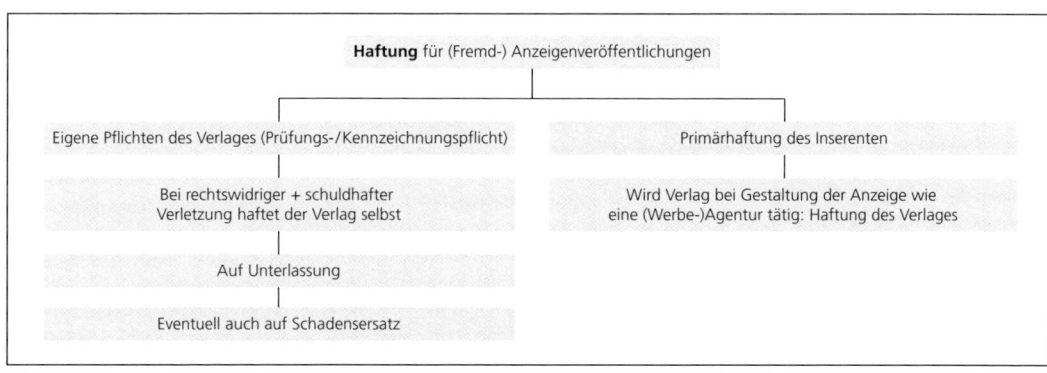

VERKAUFSFÖRDERMASSNAHMEN

Gesetzliche Grundlagen

Im Medienmarketing werden vielfach verkaufsfördernde Maßnahmen wie Rabatte, Zugaben oder Geschenke eingesetzt. Insoweit enthält das *Gesetz gegen den unlauteren Wettbewerb (UWG)* eine Reihe von wettbewerbsrechtlichen Ge- und Verboten.

§ 4 Nr. 1 UWG:

> *„Unlauter handelt insbesondere, wer geschäftliche Handlungen vornimmt, die geeignet sind, die Entscheidungsfreiheit der Verbraucher oder sonstigen Marktteilnehmer durch Ausübung von Druck, in menschenverachtender Weise oder durch sonstigen unangemessenen unsachlichen Einfluss zu beeinträchtigen"*

§ 4 Nr. 4 UWG:

> *„Unlauter handelt, wer bei Verkaufsfördermaßnahmen wie Preisnachlässen, Zugaben oder Geschenken die Bedingungen für die Inanspruchnahme nicht klar und eindeutig angibt."*

§ 4 Nr. 5 UWG:

> *„Unlauter handelt insbesondere, wer bei Preisausschreiben oder Gewinnspielen mit Werbecharakter die Teilnahmebedingungen nicht klar und eindeutig angibt.*

Informationspflichten

Die sich aus diesen Vorschriften ergebenden Informationspflichten bei Einsatz von Verkaufsfördermaßnahmen lassen sich wie folgt zusammenfassen:

1. Ist die Inanspruchnahme der Zuwendung (z.B. eines Werbegeschenkes) an den Erwerb eines Medienproduktes oder einer medialen Dienstleistung gekoppelt, so muss auf diese Kopplung ebenso hingewiesen werden wie auf den Preis der Ware oder Dienstleistung.

2. Ist die Gewährung der Zuwendung zeitlich befristet, so sind das Anfangs- und Enddatum des Zeitraums zu nennen, in dem die Verkaufsförderungsmaßnahme angeboten wird.

3. Wird etwa bei einem Anzeigengewinnspiel eine maximal erreichbare Zuwendung angeboten, so müssen die Bedingungen genannt werden, unter denen sie erreichbar ist.

4. Wird die Zuwendung erst nach dem Erreichen eines Mindestumsatzes gewährt, so muss die Höhe des Mindestumsatzes angegeben sein.

5. Muss der Interessent für den Erhalt der Zugabe eine eigene Zuzahlung leisten, so muss auch auf diesen Umstand hingewiesen werden.

Preisausschreiben / Gewinnspiele als Verkaufsfördermaßnahme

Preisausschreiben definieren sich dadurch, dass der Teilnehmer selbst eine Lösung finden muss, während bei Gewinnspielen die Gewinnchance auch ohne eigene Leistung besteht. Preisausschreiben und Gewinnspiele sind – sofern sie nicht mit dem Erwerb einer Ware oder Dienstleistung gekoppelt werden – kostenlos. Bei Lotterien besteht eine Gewinnchance immer nur nach vorherigem Geldansatz. Die Veranstaltung von Lotterien bedarf stets einer staatlichen Genehmigung, während Preisausschreiben und Gewinnspiele frei ausgelobt werden dürfen.

Informiert werden muss über

- die Art, wie man am Gewinnspiel teilnehmen kann (z. B. schriftlich, telefonisch),
- über die mit der Teilnahme verbundenen Kosten (z. B. Telefongebühren, Freimachen durch Briefmarken),
- geographische Beschränkungen (z. B. nur Teilnehmer mit Wohnsitz in einer bestimmten Region),
- persönliche Beschränkungen (z. B. nur von Personen über 18 Jahre, mit deutscher Staatsangehörigkeit),
- Beginn und Ende der Teilnahmemöglichkeit.

Nicht informiert werden muss über

- den Wert des ausgelobten Gegenstandes
- die tatsächlichen Gewinnchancen (z. B. Angabe 1:1 Million ist nicht erforderlich),
- die Art und Weise der Auswahl der Gewinner,
- die Art der Bekanntgabe oder den Ort der Übergabe der Preise

Kopplungsverbot

Trotz einer im Ergebnis gegenteiligen Entscheidung des Europäischen Gerichtshofes (EuGH) bestimmt § 4 Nr. 6 UWG gegenwärtig immer noch:

„Unlauter handelt insbesondere, wer die Teilnehme von Verbrauchern an einem Preisausschreiben oder Gewinnspiel von dem Erwerb der Ware oder der Inanspruchnahme einer Dienstleistung abhängig macht, es sei denn, das Preisausschreiben oder Gewinnspiel ist naturgemäß mit der Ware oder der Dienstleistung verbunden".

Das Kopplungsverbot greift in jedem Fall dann nicht, wenn es sich um ein redaktionell verantwortetes Gewinnspiel handelt. So sind Gewinnspiele in entgeltlich vertriebenen Medien mit dem gekauften Produkt „naturgemäß verbunden" und damit zulässig.

Nach dem Urteil EuGH v. 14.1.2010 darf die Teilnahme an einem Gewinnspiel oder Preisausschreiben grundsätzlich an den Erwerb einer Ware gekoppelt werden (z. B. Gewinnspiel unter Teilnehmern eines entgeltlichen Kurz-Abos). Danach sind Gewinnspiele nur dann noch untersagt, wenn sie eine unsachliche Beeinflussung enthalten (übertriebenes Anlocken, § 4 Nr. 1 UWG), die Teilnahmebedingungen irreführend sind (§ 4 Nr. 5 UWG) oder die Teilnehmer über die Gewinnchancen getäuscht werden (§ 5 UWG).

Man ist auf der sicheren Seite, wenn man auch weiterhin der deutschen Rechtsprechung folgt, und
- der Bestellabschnitt und der Teilnahmeabschnitt grafisch von einander getrennt sind,
- der Teilnahmeabschnitt auch abgetrennt und allein eingesandt werden kann,
- der Interessent darauf hingewiesen wird, dass die Teilnahme an dem Gewinnspiel nicht von einer Bestellung abhängig ist,
- der Hinweis erfolgt, dass das Aufgeben einer Bestellung die Gewinnchancen nicht beeinflusst.

KAPITEL 8
BEISPIELE
AUS DER PRAXIS

MARKETINGGRUNDLAGEN

Mein erstes Marketingkonzept

Entwickeln Sie ein Medienprodukt, das Sie schon immer verwirklichen wollten.

1. Strukturieren Sie es in Eckpunkte eines Marketingkonzeptes:
a. Produkt- (und evtl. Programmpolitik)
b. Kontrahierungspolitik
c. Distributionspolitik
d. Kommunikationspolitik

2. Was verstehen Marketingfachleute unter Kommunikationsmix?

BUCHVERLAG

Ausgangslage

Sie arbeiten im Einfalt-Verlag und wollen im 1. Quartal des nächsten Jahres die ersten beiden Bücher aus der neuen Ratgeber-Reihe zum Thema „Gesundheit für Azubis – leicht verständlich" produzieren.

Die Titel der ersten beiden Bücher lauten:
- Gesunde Massagen im Unterricht
- Gesunde Ernährung im Unterricht.

Zielgruppe für beide Bücher sind primär an ihrem Wohlbefinden interessierte Azubis. Das erste Buch enthält viele Zeichnungen, das zweite viele Photos. Die Bücher sollen im mittleren Preissegment angeboten werden. Sie sind Mitarbeiter/-in der Marketing-Abteilung. Sie sollen die oben genannten Bücher organisieren.

Aufgaben

1. Formulieren Sie vier begründete Vorschläge zur zielgruppengerechten Ausstattung der Buchreihe. Erklären Sie, ob beide Bücher gleich oder unterschiedlich ausgestattet werden sollten.

2. Das Format der Bücher soll (Höhe x Breite) 20 x 25 cm betragen, die Auflage 2.300 Exemplare. Seitenumfang des Massagebuches: 128 Seiten. Der Planobogen (Breitbahn) hat eine Größe von 130 x 180 cm. Berechnen Sie den Papierbedarf. Berücksichtigen Sie dabei, falls nötig, Ihre eigenen obigen Angaben.

3. Der Autor verliert leider beim zweiten Buch (Ernährung) beim Schreiben die Lust und kommt nur noch auf 80 Seiten. Aus Marketinggründen sollen die Bücher jedoch für die Kunden weitgehend ähnlich in Erscheinung (gleiche Blockdicke) treten, außer dem Titelbild natürlich.
Wie können Sie dies erreichen?

4. Da viele Bücher im Direktvertrieb laufen, ist die Kalkulation des Gewichtes wichtig. Berechnen Sie das ca. Gewicht eines Ernährungsbuches, wenn die Grammaturen 90 gr/m^2 (Innenteil) und 220 gr/m^2 (Umschlag) betragen würden.

5. Stellen Sie fest, ob für den Einfalt-Verlag folgende Begriffe Relevanz haben:
a. Inkasso
b. Büchersammelverkehr und
c. à condition

6. Ein Praktikant fragt sich, warum die E-Book-Ausgabe denn ein „flowable layout" haben müsse und nicht einfach das Print-PDF genommen werden kann. Erklären Sie die Entscheidung.

7. Die Buchreihe soll im

a. TV,

b. im Kino und

c. im Internet

mit einem Spot beworben werden.

In einem Prospekt wird diese Kamera angeboten:

Hypa-Mega-Tec	
TDV-1360 Camcorder, 640 x 480 Pixel, Auflösung: 1.3 Mio. Pixel, 4-fach digitaler Zoom, LC-Display: 3.8 cm (1.5 Zoll), Farbe: Schwarz	**19,95 €** (Auf Lager) ★★★★☆ 29 Bewertungen

Begründen Sie, ob Sie diese drei Versionen damit aufnehmen können.

8. Ein Praktikant kommt zu Ihnen in den Verlag und fragt Sie, in welchem Genre Sie denn mit diesen Büchern arbeiten und was das denn mit Sparten zu tun habe. Klären Sie Ihn auf.

9. Sie arbeiten weiterhin im Einfalt-Verlag, der nun mit dem DP-Verlag fusioniert hat (jetzt 28 Mitarbeiter). Im 1. Quartal haben Sie die ersten beiden Bücher aus der neuen Ratgeber-Reihe zum Thema „Gesundheit für Azubi – leicht verständlich" produziert (leider Flops). Weiterhin sind Ihre Kalender mit Stadtmotiven von Amsterdam, Brüssel usw. im Programm. Dazu haben Sie jetzt das DP-Portfolio (u. a. Zwangsarbeiter-Erinnerungen, Auftragsbücher für eine große Kaffee-Rösterei) zu betreuen. Sie sind Mitarbeiter/-in der Vertriebs-Abteilung. Sie müssen aber auch Ihre neuen Azubis betrieblich weiterbilden. Ihr Einfalt-Verlag überlegt, wie er seinen Vertrieb effektiver gestalten kann. Bisher hat er seine Bücher aus einem eigenem Lager verkauft. Vertreter des Verlages besuchten bisher zweimal jährlich die umsatzstärksten Buchhandlungen. Die Rechnungserstellung und die Folgemaßnahmen erfolgten im eigenen Haus. Welche sinnvollen Maßnahmen könnten Sie dem Unternehmen vorschlagen …

a. … speziell für das Portfolio des Einfalt-Verlages?

b. … wenn der Verlag zur den größten der Branche gehörte (z. B. Verlags-gruppe Random-House)? Begründen Sie Ihre Auffassung.

VERTRIEBSMARKETING

Aufgaben

1. Herr Kara Manlis möchte nach 20 Jahren im Bergbau in Castrop-Rauxel einen Kiosk eröffnen, der auch Presse verkaufen soll. Bei seinem Fußballkollegen Kara Bulut, der einen Feinkostladen betreibt, hat er sich ausreichende kaufmännische Kenntnisse für den Einzelhandel erworben. Trotzdem möchte er von Ihnen die drei wichtigsten Punkte erklärt haben, die seinen Kiosk vom Feinkosthandel unterscheiden.

2. Die japanische Firma Sanrio vertreibt eine bekannte Merchandising-Figur. Die Produktpalette reicht von Püppchen, Geldbeuteln und Textilien bis hin zu Haushaltsgeräten, Computerzubehör und Lebensmitteln. Eine Figur ist zu einer Marke für sogenannte „Kidults" geworden. Dies sind Erwachsene, die kindliche Verhaltensweisen und Vorlieben bewusst beibehalten. Nun soll eine Kundenzeitschrift im Abo herausgebracht werden, die in einer Auflage von 125.788 Ex. vertrieben haben soll. Die Erscheinungsweise steht noch nicht fest. Ihre japanischen Geschäftsfreunde fragen Sie, wie das Blatt am besten zu den Lesern kommt und was dabei in Deutschland zu berücksichtigen ist.

3. Erklären Sie vier wichtige Unterschiede zwischen Pressegrosso und Barsortiment.

4. Erläutern Sie die Preisbindung im Buchvertrieb.

5. Nennen Sie zwei Fachzeitschriften für den Buchhandel.

6. Was versteht man unter dem Funktionsrabatt der Barsortimente?

7. Erklären Sie kurz Aufgaben von drei Tochterunternehmen des Börsenvereins.

8. Erläutern Sie Sinn und Zweck von

a. Titelblattremission und

b. Ganzstückremission.

9. Beschreiben Sie Funktion, Aufgabe und Ziel des MBR-Verfahrens.

10. Was könnte einen Verlag dazu bewegen, an einer Botenzustellung festzuhalten, auch, wenn die Bezieherdichte betriebswirtschaftlich nicht ausreichend ist?

11. Eine Internetpartnervermittlung will bei Ihrem Verlag eine Reihe von vertrieblichen Dienstleistungen einkaufen, da man selbst aus einem anderen Gewerbe kommt. Zunächst will man mit Ihnen verhandeln, wie die Treuebücher, die man für langjährige Kunden herausbringt, am besten zugestellt werden können. Weiterhin verkauft das Unternehmen monatliche Hefte, in denen Dating-Willige präsentiert werden. Die Auflage soll sich mittelfristig um die 35.000 einpendeln. Es sollen möglichst alle sinnvollen Distributionskanäle genutzt werden. Um den EV brauchen Sie sich nicht kümmern, da hierfür ein Nationalvertrieb angeheuert wurde.

VERTRIEB VON MEDIALEISTUNGEN

Ausgangslage

Der Hersteller von modischer Bekleidung im mittleren und gehobenen Bereich hat in Frankreich und Großbritannien sehr erfolgreich seine „UNKISSED"-Kampagne gestartet. Dabei werden verfeindete Personen der Weltpolitik per Photomontage in einer Kusssituation dargestellt.

Es wird diskutiert, ob eine solche Idee auch in Deutschland eingesetzt werden kann. Herr T. Oskani ist entsetzt: „Ein Land, das über so was wie M. B. lacht, versteht doch so was nicht!"

Herr B. E. Netton beauftragt Sie dennoch, sie zu dem Mediaetat von 1,6 Mio. € zu beraten, der über sechs Monate gestreckt werden soll.

Mediaselektion

1. Formulieren Sie für diese Kampagne eine Mediazielgruppe mit der klassischen Methode, für die eine solche Kreation eingesetzt werden kann.

2. Welche fünf weiteren wichtigen Angaben brauchen Sie, um überhaupt in die Media-Auswahl einzusteigen? Begründen Sie Ihre Auswahl.

3. Nennen Sie vier Mediauntersuchungen, die Ihnen nun weiterhelfen können.

4. Der Kunde möchte wissen, wie Beilagen abgerechnet werden, da er noch 0,8 Mio. Stück aus Großbritannien übrig hat.

5. Für die „UNKISSED"-Mediaplanung liegen nun folgende Eckdaten vor. Die Zielgruppe besteht aus 2,5 Mio. Personen.

a. Stellen Sie fest, welches die beiden besten Medien für „UNKISSED" sind.

Medium	Reichweite in Bevölkerung	TKP	Affinität
A (TZ)	7,7 %	50	41
B (PZ)	22,1 %	65	28
C (TV)	36,5 %	40	20
D (CP)	7,0 %	100	61
E (WWW)	3,2 %	25	75
F (In-Game)	2,0 %	15	56

b. Welche zwei qualitativen Variablen würden Sie in Ihre Entscheidung mit einbeziehen? Begründen Sie Ihre Meinung in diesem Fall.

Mediaplanung

Ein Mediaplanentwurf für Herrn B. E. Netton enthält zwei Medien: Medium A mit 4 Einschaltungen, Medium B mit 5 Einschaltungen. Die Nettoreichweiten der Medien je Einschaltung betragen bei Medium A 25,0 % und bei Medium B 22,0 %. Die Nettoreichweite des Planes in der Zielgruppe beträgt 31,5 %.

1. Wieviele Gesamtkontakte erreicht der Plan in der Zielgruppe?

2. Ermitteln Sie die Durchschnittskontakte je erreichter Person.

3. Schließlich sind drei Entwürfe entstanden. Bewerten Sie folgende drei Mediapläne und entscheiden Sie sich für den nach Ihrer Ansicht besten Plan (mit Begründungen).

	ODBB Plan	**YERG Plan**	**ComMedia Plan**
NRW	200.000	1.800.000	2.400.000
BRWe	20.000.000	20.320.000	20.900.000

4. Sie haben für Ihren treuen Kunden B.E. Netton einen Entwurf mit vier Medien (A, B, C, D) erarbeitet und für ihn diese Grafik erstellt. Erklären Sie ihm diese.

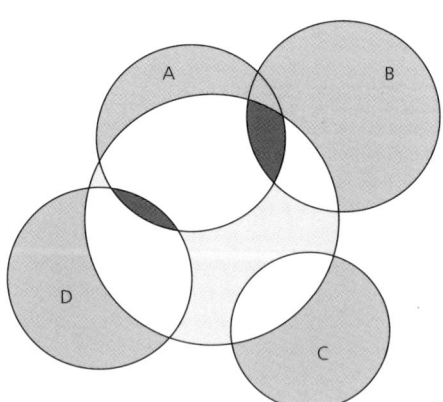

Mediaabrechnung

Ein Lokalfunksender erhält den Auftrag über die Schaltung von 40 Funk-spots je 30 Sekunden Länge für den Zeitraum von Juli bis November. Die Spots sollen auf die Vormittagssendezeit zwischen 8.00 Uhr und 12.00 Uhr gleichmäßig verteilt werden. Nachdem der Auftrag an die Werbeagentur bestätigt wurde, erhält die Agentur vom Sender 20 Tage vor Ausstrahlungsbeginn die Rechnung.

1. Wie lautet die Abrechnung unter Berücksichtigung von Rabatten, 15 % Agenturprovision, 19 % Umsatzsteuer und 2 % Skontoabzug?

Sendezeiten	Sekundenpreise	30 Sekunden
06.00-07.00 Uhr	150,–	4 500,–
07.00-08.00 Uhr	190,–	5 700,–
08.00-09.00 Uhr	155,–	4 650,–
09.00-10.00 Uhr	125,–	3 750,–
10.00-11.00 Uhr	100,–	3 000,–
11.00-12.00 Uhr	75,–	2 250,–
12.00-13.00 Uhr	85,–	2 550,–

Rabatte:
- Jährlich mindestens 20 Minuten: 5,0 %
- Jährlich mindestens 100 Minuten: 7,5 %
- Jährlich mindestens 200 Minuten: 10,0 %

2. In der Zeitschrift „Concoloures" werden 5 doppelseitige Anzeigen mit 1 Zusatzfarbe gebucht. Vorgaben: 1/1 Seite s/w: 680,00 €, Zuschlag je Farbe: 135,00 €. Konditionen:

Malstaffel:	3 mal 3 %	6 mal 5 %	9 mal 10 %
Mengenstaffel:	3 Seiten 5 %	6 Seiten 10 %	9 Seiten 15 %

2 % Skonto bei Zahlung vor Erscheinen, Verbreitete Auflage: 4.800 Exemplare, AE-Provision: 15 %, Umsatzsteuer: 19 %

Welchen Betrag berechnet der Verlag der Werbeagentur für diesen Auftrag bei Zahlung vor dem Erscheinungstermin?

3. Sie buchen bei Concoloures-online insgesamt 1.100.000 Adimpressions (AI) und zwar 500.000 AI auf der Homepage und jeweils 200.000 AI auf den Rubriken „Liebe-Aktuell", „Ihr Online-Programm" und „News & Hit".

Berechnen Sie die Schaltkosten für ein Superbanner dieser Buchung auf Kundennettobasis. Berücksichtigen Sie dabei die folgenden Angaben aus der Preisliste:

Online-Nutzungsdaten für Mai:

Angebot	Visits	PageImpressions (PIs)	PIs/Visits
Concoloures-Online	915.000	7.100.000	7,76

TKP in € für Adimpressions:

Werbeform	Homepage	Rubriken
Flash Layer	80	75
Interstitial	–	95
Medium Rectangle	55	50
Skyscraper	45	40
Splitscreen Ad	75	70
Superbanner	35	30
Tandem Ad (z. B. Superbanner + Skyscraper)	80	75

Rabattstaffel:

ab 25.000 €	2,5 %
ab 50.000 €	5,0 %
ab 100.000 €	10,0 %
ab 150.000 €	15,0 %
ab 250.000 €	20,0 %
ab 500.000 €	25,0 %

MEDIENRECHT

1. Die deutsche Komponistin Musica (1899-1943) hat ein Kinderlied im Jahre 1908 komponiert, welches erst im Jahre 1950 in einem Liederband des Einfalt-Verlages veröffentlicht wurde. Eine Agentur möchte die Komposition in einem Jingle für einen Werbespot nutzen, der im Sommer 2016 ausgestrahlt werden soll. Welche Aussage dazu ist zutreffend?

○	Ein Kinderlied erreicht mit seiner einfachen Komposition nicht die notwendige Schöpfungshöhe, um als Werk im Sinne des Urheberrechts zu gelten
○	Das Werk ist im Jahr 2014 gemeinfrei
○	Das Werk ist seit dem Jahr 2012 gemeinfrei
○	Das Werk ist erst im Jahr 2020 gemeinfrei
○	Das Werk ist seit 1988 gemeinfrei

2. Welche Angaben zum UrhG sind zutreffend? Kennzeichnen Sie
- zutreffende Aussagen mit einer 1 und
- nicht zutreffende Aussagen mit einer 9.

○	Nach dem UrhG verjähren alle Leistungsschutzrechte 50 Jahre nach Erscheinung.
○	Nach dem UrhG ist der Verkauf von Urheberrechten ausgeschlossen.
○	Nach dem UrhG ist eine Übersetzung eine genehmigungspflichtige Bearbeitung.
○	Nach dem UrhG zählt das Veröffentlichungsrecht zu den Persönlichkeitsrechten des Urhebers.
○	Der Urheber kann die Persönlichkeitsrechte an seinen Werken nur in Ausnahmefällen übertragen.
○	GEMA-Mitglieder übertragen alle Rechte an den von ihnen geschaffenen musikalischen Werken zur Verwertung an die GEMA.
○	Ein Copyright-Vermerk hat vor amerikanischen Gerichten nur eine Wirkung, wenn eine entsprechende Eintragung im Copyrightregister wirklich erfolgt ist.

3. Die Firma Mattel möchte die Merchandisingrechte an dem weiblichen „Terminator" in „Terminator 4" kaufen. Bei wem kann sie dies tun?

◯	bei der Schauspielerin
◯	beim Geldgebenden Filmfond
◯	beim Drehbuchautor
◯	bei Arnold Schwarzenegger
◯	beim Hersteller des Films
◯	bei der VG Wort

5. Unterscheiden Sie kurz die Begriffe Lichtbild und Lichtbildwerk.

6. Ihre Freundin, das Model Lizette Petersen, hat an einem Anzeigen-Photoshooting gegen eine Pauschalgage von 25.000 € teilgenommen. Durch Zufall ist ihr zu Ohren gekommen, dass die Anzeigenmotive nun auch in Belgien und Frankreich laufen.

a. Sie wendet sich an Sie als Medienfachkraft mit der Frage, ob Sie eine Chance für Lizette sehen, mehr Gage zu bekommen.

b. Einige Tage später ist Lizette wieder da und ist richtig zornig. Nun will sie alle Anzeigen verbieten lassen, denn schließlich haben Sie ja selbst gesagt, dass jeder Mensch ein Recht am eigenen Bild habe. Kommt Lizette damit durch?

c. Einige Tage später ist sie schon wieder da und hat ihren Friseur mitgebracht, der sie bei den Aufnahmen gestylt hat. Er will von Ihnen wissen, ob er nicht „sein Urheberrecht" an dem „Gesamtkunstwerk Lizette" einklagen kann.

KAPITEL 9

IHK-PRÜFUNGEN FÜR MEDIENKAUFLEUTE DIGITAL UND PRINT

Die Verordnung über die Berufsausbildung zum *Medienkaufmann Digital und Print/zur Medienkauffrau Digital und Print* vom März 2006 regelt in § 8 die **Zwischenprüfung** und in § 9 die **Abschlussprüfung** der IHK.

ZWISCHENPRÜFUNG

Die in der Ausbildungsordnung § 4 aufgeführten Fertigkeiten, Kenntnisse und Fähigkeiten sollen so vermittelt werden, dass der Auszubildende zur Ausübung einer qualifizierten beruflichen Tätigkeit befähigt wird, die insbesondere selbstständiges Planen, Durchführen und Kontrollieren einschließt. Diese drei Elemente werden allgemein als Umschreibung von beruflicher Handlungskompetenz verstanden. Die Befähigung der beruflichen Handlungskompetenz ist in den Zwischenprüfungen durch das Bearbeiten komplexer praxisbezogener Aufgaben nachzuweisen.

Zeitpunkt

Die Zwischenprüfung findet in der Mitte des zweiten Ausbildungsjahres statt.

Prüfungsgebiete

Die Zwischenprüfung ist schriftlich anhand praxisbezogener Aufgaben oder Fälle in höchstens 120 Minuten in folgenden Gebieten durchzuführen:
- Arbeitsabläufe und Informationsverarbeitung,
- Märkte und Medienprodukte, mediale Darstellungsformen und Gestaltungsgrundsätze,
- Wirtschafts- und Sozialkunde.

Die Prüfungsgebiete umfassen ausschließlich maschinell auswertbare Aufgaben (Mehrfachwahl-, Mehrfachantwort-, Zuordnungs- und Reihenfolgeaufgaben. Dazu kommen einige Rechenaufgaben). Der Aufgabensatz umfasst ca. 50 Aufgaben. Die Aufgaben werden zur Zeit zentral von der ZPA Nord-West in Köln erstellt.

Teilnahmepflicht

Jede/r Auszubildende hat gemäß § 48 Berufsbildungsgesetz während der Berufsausbildung eine Zwischenprüfung abzulegen. Die Teilnahme an der Zwischenprüfung ist jedoch nicht nur **Voraussetzung für die Zulassung zur Abschlussprüfung.** Vielmehr heißt es im Gesetz, dass die Zwischenprüfung der **„Ermittlung des Ausbildungsstandes"** dient. Einmal während der Ausbildungszeit wird durch diese Prüfung die Möglichkeit geboten, festzustellen, ob und bei welchen in der Ausbildungsordnung vorgesehenen Lernbereichen noch Wissenslücken bestehen.

Eine Anrechnung des Ergebnisses der Zwischenprüfung bei der Abschlussprüfung erfolgt nicht. Sie ist praktisch eine formale Qualifikation für die IHK-Abschlussprüfung.

ABSCHLUSSPRÜFUNG

Die Abschlussprüfung erstreckt sich auf die in der Verordnung über die Berufsausbildung aufgeführten Fertigkeiten, Kenntnisse und Fähigkeiten sowie auf den im Berufsschulunterricht zu vermittelnden Lehrstoff, soweit er für die Berufsausbildung wesentlich ist.

Prüfungsbereiche

Die Abschlussprüfung besteht aus vier Prüfungsbereichen. Diese werden an drei Tagen durchgeführt.

1. Produktentwicklungsprozess und Vermarktung von Produkten und Dienstleistungen. Der Bereich umfasst ausschließlich ungebundene (offene) Aufgaben in ca. fünf Situationen mit daraus abgeleiteten Teilfragen. Prüfungszeit 150 Minuten. Dieser Teil wird am ersten Tag der schriftlichen Abschlussprüfung abgelegt.

2. Arbeitsorganisation und kaufmännische Steuerung und Kontrolle. Der Bereich besteht aus gebundenen und ungebundenen, maschinell auswertbaren Aufgaben. Prüfungszeit 90 Minuten.

3. Wirtschafts- und Sozialkunde. Der Bereich besteht aus gebundenen und ungebundenen, maschinell auswertbaren Aufgaben. Prüfungszeit 60 Minuten. Die Bereiche 2. und 3. werden am zweiten Tag der schriftlichen Prüfung geschrieben.

4. Fallbezogenes Fachgespräch. Dieser Teil findet einige Wochen nach Auswertung des schriftlichen Prüfungsteils statt.

Die Prüfung ist in den Prüfungsbereichen 1 bis 3 schriftlich und im Prüfungsbereich 4 mündlich durchzuführen.

Ergebnisberechnung

Bei der Ermittlung des Gesamtergebnisses haben die einzelnen Prüfungsbereiche folgendes Gewicht:

Produktentwicklungsprozess und Vermarktung von Produkten und Dienstleistungen	40 %
Arbeitsorganisation und kaufmännische Steuerung und Kontrolle	20 %
Wirtschafts- und Sozialkunde	10 %
Fallbezogenes Fachgespräch	30 %

Fallbezogenes Fachgespräch

Im Prüfungsbereich „Fallbezogenes Fachgespräch" (mündliche Prüfung) soll der Prüfling im Rahmen eines Fachgespräches anhand einer von zwei ihm zur Wahl gestellten praxisbezogenen Aufgaben zeigen, dass er Aufgabenstellungen analysieren, Lösungsvorschläge erarbeiten und diese situationsbezogen präsentieren sowie kundenorientiert kommunizieren kann.

Dauer
Dem Prüfling ist nach der Wahl der Aufgabe eine Vorbereitungszeit von höchstens 20 Minuten einzuräumen. Das Fachgespräch soll die Dauer von 20 Minuten nicht überschreiten.

Themenbereich

Bei der Aufgabenstellung ist der betriebliche Bereich, in dem der Auszubildende überwiegend ausgebildet wurde, zu berücksichtigen. Er ist bei der Anmeldung zur Abschlussprüfung anzugeben.

Beispiele betrieblicher Ausbildungsbereiche für Aufgabenstellung:
- Programmentwicklung/Produktentwicklung
- Herstellung/Produktion
- Verkauf von Medialeistungen
- Vertrieb von Produkten und Dienstleistungen

jeweils für
- Zeitungen/Zeitschriften
- Bücher
- Kalender, Spiele und Hörbücher
- Online
- Dienstleistungen (z.B. Event, Tagungen)

Die einzelnen Prüfungsausschüsse der Industrie- und Handelskammern legen den genauen Ablauf der mündlichen Prüfung fest. Dabei wird auch festgelegt, wie der Bereich, in dem der Prüfling überwiegend ausgebildet wurde, ermittelt wird. Dafür kann der schriftliche Ausbildungsnachweis (Berichtsheft) des Auszubildenden und der Ausbildungsplan des Ausbildenden Grundlage sein. Spezielle Abfragen der IHK beim Ausbildungsbetrieb im Zusammenhang mit dem Antrag auf Zulassung und Anmeldung zur Abschlussprüfung sind ebenfalls möglich.

Die Bewertungs- und Beobachtungskriterien des „Fallbezogenen Fachgespräches" teilen sich in etwa gleichgewichtig in drei Bereiche auf:

1. Lösungsverhalten
- Problemanalyse
- Strukturierung, Reihenfolge der Präsentation
- Argumentation
- Erkennen von Zusammenhängen
- Entscheidungsbereitschaft

2. Fachlicher Hintergrund
- Verwendung von Fachsprache (Fachterminologie)
- fachliche und sachliche Richtigkeit
- Tiefe und Breite der Ausführungen (Vollständigkeit)

3. Kommunikationsfähigkeit

- Reaktion auf Zwischenfragen
- Sprachlicher Ausdruck
- Dialektik, Überzeugungskraft
- Kundenorientierte Sprache
- Sprechtempo
- Körpersprache, Blickkontakt

Das Ergebnis des „ Fallbezogenen Fachgespräches" trägt immerhin 30% zur Ermittlung des Gesamtergebnisses bei. Die Note wird auf der Prüfungsurkunde separat vom Ergebnis der Gesamtprüfung ausgewiesen.

Literatur

Quellen:

- ZPA Nord-West, Köln
- U-Form-Verlag, Solingen

Bestellungen der **Prüfungskataloge** unter: www.u-form-shop.de

Verordnung über die Berufsausbildung Medienkaufleute Digital und Print, W. Bertelsmann Verlag GmbH, Bielefeld. Bestellung über: www.wbv.de

KAPITEL 10
STICHWORTVERZEICHNIS

W

Z

KAPITEL 11
ABKÜRZUNGEN

A

AG.MA ____ Arbeitsgemeinschaft Media-Analyse (Frankfurt)
AGA _____ Arbeitsgemeinschaft Abonnentenwerbung
AGB _____ Allgemeine Geschäftsbedingungen
AGF_____ Arbeitsgemeinschaft Fernsehforschung
AGG _____ Allgemeines Gleichbehandlungsgesetz
AGOF _____ Arbeitsgemeinschaft Online-Forschung e. V.
AGZV _____ Arbeitsgemeinschaft Zeitschriftenverlage
AIO _____ Activities – Interests – Opinions
AMF _____ Arbeitskreis Medieninformation Fachzeitschriften
ASCII _____ American Standard Code for Information Inter-
 change
AWA _____ Allensbacher Werbeträger Analyse

B

BASTRA ___ Bahnhofsstrukturanalyse
BDW _____ Bund deutscher Werbeberater und Werbeleiter
 (Deutscher Kommunikationsverband)
BMD _____ Bundesverband der Medien- und Dienstleistungs-
 händler e.V.
BVDA _____ Bundesverband Deutscher Anzeigenblätter
BVDW ____ Bundesverband Digitale Wirtschaft

C

CTP_____ Computer to Plate / Computer to Press

D

dpi _____ dots per inch
dmmv _____ Deutscher Multimediaverband

E

E.M.A. ____ Elektronische Medien-Analyse
EHASTRA _ Einzelhandelsstrukturanalyse

F

FFF _____ Film, Funk und Fernsehen

G

GfK _____ Gesellschaft für Konsumforschung
GRP_____ Gross Rating Points
GWA _____ Gesellschaft der Werbeagenturen
GWB _____ Gesetz gegen Wettbewerbsbeschränkungen

H *HWG*_____ Heilmittelwerbegesetz

I *IVW*_____ Informationsgemeinschaft zur Feststellung der Verbreitung von Werbeträgern e.V.
   ISPC _____ Intermedia Standard Press Code

L *LAE* _____ Leseranalyse Entscheidungsträger
   LpA _____ Leser pro Ausgabe
   LpE _____ Leser pro Exemplar
   LpN _____ Leser pro Nummer
   LpwS _____ Leser pro werbungführende Seite
   LZ _____ Lesezirkel

M *MA* _____ Mediaanalyse
   MAZ _____ Meldestelle im Anzeigengeschäft
   MBR _____ Marktorientierte Bezugsregulierung

O *OWM* _____ Organisation der Werbungtreibenden im Markenverband
   OECD _____ Organisation for Economic Co-operation and Development (Organisation für wirtschaftliche Zusammenarbeit und Entwicklung)

R *RIP* _____ Raster-Image-Prozessor
   ROI _____ Return on investment

S *SEM* _____ Search Engine Marketing
   *SEO*_____ Search Engine Optimization
   SoA _____ Share of Advertising
   *SoM*_____ Share of Mind
   SoP _____ Share of Pocket
   SoV _____ Share of Voice

T *TdW* _____ Typologie der Wünsche

U   *UWG* _____ Gesetz gegen den unlauteren Wettbewerb
       UGC _____ User Generated Content

V   *VA* _____ Verbraucheranalyse
       VA-IVW ___ Verbreitungsanalyse
       VDZ _____ Verband Deutscher Zeitschriftenverleger
       VRWZ ____ Verband rheinisch-westfälischer Zeitungsverleger
       VVDA ____ Verlegerverband deutscher Anzeigenblätter

W   *WBZ* _____ Werbender Buch- und Zeitschriftenhandel
       WDW _____ Wirtschaftsverband deutscher Werbeagenturen
       WLK _____ Weitester Leserkreis
       WYSIWYG _ What You See Is What You Get

Z   *ZAW* _____ Zentralausschuss der Werbewirtschaft

KARRIEREFÖ
RDERUNGF
ÜRMEDIENK
AUFLEUTE:8
WOCHENH
ORIZONTGR
ATISLESEN:-)